I0875857

La Salvación no se vende

Editado por
Anne Burghardt

EVANGELISCHE VERLAGSANSTALT
Leipzig

Información bibliográfica publicada por la Biblioteca Nacional Alemana

La *Deutsche Nationalbibliothek* incluye este trabajo en la *Deutsche Nationalbibliografie*. La bibliografía completa está disponible en internet: http://dnd.dnd.de

Impreso en Alemania

Este trabajo fue impreso en papel certificado FSC

Asistencia editorial: Departamento de Teología y Testimonio Público

Diseño gráfico: Departamento de Teología y Testimonio Público

Diseño: FLM, Oficina para Servicios de Comunicación

Impresión y Encuadernación: druckhaus köthen GmbH & Co. KG

Publicado por la Evangelische Verlangsanstalt GmbH, Leipzig, Alemania, con el auspicio de Federación Luterana Mundial
150, Route de Ferney, CP 2100
CH-1211 Ginebra 2, Suiza

ISBN 978-3-374-04279-1

También editado en alemán, francés e inglés

Indice

Introducción

Anne Burghardt

Esta publicación es parte de una pequeña colección publicada por la Federación Luterana Mundial en ocasión de la celebración del 500 Aniversario de la Reforma en 2017. «La Salvación—No Se Vende» es uno de los tres subtemas del tema central de este Aniversario: «Libres por la gracia de Dios». Los artículos de esta publicación fueron escritos por autores de todas las regiones de la Federación Luterana Mundial; la voz ecuménica está representada por un teólogo católico romano.

Los artículos que aquí incluimos cuestionan las prácticas y los conceptos teológicos que podrían ser descritos como intentos de mercantilizar la salvación. Los intentos de mercantilizar la salvación difieren mucho y van desde la predicación de la prosperidad hasta los intentos de «garantizar» la salvación si se siguen determinadas prácticas, rituales, etc. Uno de los aspectos cruciales en muchos contextos actuales es la gran presión para adecuarse a los requerimientos de un determinado estatus social o profesional en la sociedad. Esto nos lleva a los planteos que los seres humanos se hacen cuando se preguntan desde dónde deben esperar su salvación y ante qué «institución» sienten que deben justificarse.

Los artículos en esta publicación hablan sobre diferentes temas que van desde el cuestionar si la búsqueda de Lutero de un «Dios de gracia» es pertinente en la actualidad, a los relacionados con el evangelio de la prosperidad, la identificación de las personas con su trabajo, la expectativa de la salvación a través del consumo, etc. La lista de temas aquí abordados está lejos de ser exhaustiva pero es de esperar que provoque discusiones.

¿Cómo encuentro un Dios de gracia?

Bernd Oberdorfer

El paraíso redescubierto: El descubrimiento de Lutero del don de la justificación

En 1545, un año antes de su muerte, Martín Lutero retomó los eventos que lo habían convertido en el Reformador. Al leer su informe, podemos sentir las fuertes emociones que lo seguían conmoviendo aun después de treinta años. Escribió sobre la cantidad de veces que se había enfrentado al término «la justificación de Dios» y cuánto lo había «odiado». Pensaba que se refería a la justificación con la que Dios juzgaba y castigaba. Lutero se convirtió en monje porque tomaba los mandamientos de Dios muy seriamente, y lo llevaban a sentir que nunca podría hacer todo bien para Dios. A pesar de todos sus esfuerzos continuó sintiéndose un pecador y temía la ira de Dios. No sentía a Cristo como un Salvador sino como a un severo juez que lo condenaba con razón. Sin embargo, en poco tiempo comprendió la frase «justificación de Dios» de una forma completamente nueva; concretamente, como la justificación que Dios nos concede aunque no la merezcamos, la justificación que Dios nos permite compartir libremente; es decir, solo por la gracia, sin que tengamos que hacer nada para obtenerla. «Sentí», escribiría más adelante, «que nací de nuevo y entré al paraíso a través de puertas abiertas».[1] Esta feliz experiencia es la esencia misma de la teología de Lutero, y se convertiría en el impulso conductor de toda la Reforma. La pregunta desesperada de Lutero, ¿cómo puedo encontrar un Dios misericordioso?–¿qué puedo y debo hacer por mi salvación?–fue respondida con la promesa de la redención: No podemos ni tenemos que hacer nada por nuestra salvación, porque Dios ya nos dio todo lo que necesitamos en Cristo. Cristo asumió las consecuencias mortales de nuestro pecado sobre sí en la cruz, para que no tuviéramos que

---

[1] *WA* 54,186.

cargarlas nosotros mismos y nos concede una vida nueva. Para ilustrarlo, Lutero usó la imagen de un casamiento desparejo: Un hombre rico se casa con una mujer pobre y endeudada y no solo se hace cargo de sus deudas, sino que además comparte con ella todas sus riquezas.

¿La salvación se vende? La crítica de Lutero a la venta de indulgencias

No hay duda de que los conflictos que tuvo Lutero con la iglesia en su tiempo se iniciaron con la práctica de las indulgencias, que introdujo el pensamiento económico al terreno de la fe. Por supuesto que era evidente (por lo menos en teoría) que no era la salvación misma lo que estaba «en venta» con las indulgencias. Solo daban a los creyentes, cuyos pecados ya habían sido perdonados mediante la confesión, la oportunidad de comprar «indulgencias» para reducir el tiempo que debían permanecer en el purgatorio limpiando sus pecados. También se enfatizaba que Dios solo premiaría este pago con su gracia. Sin embargo, esta doctrina hizo que estas indulgencias se vieran como el camino hacia la salvación. Además, se creó la impresión de que la iglesia podría colocar en el mercado el don de la salvación a través de Cristo. Lutero protestó contra esto el 31 de octubre de 1517 con sus Noventa y Cinco Tesis, en las que establecía que, con el llamado al arrepentimiento, Cristo no quiso instaurar ningún rito en particular, sino una actitud que debía permear la vida de todos los cristianos. Lutero agregó que la iglesia no tenía ningún derecho a intervenir en cómo sería la vida después de la muerte para los creyentes. Además podría contradecir la bondad de Dios, si la iglesia diera parte de los dones de la gracia de Dios a sus miembros, solo si pagaban. Dios nos da su salvación completa e incondicionalmente. Lutero también criticó que la venta de indulgencias se hacía para financiar la basílica de San Pedro y que el papa debería haber usado su propia fortuna para eso.

Las Noventa y Cinco Tesis demuestran cómo la comprensión teológica de la justificación que se otorga libremente se volvió para Lutero una norma para calibrar y posicionar la doctrina y la práctica eclesiales. Más adelante, en las disputas posteriores, Lutero desarrolló y definió este pensamiento. Esto llevó a lo que hoy se describe como la doctrina de la Reforma de la «justificación por la fe», que será presentada a continuación.

Justificación por la fe

La teología medieval ya compartía la convicción de que no podemos ganarnos nuestra propia salvación. También veía la salvación como un don de gracia. Sin embargo, la idea de que Dios esperaba por lo menos un esfuerzo inicial de nuestra parte era popular en la época de Lutero. Si hacíamos un poco dentro de lo que estuviera a nuestro escaso alcance, según se pensaba, Dios, en su gracia, nos premiaría con algo infinitamente mayor: la salvación eterna. Al principio esto sonaba muy bien. Los reformadores reconocieron, sin embargo, que en definitiva volvemos nuestra mirada hacia nuestro interior, viendo solo nuestras propias capacidades. Entonces se mantiene la pregunta, ¿habré hecho lo suficiente? ¿Habré hecho verdaderamente lo poco que Dios espera de mí? Así, se vuelve incierto si Dios realmente nos va a premiar. O es al revés: Miramos hacia nuestro interior y creemos que estamos viviendo religiosamente y moralmente muy bien, y concluimos que hemos hecho lo suficiente. Orgullosos de nosotros mismos, esperamos que Dios nos premie con la vida eterna porque la merecemos. Esta mirada hacia nuestro interior puede llevarnos a la desesperación o al orgullo. Desesperación, en el sentido de no creer que estamos viviendo según las expectativas de Dios. Orgullo si pensamos que realmente estamos cumpliendo con todas. Sin embargo, este orgullo puede llevarnos a la desesperación en cualquier momento, cuando nos surgen las dudas sobre si realmente merecemos nuestra salvación.

Cuando las personas solo miran a su interior, aparece la vacilación entre el orgullo y la desesperación. Para Lutero, la salida a esta situación de desesperanza era llevar la mirada solo hacia Dios. Dios no está esperando que nos acerquemos a Él; Dios no relaciona nuestra salvación con la condición de que debemos primero hacer algo para merecerla. «La justificación por la fe» significa que no debemos confiar en nuestras propias capacidades sino únicamente en Dios. La fe significa confiar en que Dios ya hizo todo lo necesario para nuestra salvación, cuando Cristo tomó sobre sí toda la carga por la que debíamos responder.

La razón por la que Dios nos justifica no depende de nosotros. La justificación «ante Dios» viene únicamente «de Dios». Los reformadores lo expresaron como *iustitia externa*, o sea, nuestra justificación viene de fuera de nosotros, o *iustitia aliena*, «justificación ajena». No viene por un atributo o logro propio, sino porque Dios nos atribuyó la justificación de Cristo. Lo que significa que Dios, de alguna manera, «ve» a Cristo «en nosotros». Cuando Dios nos mira ve a Cristo en nosotros o, más específicamente, ve al Cristo libre de pecado en nosotros pecadores. Con su visión «creadora», Dios «ve» la salvación que Cristo ganó por nosotros.

Más adelante se distinguió entre la justificación «efectiva» y la «imputadora» y entre «hacer» justas a las personas y «hablarles» de justificación. A menudo se decía que solo con «hablar» a las personas de forma justa era apropiado para la comprensión luterana de la justificación. Esto se podía decir tanto positivamente como de manera crítica. Del lado positivo, se podría decir que la «justificación ajena» según la doctrina de Lutero, nunca podría convertirse en una cualidad propia, nunca de las personas por sí mismas. Solo «somos» justos a los ojos de Dios y «experimentamos» esa justificación si permitimos que Dios nos hable a través de su Palabra y confiamos en esta Palabra. Sin embargo, surgió la crítica de que no pasaba nada cuando la gente escuchaba sobre la justificación porque no se transformaban en el proceso. ¿Entonces, no es infructuoso hablar de justificación?

Los reformadores hubieran pensado que esta distinción era artificial e inapropiada. Estaban convencidos de que la Palabra de Dios siempre era creativa. Cuando Dios «habla» a alguien de justificación, también lo «hace» justo. Si confiamos y creemos en la Palabra de Dios, debemos estar seguros de que también somos juzgados justos ante Dios. Esta afirmación de que el juicio de Dios es válido y verdadero sin limitaciones, es en esencia, lo que los reformadores entendieron como «fe». No fue casual que Lutero en su Catecismo Menor, tradujera la palabra «amén» como: «Que así sea».

Los reformadores, sin embargo, también sostenían que el don de la justificación nunca puede ser establecido objetivamente. No podemos «probar» que somos justos. Este hecho es y permanece como un acto de fe que no se puede simplemente traducir a un conocimiento demostrable. Esto se aplica mucho más en relación con los otros: No hay rasgos empíricos que nos permiten saber, sin duda, si alguien está en estado de gracia o no.

Este es el significado de la famosa frase de Lutero *simul iustus et peccator*, «al mismo tiempo justo y pecador». Aunque muchas veces se entiende como que la justificación no cambia en nada nuestra condición de pecadores, no es eso lo que significa. De hecho, quiere expresar que solo somos justos cuando nos vemos a nosotros mismos a través de los ojos de Dios. Somos verdadera y completamente justos a los ojos de Dios. Sin embargo, si nos miramos directamente a nosotros mismos, reconoceremos que somos pecadores y que no vivimos nuestras vidas de acuerdo con la voluntad de nuestro Creador. La frase deja claro que nuestra salvación nos viene enteramente de Dios; que la justificación no nos da nada que podamos llevar ante Dios si fuera necesario. La salvación es y permanece inmerecida.

Justificación y ética

La doctrina de Lutero de la justificación por la fe fue, desde el principio, vulnerable a la crítica de qué significaba que la acción humana no importaba. Si Dios nos garantiza la salvación «gratuitamente», si no podemos ni necesitamos hacer nada por ella, ¿no perdemos la motivación para hacer el bien y evitar el mal? ¿Por qué deberíamos ayudar a nuestro prójimo si no necesitamos temer la ira de Dios? Desde los primeros días de la Reforma,

Lutero luchó contra esta objeción y explicó el significado de las «buenas obras». Sin embargo, sostuvo sin reservas que no podemos ganar nuestra salvación a través de nuestras obras. Aunque esto no significa que las «buenas obras» no sean necesarias o importantes. Al contrario, son importantes, pero no son una condición sino una consecuencia de la salvación.

Lutero se explayó elocuentemente sobre este punto en su obra «Sobre la libertad cristiana». Como Dios ya nos dio todo lo que necesitamos para nuestra salvación eterna a través de Cristo y en Cristo, estamos liberados de preocuparnos por nosotros mismos. No necesitamos trabajar duro para asegurar nuestras vidas y conseguir lo que creemos que necesitamos para ello. El miedo es la mayor razón de la avidez en la cual el Apóstol Pablo reconoció la naturaleza del pecado (cf. Rom 7). Al ser liberados de este temor por nuestro bienestar, podemos vivir sin egoísmos, buscando el bienestar de los demás en lugar del nuestro. Lutero explicó que es precisamente porque somos libres en Cristo, que podemos actuar al servicio de los demás. Y porque ahora lo hacemos libremente, ya no entendemos los mandamientos como una obligación impuesta; lo hacemos gustosa y voluntariamente. La justificación es por lo tanto, la fuente de nuestro amor al prójimo. A nuestros prójimos transmitimos esencialmente el gozo que recibimos al ser aceptados por Dios en Cristo. Por lo tanto, Lutero podía decir que para nuestros prójimos nos convertíamos en «Cristo».[2]

Lutero era suficientemente realista como para ver que esto no siempre funcionaba. A menudo hablaba de nuestras vidas terrenales como una serie de nuevos comienzos. Muchas veces somos nuestros peores enemigos y necesitamos ajustarnos a un mundo todavía incompleto. Por consiguiente, el altruismo debe ser reaprendido una y otra vez A partir de esto, Lutero fue capaz de encontrar una buena razón para el ascetismo. Sin embargo, ya no se refirió al sacrificio particular de los monjes, sino también y especialmente al «servicio diario»; es decir, el cumplimiento de tareas en nuestras vidas sociales, como cuando los padres crían a sus hijos/as, los granjeros cultivan sus tierras o los servidores públicos realizan sus diferentes tareas. Al hacerlo, no se están enfocando en sus propios intereses sino que usan sus energías para otras personas. La obra ética luterana es entonces una expresión de desinterés total y amor por el prójimo puesto en práctica.

Sin embargo, esto implica un peligro particular: Si la «libertad de un cristiano» se traduce en un cumplimiento desinteresado de tareas, también se puede perder en ese contexto. La «libertad de..» amenaza ser sofocada por la «libertad para..» La justificación no se debe reducir a un mero primer paso a la acción (libres solo para servir), ya que la Palabra liberadora podría una vez más convertirse en una ley restrictiva.

---

[2] *WA* 7,35.

¿La iglesia no se divide más? Declaración conjunta sobre la doctrina de la justificación

En el siglo XVI, la justificación por la fe marcó una diferencia entre la doctrina de la Reforma y la Iglesia Católica Romana. Aunque el diálogo religioso llevó a un cierto grado de reconciliación (por ejemplo, Regensburg en 1541), los luteranos continuaron percibiendo que los católicos buscaban la justificación a través de las obras. En el Concilio de Trento, la Iglesia Católica Romana por su parte, rechazó expresamente la doctrina de la justificación por la fe. Pensaban que esto negaba la responsabilidad humana. Estas dos posiciones los diferenciaban. Sin embargo, el siglo XX evidenció una gran variedad de nuevas experiencias de comunión ecuménica, lo que llevó a cambiar el antiguo rechazo mutuo por nuevos diálogos. En ese proceso surgió la pregunta sobre si las mutuas condenas doctrinales de la Reforma estaban realmente fundadas en una comprensión apropiada del otro bando, o si se rechazaban posturas que ni siquiera existían. Otro interrogante fue si los objetivos en realidad no serían los mismos, solo que se utilizaban diferentes formas de pensamiento, diálogo y matices. Después de varias décadas de exhaustiva investigación y diálogo, la Federación Luterana Mundial y el Pontificio Consejo para la Promoción de la Unidad de los Cristianos firmaron la Declaración Conjunta sobre la Doctrina de la Justificación, en Augsburgo en 1999. Aunque la declaración no pretende decir que no sigue habiendo grandes diferencias entre las confesiones en su modo de ver la justificación, autentifica un consenso en las verdades básicas de la doctrina de la justificación, que a su vez nos permite ver que las diferencias no implican una división profunda entre las iglesias en un sentido estricto. Incluso la Iglesia Católica Romana ahora enfatiza que nadie puede «ganarse» la salvación, mientras que los luteranos tienen claro que la fe se vuelve evidente y manifiesta a través de cómo vivimos nuestras vidas. Se llega así a una descripción común de los fundamentos básicos del proceso de justificación.

La justificación hoy

Se ha cuestionado una y otra vez, si la doctrina luterana de la justificación es significativa para nosotros hoy. A diferencia del siglo XVI, hoy no son muchas las personas que viven temerosas de un juicio severo y definitivo de Dios. El tema de la gracia de Dios por la que Lutero luchó tanto ha perdido en gran medida su capacidad de atormentarnos, o incluso ni siquiera lo recordamos. La idea de que Dios nos hace responsables y por lo tanto debemos confesar nuestras fallas, y que solo podemos poner nuestras esperanzas en el perdón incondicional de Dios, les parece a muchas personas una sombra que oscurece nuestras vidas y no nos permite tener una actitud positiva. Desde esta perspectiva, es ese tipo de pesimismo que nos conduce a la urgente necesidad de un Cristo redentor en primer lugar, mientras que lo que la humanidad realmente necesita es evitar la idea opresiva de que necesita salvarse. Muchos cristianos y cristianas incluso se preguntan si en realidad se le da a la creación de Dios un reconocimiento suficiente, cuando se subraya con tanta fuerza el pecado humano. Otros se preguntan en forma crítica si el rechazo de Lutero a la participación activa de los seres humanos en su salvación no ignora la libertad humana, la misma libertad en la que se arraiga la misma dignidad humana. Ni los cuestionamientos de Lutero ni sus respuestas parecen ser aplicables para nosotros en la actualidad.

Pero por supuesto que aun hoy, las personas viven temiendo por sí mismas. Anhelan ser aceptadas incondicionalmente cuando se enfrentan a exigencias que temen no ser capaces de cumplir. Sienten presión en sus trabajos y en sus vidas hogareñas y familiares y aunque se esfuerzan por hacer todo lo que pueden, muchas veces sienten que no han hecho lo suficiente. Otras personas sienten que sus dones y capacidades no son reconocidos o debidamente aprovechados cuando no encuentran trabajo o son vistas por la sociedad como «improductivas» ya sea por la edad, por enfermedades o debilidad. Otras sufren cuando la pobreza no les da la oportunidad de participar activamente en la sociedad o de capacitarse para hacerlo. Y están las que se sienten marginadas por su procedencia étnica, su género o su estilo de vida. En los tiempos de Lutero también era muy fuerte el deseo de ser aceptado/a y dignificado/a como persona. Lo mismo se aplica a la culpa. Hoy en día las personas también viven con un sentido de culpa, se avergüenzan de su comportamiento y se acosan con el autocastigo. Saben que no pueden deshacer o mejorar lo que ya hicieron y anhelan el perdón y la posibilidad de recomenzar aunque crean que no lo merecen.

A menudo escuchamos que la «justificación por la fe» se enfoca demasiado en la experiencia negativa del error y de la culpa, es demasiado unilateral y ya no encaja con la manera moderna de vivir. Actualmente, cristianos y cristianas se pueden sentir más abiertos que antes a añorar una felicidad terrenal y reconocer en ella el reflejo de la salvación eterna. Sin embargo, este sentimiento no contradice necesariamente la justificación por la fe. La experiencia de la felicidad también incluye la comprensión de que el éxito y la plenitud están fuera de nuestro control a pesar de nuestros esfuerzos, por lo que resultan ser un regalo inmerecido y nos da motivos para agradecer con alegría.

La doctrina de la justificación por la fe sigue teniendo un significado liberador para nosotros hoy y nos da alivio y valor. Nos recuerda cómo Dios nos confirma incondicionalmente. Dios nos aceptó antes de que pudiéramos hacer algo para obtenerlo. Dios nos respeta aunque nosotros no nos respetemos a nosotros mismos. Dios nos ofrece dignidad aunque degrademos y menospreciemos a otras personas. Dios nos abre nuevos horizontes en los momentos de desesperanza. Dios nos libera para la acción cuando nos paralizamos. «Solo por la fe» puede significar que esta afirmación, esta aceptación, esta dignidad, este estímulo, esta nueva esperanza, todo, es un regalo. Y como todo regalo verdadero, es voluntario, va más allá de nuestro control y no puede ser forzado o vendido. «Solo por la fe» es un mensaje que se mantiene vigente: La salvación, una vida nueva y auténtica en la fe «no se vende». No necesitamos recalcular continuamente si tenemos suficiente «capital» para comprarla.

Lutero preguntó con mucho temor ¿cómo puedo encontrar un Dios de gracia? Y luchó mucho y duramente con esta pregunta. La respuesta que surgió finalmente es simple y sigue siendo significativa: No necesitamos encontrar a ese Dios; ya lo tenemos.

Preguntas

¿Qué significa para usted ser «justificado/a solo por la fe»? ¿Cómo impacta en su comprensión de la vida?

¿Dónde siente estos «dones de la gracia» en su vida?

¿Cómo siente el rol de las «buenas obras»?

¿Qué describiría como su «alabanza diaria»?

La voluntad humana; ¿libre o esclava?

Jaan Lahe

> Y yo sé que en mí, esto es, en mi carne, no habita el bien, porque el querer el bien está en mí, pero no el hacerlo. [19] No hago el bien que quiero, sino el mal que no quiero, eso hago. (Rom 7: 18-9).

Las discusiones sobre el libre albedrío, la libertad humana de elegir y decidir y la pregunta de hasta qué punto los humanos son capaces de determinar sus propias vidas han estado con nosotros tanto tiempo como el que los seres humanos han reflexionado sobre el significado y el propósito de la vida y sus posibilidades. El libre albedrío ha sido un tema de debate en la historia de la filosofía, la teología e incluso en mayor medida, en la historia de la religión.

La esclavitud del destino

Los griegos ya creían que hay una fuerza que aun los dioses inmortales debían obedecer; a saber, el destino. La fe en el poder del destino se profundizó durante el período helénico (4-1AC). Durante el período del Imperio Romano (1-5 DC) el destino o certeza (del griego: *ananke, heimarmene)* se convirtió en un «poder cósmico» que gobernaba el universo entero. Se sostenía que la vida de cada persona estaba predeterminada desde el nacimiento hasta la muerte por el destino y gobernada por siete planetas o «siete regentes» cuyos gobiernos o disposiciones eran llamados Destino. De acuerdo con Origen (aprox. 185-253/254) y Agustín (354–430) estos planetas eran temidos tanto por los cristianos como por los paganos. La astrología, que según varios estudios sociológicos aún es muy popular entre muchas personas, también se basa en la creencia de que estamos gobernados por objetos celestes. Se ha despegado de su vínculo original con la religión (los planetas eran considerados seres divinos o demoníacos) o por lo menos, la cultura moderna se ha olvidado de las raíces religiosas de la astrología.

En términos filosóficos, la fe en el destino fue fundada por los estoicos, para quienes el destino representaba la ley que determina el mundo, un hecho que ningún sabio podía ignorar. La percepción del ser humano como títere en manos del todopoderoso destino se extendió más allá de la Antigüedad. El matemático astrónomo, filósofo y poeta persa Omar Khayyám (1048–1131) llegó al corazón del asunto equiparando al destino con el tiempo infinito:

> Los hombres somos títeres cuyos pasos Dios ordena;
> El tiempo es corto y en él nos entretenemos,
> entonces caemos uno por uno en el féretro de la muerte,
> Se juega el juego y la tierra lo debe cubrir completamente.[1]

El poeta sugiere que el firmamento gobernado por los planetas es una manifestación visible del destino o del tiempo infinito. El tiempo crea seres, incluidos los humanos, les da la breve oportunidad de aparecer como marionetas sobre el escenario del «gran teatro del mundo» y los devuelve al polvo del que fueron hechos. A partir de ahí el tiempo utilizará lo mismo para crear nuevos seres y se repetirá una y otra vez eternamente.

No es fácil vivir con el conocimiento de que no podemos cambiar nada. La reacción de Khayyam al entendido de que todo está predestinado es hedonista: bebe vino y disfruta la compañía de tu ser amado. La Epopeya de Gilgamesh, un poema épico de la antigua Mesopotamia, el «Canto del arpista» del Antiguo Egipto, algunos poetas griegos y romanos y el autor anónimo del Libro del Eclesiastés en el Antiguo Testamento de la era helénica, todos expresan una reacción similar. Sin embargo, esta nunca ha sido una solución satisfactoria para los pensadores profundos. Desde la antigüedad ha habido intentos de rechazar la creencia de la predestinación mediante argumentos racionales. Carnéades (214/3-129/8 AC), un escéptico académico (llamado así porque era el tipo de escepticismo que se enseñaba en la Academia de Platón, en Atenas), probó que los argumentos de la astrología estaban errados al mostrar que el destino de unos mellizos nacidos bajo la misma constelación de planetas puede ser diferente, mientras que dos personas que al nacer tienen una constelación de planetas diferente, pueden compartir el mismo destino (por ejemplo, en el caso de un naufragio).

---

[1] Khayyam, Omar: “Ruabiyat” Editorial José J. de Olaneta. España. 2008.

El antiguo filósofo griego Epicuro (aprox. 342-270 AC) defendía la idea de que la base del libre albedrío está en la libertad de los átomos al caer en un espacio vacío. No caen como se creía previamente en una trayectoria recta sino que se desvían de ella. Según Epicuro, la mensajera de la voluntad humana, el alma, también está formada por átomos, lo que significa que los seres humanos son libres de tomar sus propias decisiones.

No todos se convencen mediante argumentos racionales; es así que volverán sus miradas a las fuerzas sobrenaturales en la búsqueda de un remedio contra el destino. Los manuscritos en papiro que datan del Imperio Romano contienen hechizos para quebrar el poder del destino. También se creía que algunos dioses podían salvarnos de las cadenas del destino. Uno de estos dioses era la diosa egipcia Isis, popular en el mundo grecorromano, quien prometía a sus devotos la liberación del poder del destino y una próspera vida después de la muerte. Muchos maestros cristianos de los primeros siglos creían que el bautismo podía liberar a las personas del poder del destino, que cualquiera que sea bautizado pertenece a Cristo (Cristo los posee) y no al destino (el destino ya no los posee) y los planetas no tienen ningún impacto sobre ellos. Sin embargo, esta fe no probó ser suficiente para muchos pensadores cristianos que intentaron encontrar una respuesta al tema del libre albedrío.

¿LIBRE ALBEDRÍO?

Pablo confiesa que «No hago el bien que quiero, sino el mal que no quiero, eso hago.» (Rom 7:19) (la primera persona aquí no significa que es específicamente Pablo, pero puede referirse a la humanidad en general) y lo explica por el hecho de que el pecado domina a los seres humanos. El «pecado» del que habla Pablo tiene muchas similitudes con el «destino» de los griegos y los romanos. Lo describe como una «fuerza cósmica» que dominó a la humanidad desde Adán (por ejemplo, Rom 5:12). Algunos siglos después, fue concebido de forma similar por Agustín, un padre de la iglesia que compartía la convicción de Pablo que solo la gracia de Dios nos puede salvar del pecado. Casi mil años después, el reformador Martín Lutero (1483-1546) llegó a la misma conclusión que Agustín. Sus discusiones con el humanista Erasmo de Rotterdam (1466 o 1469-1536), como las de Agustín con el ascético moralista británico Pelagio (aprox. 390-418), se centraron en el papel que los seres humanos desempeñarían en el proceso de la salvación. Los conceptos de Agustín y Lutero en gran medida coincidían en este tema. La voluntad humana no puede salvar al ser humano y aun la posibilidad de creer, considerada el único camino hacia la salvación, es un don de Dios, fuera del alcance de la voluntad humana. De acuerdo con Lutero, la voluntad humana está esclavizada por el pecado y cuando la Confesión de Augsburgo de 1530 toca el tema del libre albedrío dice que la voluntad humana «tiene la libertad de generar la justicia civil y elegir lo que está sujeto a la razón».[2] Como testimonio de su enseñanza, se cita el Libro III del libro de Agustín *Hipognosticon*.

> Confesamos que en todos los hombres existe un libre albedrío, porque todos tienen por naturaleza entendimiento y razón innatas. Esto no quiere decir que sean capaces de hacer algo para con Dios, por ejemplo: Amar de corazón y temer a Dios. Al contrario, sólo en cuanto a las obras externas de esta vida tienen la libertad de escoger lo bueno y lo malo. Con "lo bueno" quiero decir que la naturaleza humana puede decidir si trabajará en el campo o no, si comerá o beberá o visitar a un amigo o no, si se pondrá o quitará el vestido, si edificará casa, tomará esposa, si se ocupara de algún oficio o si hará cualquier cosa similar que sea útil y buena.[3]

Mientras que los reformadores se dedicaban más a pensar acerca de la libertad de la voluntad y la predestinación en cuanto a la relación entre Dios y los seres humanos, el tema del libre albedrío en relación con la manera en que los seres humanos actúan y deciden en su vida diaria ha sido discutido ampliamente por sicólogos y neurólogos. Por ejemplo, Sigmund Freud (1856-1939), el padre del sicoanálisis, dijo que el comportamiento de los humanos y sus decisiones no son libres, por lo que el libre albedrío solo existe en la imaginación. En la realidad, el comportamiento humano y sus decisiones están controladas por la sique humana, que Freud describe como «el inconsciente» (en alemán: das Unbewusste). Según Freud, a este nivel de la mente humana están los deseos sexuales y las experiencias traumáticas de la niñez reprimidas por nuestra conciencia, que diariamente afecta el comportamiento humano. En la sicología conductista, hay poco margen para el libre albedrío, ya que establece que el comportamiento humano puede ser analizado solo sobre la base de procesos mentales que son objetivamente medibles, los cuales, de acuerdo con los conductistas, no incluyen el libre albedrío. Sin embargo, algunos sicólogos están convencidos de que la voluntad, al igual que muchas otras funciones mentales, se puede desarrollar. Sostienen que por esta razón el ser humano nunca se comporta de la misma manera frente a la misma situación; tiene la libertad de elegir. No importa cómo se conceptualice el libre albedrío, desde la perspectiva de la sicología la voluntad no es algo sobrenatural («origen divino del ser humano»), sino una función mental sicológicamente basada en la actividad

---

[2] «La Confesión de Augsburgo–texto en latín–Artículo VI: Libre Albedrío» en Robert Kolb y Timothy Wengert (eds.), *El Libro de la Concordia. The Confessions of the Evangelical Lutheran Church* (Fortress Press, Minneapolis, 2000), 51.

[3] Editor Dr. Andrés A. Meléndez, "Libro de Concordia" Las Confesiones de la Iglesia Evangélica Luterana. Concordia Publishing House. St. Louis. 1960.

del lóbulo frontal y las conexiones funcionales entre los centros del habla y el lóbulo frontal del cerebro. Por definición, la voluntad está sujeta a la investigación experimental y se ha llegado a muy buenos resultados. El innovador científico americano Benjamin Libet (1916-2007) investigó la actividad de la corteza cerebral durante las acciones volitivas y concluyó que los cambios en la corteza que indican el comienzo de una actividad libre, ocurrían un instante antes de que el ser humano reconociera su acción volitiva. Por consiguiente, la voluntad precede a la percepción (conciencia) del acto volitivo, lo que significa que el cerebro define las acciones volitivas y solo un instante después se vuelve consciente de la decisión volitiva. Los resultados de la investigación de Libet parecen aportar pruebas en contra del libre albedrío, pero no debemos olvidar que los experimentos solo se concentraron en las decisiones volitivas más elementales (por ejemplo, mover la mano o la pierna). ¿Estos resultados son transferibles a decisiones más complejas que influyen en nuestra existencia, por ejemplo la elección de una profesión o de un/a compañero/a de vida?

Hoy en día vemos una creciente demanda por los libros llamados de autoayuda que resaltan el poder ilimitado de la voluntad humana: si realmente quieres algo y estás convencido/a de ello, puedes lograr la riqueza y la fama; encontrar un/a compañero/a ideal en la vida, tu empleo soñado, etc. Estos libros atribuyen a la voluntad humana poderes casi sobrenaturales que pueden materializar cualquier deseo (siempre que la persona esté decidida a influir en su propia voluntad), un concepto en el cual casi se puede reconocer el modelo del pensamiento mágico.

ENTRE LA LIBERTAD Y LA PREDESTINACIÓN

No obstante, hay muchas cosas en este mundo que no dependen de nosotros o de nuestra voluntad y debemos aceptarlas tal como son. No elegimos el momento de nacer y aun teniendo el más saludable estilo de vida y las mayores precauciones no podemos elegir el momento ni la forma de morir. En su libro, *Inmortality: The Quest to Live Forever and How it Drives Civilization,*[4] Stephen Cave demuestra que a lo largo de la historia, la humanidad ha creado constantemente estrategias para evitar la muerte, pero ninguna de ellas ha servido para este fin. De igual manera, no podemos elegir nuestros padres, nuestro lugar de nacimiento ni el contexto en el que vamos a nacer. Al mismo tiempo, estos factores tienen el mayor impacto en la formación de nuestras personalidades y nuestras decisiones.

[4] Stephen Cave, *Inmortality. The The Quest to Live Forever and How it Drives Civilization* (Nueva York: Crown Publishers, 2012).

Hoy sabemos que los factores que influyen en la formación de nuestra personalidad no comienzan con el hogar y el entorno, sino que ya están presentes en el momento de la concepción. Heredamos de nuestros ancestros los genes que influyen en nuestra salud mental, sicológica y física y el desarrollo de nuestro carácter. Es imposible establecer la proporción exacta del papel que cumple nuestra constitución genética frente a nuestro entorno y educación. Según qué mentalidad ideológica, actitudes o valores prevalezcan en la sociedad, se dará más énfasis a un aspecto o al otro. Como resultado, se logra un mayor impacto, ya sea de la constitución genética o del entorno y la educación sobre el ser humano, en un contexto en particular, ya que influye sobre los conceptos de antropología, educación, capacitación, etc. Es así que el rol de las ideas dominantes en una sociedad en particular nunca debe ser subestimado en las discusiones sobre el libre albedrío y la predestinación. Así sucede, aun donde las ideas y los valores no reflejan la corriente principal de una sociedad sino una subcultura. Una persona puede ser considerada como un ser humano solo en relación con los otros seres humanos. Se quiera o no, el estar en una relación «yo y tú» (Martin Buber, 1878-1965) nos obliga a considerar a los otros «yoes» y «túes» ya que de otra forma no podría haber coexistencia. Aunque eligiéramos ser ermitaños y rompiéramos todos los lazos con otras personas, eso no nos liberaría de nuestra personalidad que ya fue moldeada por relaciones anteriores. El ermitaño llevará consigo los recuerdos y las ideas de su vida anterior en un contexto anterior. Aun en un estado mental adquirido a través de ciertas técnicas (por ejemplo, meditación, ayuno, oración), donde la persona experimenta una liberación total, estas ideas pueden resurgir de alguna manera. ¿Serán estos los demonios que de acuerdo con la tradición cristiana atacaron a los ascetas en el desierto?

En el mundo globalizado y comercial de hoy, somos coactores en los grandes programas económicos, de lo cual muchas veces no somos conscientes. La noción colectiva del pecado describe la forma en que nos vemos atrapados en las estructuras globales injustas a menudo sin darnos cuenta. Consideramos que nuestras decisiones de comprar, vender y consumir son hechas libremente, mientras que frecuentemente están inducidas por la manipulación comercial y los estándares impuestos por las compañías que tratan de vendernos sus productos y por grupos que determinan los estándares de vida.

La falta de libertad que no es percibida como tal es muy peligrosa, por lo que es crucial tener pensamiento crítico para aumentar nuestra libertad de elección verdadera donde sea posible, por ejemplo en nuestros hábitos de consumo, el medioambiente, etc. Y muchos de nosotros, a diferentes niveles, tenemos la posibilidad de elegir entre las diferentes opciones en nuestra vida diaria. Estas decisiones pueden cambiar el mundo en el que vivimos. Sin la opción de elegir sería cínico responsabilizar moral y legalmente a los seres humanos por las consecuencias de sus decisiones, por ejemplo, sus acciones.

Entonces podemos concluir que mientras los seres humanos tienen el libre albedrío en relación con sus decisiones diarias, el margen parece ser más limitado de lo que previamente se había asumido. En vista de nuestra relación con Dios, la convicción de Lutero de que no es nuestra conducta sino la gracia de Dios la que Lo mueve a salvarnos es válida. No somos salvados por la gracia de Dios junto con nuestras buenas obras o cualquier cosa que hagamos. No podemos, por así decirlo, «comprar nuestro camino al cielo».[5] Somos salvados/salvadas solo por la gracia de Dios.

PREGUNTAS

¿Por qué el tema de la existencia del libre albedrío es importante para nosotros? ¿Qué depende de la respuesta a esta pregunta? ¿Qué impacto tiene en nuestras vidas?

¿Por qué el tema del libre albedrío es tan complicado que los diferentes pensadores todavía no se han puesto de acuerdo sobre él? ¿Será posible que esto cambie algún día?

La existencia o la no existencia del libre albedrío, ¿impacta sobre las relaciones entre los seres humanos y Dios? De ser así ¿cómo?

---

[5] Ver los argumentos de Lutero en sus famosas noventa y cinco tesis; por ejemplo, la tesis 27 en relación con la compra de indulgencias: «Mera doctrina humana predican aquellos que aseveran que tan pronto suena la moneda que se echa en la caja, el alma sale volando»: Obras de Martín Lutero. Tomo 1. Disputación acerca de la determinación del valor de las indulgencias. (Las 95 Tesis). Editorial Paidós. Buenos Aires. Versión castellana de Carlos Witthaus. 1967.

Las promesas de Dios y la prosperidad humana

Sarah Hinlicky Wilson

Estados Unidos ha hecho contribuciones significativas a la cultura mundial, para bien o para mal, que van desde las hojuelas de maíz, o la democracia moderna, a la bomba nuclear. El evangelio de la prosperidad encaja muy bien en este legado de importantes y ambiguas contribuciones. Aunque ahora se ha hecho viral alrededor del planeta, su origen está en Estados Unidos. Algunos antecedentes históricos harán que sus declaraciones teológicas sean más fáciles de comprender, y de rechazar.

El contexto estadounidense

Estados Unidos comenzó el siglo XIX en forma optimista. Vio la oportunidad de crear una nueva civilización cristiana en un continente considerado «vacío», libre de todos los sangrientos acontecimientos europeos del pasado. Sin la presión de las iglesias estatales, el «renacimiento» se volvió el nuevo punto de enfoque de la vida cristiana: grandes reuniones públicas dominadas por poderosas predicaciones y emociones igual de poderosas. Al mismo tiempo, la nueva industria en desarrollo y la colonización del oeste, dio a los cristianos estadounidenses la sensación de ser un nuevo Israel, estableciendo una sociedad que se desarrollaba más grande, mejor y más justa. El éxito y la victoria eran signos del favor de Dios.

Pero no era suficiente conquistar la tierra y las pasiones del cuerpo. Existía el anhelo de conquistar el reino del espíritu; de hecho, se podía decir que solo el espíritu era real mientras que el cuerpo y la tierra eran meras ilusiones. Los movimientos cristianos marginales emergieron en este contexto, como por ejemplo, la Ciencia Cristiana (una secta que rechazaba la realidad del cuerpo y creía que todas las enfermedades podían ser curadas solo con el poder mental), el Trascendentalismo (una filosofía unitaria que creía en la bondad inherente de los seres humanos en contraposición a la sociedad corrupta) y el Nuevo Pensamiento (una forma de panteísmo que sostenía que las personas eran divinas y podían vencer todas las dificultades solo con el pensamiento correcto). Todos estos movimientos creían en la fuerza de la mente sobre la materia. Pero para ellos, la mente y el espíritu eran tan mecánicos como el cuerpo y la máquina: operaban de acuerdo con leyes inmutables. Si rompes el código detrás de las leyes espirituales, puedes dominar todo lo demás según tus deseos.

La Guerra Civil de Secesión (1861-1865) y los posteriores conflictos militares dentro y fuera del país hicieron mella en el optimismo estadounidense, pero no lo destrozaron. Mientras que el sistema económico premiaba a quienes trabajaban duro, el optimismo se mantuvo firme en la cultura estadounidense. Los que no conseguían prosperar no desmentían la promesa del éxito: solo probaban que no habían logrado vivir según sus reglas. Y por entonces fue que apareció Essek William Kenyon.

E. W. Kenyon y la «Palabra de fe»

Kenyon tenía pleno conocimiento del Nuevo Pensamiento y otras formas de pensamiento metafísico que eran populares en el siglo XIX. Su única objeción era que no estaban suficientemente vinculados a la fe cristiana. Así que simplemente tomó prestado su razonamiento y le agregó un poco más de Jesús. Por ejemplo, Kenyon argumentó que la muerte de Jesús vencía todas las cosas negativas de la vida, incluidas la pobreza y la enfermedad. Por consiguiente, la «fe» significa aprovechar la nueva ley espiritual de la victoria en Cristo. No puedes solamente desear algo de Dios; no puedes solo pedirle algo a Dios; no, debes especificarlo, luego reclamarlo y como resultado, lo obtendrás. Dios prometía dártelo. Eso era la fe verdadera.

El corolario de las enseñanzas de Kenyon fue que las señales físicas son falsas y distracciones de Satanás para descarriarte. Por lo tanto, los verdaderos creyentes que estuvieran enfermos afirmaban su victoria sobre la enfermedad y desde ese momento ignoraban los síntomas por ser tentaciones y no lo verdadero. Los verdaderos creyentes confiesan que serán ricos y en poco tiempo serán ricos. De hecho, según Kenyon, los verdaderos creyentes evitan mencionar las cosas negativas porque si hablan de las cosas malas pueden volverse realidad. Si se hace de la forma correcta, «la palabra de fe» siempre te da lo que quieres y lo que quieres, por supuesto, es bueno. Obviamente Dios no quiere que nadie se enferme o sea pobre. Así que pide salud y riqueza y Dios automáticamente te la dará. Si no obtienes lo que quieres, el problema es tuyo y no de Dios. Probablemente no has creído lo suficiente.

Kenyon no tuvo gran influencia en su propio tiempo. Se movió al margen de la vida eclesial; mucha gente pensó de forma equivocada que era pentecostal. No fue sino hasta la segunda mitad del siglo veinte que Kenyon fue redescubierto por otro evangelista estadounidense, Kenneth Hagin, que popularizó su pensamiento y lo predicó en giras y en programas televisivos. Ante el estallido del optimismo de la posguerra, otros evangelistas tomaron su mensaje y comenzaron a predicar con sus propias variaciones sobre el tema de la prosperidad.

Variaciones sobre el tema de la prosperidad

En líneas generales, los predicadores no denominacionales han promovido el movimiento de «la palabra de fe» con algunos participantes evangélicos y pentecostales. Pero como la prosperidad siempre se trabajó a través de redes de influencia más que de denominaciones estructuradas, ha alcanzado cada rincón de la iglesia y todas las naciones del mundo. Los miembros de aquellas iglesias que formalmente renuncian a la prosperidad, leen libros o escuchan los programas de radio donde los predicadores hablan sobre la prosperidad, sin reconocer las contradicciones de esa enseñanza. Hay incluso algunas variantes católico romanas sobre el tema, como el movimiento El Shaddai en las Filipinas. La prosperidad se ha ganado el desafortunado honor de ser la herejía más difundida y exitosa del siglo veintiuno.

Hay mucho para criticar en esta evangelización sobre la prosperidad, pero es necesario hacer una advertencia. La prosperidad tiene diferentes impactos según donde sea predicada. Es obviamente repulsiva cuando es pronunciada por ricos predicadores estadounidenses que obtienen los ahorros de una vida de los creyentes inocentes y luego los utilizan para comprar una tapa de retrete de U$S 23,000 (como hizo la evangelista Joyce Meyer). Es realmente criminal cuando esos predicadores convencen a algunos padres de que no le suministren a sus hijos enfermos el medicamento necesario para su supervivencia, llevándolos a una muerte precoz y evitable, como ha pasado demasiadas veces.

Pero la prosperidad también es un mensaje popular en lugares que no son para nada prósperos. Cuando es predicada por y para personas indigentes, hambrientas y desprovistas de cuidados de salud, tiene un cariz diferente. En esas situaciones existe una línea muy delgada entre la legítima curación divina y las promesas ilegítimas de una curación inducida. Del mismo modo, el mensaje de la prosperidad puede llevar a que los integrantes de una comunidad marginada se esfuercen por apoyarse unos a otros, creando relaciones económicas y sociales más estables que le permitan al grupo salir de su pobreza. Finalmente, la mayoría de las personas que predican y practican el evangelio de la prosperidad ni siquiera son conscientes de que es un movimiento cristiano diferente, con serios problemas: es simplemente la fe cristiana como la han escuchado y como siguen proclamándola. Los críticos más perspicaces deben separar los defectos reales de los beneficios reales que han llegado a las personas con esta predicación.

Una crítica trinitaria de la prosperidad

Comenzaremos con un abordaje trinitario para contradecir las afirmaciones del evangelio de la prosperidad. Como vemos en los orígenes de la predicación de Kenyon, hay una comprensión incorrecta de «espíritu». El «espíritu» está concebido como el enemigo y lo opuesto de «materia», que es baja, inconducente y sin importancia. Esas actitudes son muy antiguas; los cristianos han luchado contra ellas de formas diferentes desde el inicio de la iglesia, tanto a través del neoplatonismo, el gnosticismo como del maniqueísmo. En cambio en el Credo Niceno, profesamos nuestra fe en «el Espíritu Santo, el Señor, el Dador de Vida». Este mismo Espíritu se movió sobre las aguas de la creación y dio vida a la materia, la tierra y las criaturas (Gen 1:2). Este mismo Espíritu resucitó el cuerpo crucificado de Jesús (Rom 8:11): elevado, transformado pero aún un cuerpo, todavía materia, aún algo que todavía podía comer, beber, hablar e incluso curar heridas. Ser espiritual no significa ser enemigo de lo material.

Y eso también significa que quienes vivimos por el Espíritu somos llamados y llamadas a ser administradores de lo material y no sus explotadores. El evangelio de la prosperidad anuncia una avaricia infinita que será recompensada con la acumulación infinita, dado que el mundo material es meramente un objeto a ser usado. Pero el Espíritu Santo creó y sustentó el mundo para la gloria de Dios y para la prosperidad de todos y no para los seres humanos a expensas de la tierra o para algunas personas a expensas de otras.

La mención de nuestro Señor crucificado y resucitado nos lleva a otro aspecto del mensaje falso de prosperidad. Los predicadores de la prosperidad a menudo aseguran que Cristo ya sufrió por nosotros, por lo que los creyentes solo debemos esperar el éxito y la plenitud. Es una lectura extremadamente errada del testimonio total de la Biblia, cuyos dos Testamentos son testigos del sufrimiento en la vida de los creyentes. El Libro de Job es la protesta bíblica más sustentable contra la idea de que los injustos deben ser los que sufren y contra la idea de que la justicia garantiza la felicidad. Jesús fue un salvador impactante precisamente por su sufrimiento en la cruz y sus primeros discípulos y apóstoles compartieron las buenas nuevas sobre este salvador a un costo personal muy elevado, aun con la muerte. Los creyentes fueron martirizados en toda las épocas—y el siglo pasado ha tenido más mártires cristianos que cualquier otro período—pero los consideramos como testimonios de su fe en Dios y no del fracaso. Las Epístolas también recomiendan a las iglesias ser fuertes en medio de la persecución, los sufrimientos, la pobreza y la enfermedad.

Lo más destructivo que el mensaje de la prosperidad transmite es tratar de convencer a las personas que si no reciben la curación o la riqueza que piden, es por sus propias faltas. En estos casos, no hay consuelo para los afligidos: solo pueden asumir que sus seres amados fallaron y por eso les ganó la enfermedad. La predicación por la prosperidad destruye a la comunidad: se asume que los ricos son los verdaderos creyentes mientras que los pobres deben ser los incrédulos, por lo que los fuertes son motivados a apartar a los débiles en el nombre de la santidad. La prosperidad no puede superar el escándalo de la cruz. No puede tolerar a Jesús, el salvador crucificado del mundo.

Rechazar al Hijo resucitado es también rechazar al Padre que lo envió. A pesar de estar errado es muy comprensible; los seres humanos se han enfurecido siempre con sus debilidades, su dependencia y su vulnerabilidad ante el sufrimiento y la muerte. Muchas religiones ahora y a lo largo de la historia son simplemente mágicas e intentan descubrir las leyes secretas del universo y explotarlas para su propio beneficio. La prosperidad es la magia cristiana del siglo veintiuno. Quiere controlar. No quiere un Dios como Señor de todo, que nos puede pedir que suframos por el bien de su Palabra, que no puede ser explicado o predicho o sobornado. La prosperidad quiere un Dios que pueda ser comprado con la «fe» o con dádivas generosas en la esperanza de una ganancia mayor. ¡Pero ni Dios ni la salvación se venden!

> El mensaje cristiano no nos libera de la agonía, la frustración o las preguntas no respondidas de la vida humana. No nos promete la victoria o el éxito ya. En cambio, declara que « las aflicciones del tiempo presente no son comparables con la gloria venidera que en nosotros ha de manifestarse,» (Rom 8:18) La justificación de Jesús vino después de su muerte en la cruz, cuando el Señor lo levantó de entre los muertos: así será para nosotros. Ser cristiano es compartir la muerte y resurrección de Cristo, no evadir la muerte ni desdeñar la carne que resucitará. Se puede confiar en que el Padre se nos revelará en la vida, la muerte y la nueva vida.

Una crítica legal y evangélica de la prosperidad

¿Qué nos promete el evangelio? Ni la salud, ni la riqueza, ni una carrera exitosa ni un matrimonio sólido ni un gobierno justo ni la felicidad. Todas esas cosas son buenas y tienen su lugar, pero en la ley. La ley sagrada de Dios es lo que gobierna nuestra vida terrenal, nos lleva a la justicia, contiene nuestro pecado y nos recuerda nuestra permanente necesidad de la misericordia de Dios y de su perdón para encauzarnos. La ley nos enseña a hacer buen uso de nuestros dones en la creación y en la comunidad.

> En el reino de la ley, la prosperidad confunde al ser una verdad a medias. Es cierto que el pecado nos puede hacer sufrir. Pero Dios no necesita castigar nuestros pecados en esta vida: ellos tienden a ser su propio castigo. Ser un idólatra es ser esclavo de algo mudo, muerto, insensible, en lugar de ser parte de una relación dadora de vida con el Dios dador de vida. De igual manera, como dijo Jesús en la noche que lo arrestaron, « todos los que tomen espada, a espada perecerán. » (Mt 26:52): la violencia llama a la violencia. Los Proverbios en particular advierten que la avaricia, el abuso de los pobres, la pereza y la injusticia en general tendrán severas consecuencias. La ley de Dios está contra el pecado sobre todo porque destruye a la gente y a toda la creación.

Sin embargo no es posible revertir esta lógica. Las cosas malas, el sufrimiento y los desastres no siempre son causados por el pecado. Las personas suelen asumir que el sufrimiento siempre es el resultado de la maldad, que es un castigo, pero Jesús no nos permite pensar así. Él claramente nos dijo que aquellos que murieron al colapsar la torre de Siloé no eran más culpables que nadie, y que por tanto, sus muertes no fueron a causa de sus pecados (Lc 13:4). Del mismo modo, el hombre nació ciego no porque había pecado o porque sus padres habían pecado; Jesús cortó de plano esa interpretación (Jn 9:3). El abuso en manos de otro ser humano tampoco es para pagar el pecado: porque Jesús, quien estaba libre de pecado, fue muerto en la cruz. A menudo es la justicia y no la injusticia la que nos lleva al sufrimiento. Por eso la interpretación de la prosperidad en relación con el sufrimiento distorsiona de forma blasfema el buen propósito de la ley de advertirnos contra las malas acciones y su interpretación del éxito ignora las acciones equivocadas que frecuentemente nos llevan a la riqueza.

Pero necesitamos avanzar más allá aún en nuestra crítica del evangelio de la prosperidad. El evangelio no es ni los dones creados de Dios ni la ley que los protege. Y no está condicionada a nuestra buena acción, independientemente de que obedezcamos la ley de Dios o que dominemos las supuestas leyes espirituales. El Evangelio no es otra cosa que Dios dándose a Sí mismo para nuestra salvación, puramente bondadoso, enteramente debido a lo que Dios es—amigo de los pecadores y amante de sus enemigos. Como Martín Lutero dijo en su resumen del Credo en el Catecismo Mayor:

> "No obstante, aquí tienes todo esto de la manera más rica, ya que Dios mismo ha revelado y descubierto el abismo profundo de su paternal corazón y de su amor inefable en estos tres artículos. Pues Dios nos ha creado precisamente para redimirnos y santificarnos. Y, además de habernos donado y concedido todo cuanto en

> la tierra y en los cielos existe, nos ha entregado a su Hijo y asimismo al Espíritu Santo para atraernos por medio de ambos hacia sí"[6]

El evangelio es Dios para nosotros, con nosotros y en nosotros: Padre, Hijo y Espíritu Santo.

Es un evangelio por el que podemos vivir plenamente y morir con esperanza. Nos sostiene en la duda, la persecución, los fracasos y el sufrimiento. Es una promesa que no nos engaña sino que nos fortalece y nos anima. Tal es el testimonio de Tsehay Tolessa, una mujer luterana etíope torturada y encarcelada durante diez años bajo un violento régimen debido a su fe:

> La mano de Dios es grande; nos alcanza desde lejos. Está donde ni los amigos pueden llegar, ni los vecinos ni la familia. Aun así, Él llega. Él está ahí, en el medio de la suciedad, la humillación, en lo sangriento, en el hedor. Él estuvo conmigo en todo momento, muy cerca. Sentí Su cercanía todo el tiempo.

Con ese Dios, somos muy ricos y no necesitamos ir tras las falsas promesas de prosperidad.

Preguntas

Todos los cristianos y las cristianas creyentes le piden a Dios todo tipo de bendiciones tanto físicas como espirituales. ¿Cuál es la manera correcta de pedir? ¿Cuál es la manera correcta de recibir? ¿Cuál es la manera correcta de responder cuando no recibimos lo que pedimos?

Piense en la forma cómo las personas de su sociedad y de su iglesia responden a la gente rica y exitosa y a la gente pobre y que luchan. ¿Estas actitudes reflejan las enseñanzas de Jesús y su ejemplo?

Piense cómo le podría responder usted a otro cristiano / otra cristiana que siente que Dios puede ser una forma de triunfar en esta tierra. ¿Cómo podría transmitir que el evangelio es suficiente, que Dios es suficiente, aun en medio de las luchas y sufrimientos?

---

[6] Editor Dr. Andrés A. Meléndez, "Libro de Concordia" Las Confesiones de la Iglesia Evangélica Luterana. Concordia Publishing House. St. Louis. 1960. Catecismo Mayor, 447.

Hágase Tu Voluntad

Chiropafadzo Moyo

La oración no es solamente un fenómeno cristiano; también es practicada en la mayoría de las otras religiones como el Islam, el Judaísmo, las Religiones Africanas Tradicionales y muchas más. Este término generalmente se refiere a dirigirse a la divinidad con diferentes propósitos. Los cristianos y las cristianas también oran para comunicarse con Dios. De acuerdo con la fe cristiana, a través de la oración Dios también se comunica con los seres humanos. En relación con esta publicación, me limitaré a mi opinión sobre la oración cristiana.

> La oración está pensada para establecer una relación íntima y recíproca entre Dios y la humanidad, porque debemos amar a Dios con todo nuestro corazón. Esto significa que nuestra oración debe venir desde el corazón como leemos en Deuteronomio 6:5, «Amarás a Jehová, tu Dios, de todo tu corazón, de toda tu alma y con todas tus fuerzas.». Dios nos manda que oremos. La oración puede hacerse de forma verbal o no verbal–por ejemplo a través del sacrificio[1] o la danza. En Génesis 3 leemos que Dios vino a caminar sobre la tierra y señorear sobre Su creación. Después que pecaron, Adán y Eva se escondieron de Dios; no querían verlo o hablar con Él. Dios tomó la iniciativa de continuar comunicándose con Su creación porque quiere seguir en contacto con nosotros.

El llamado a Abraham es un ejemplo de la comunicación directa de Dios con los seres humanos (Gn 12). Este encuentro demuestra la comunicación

---

[1] Watson E. Mills (ed.), *Diccionario de Mercer de la Biblia* (Georgia: Mercer University Press, 1990), 706. El sacrificio de la cristiandad solo se entiende como una forma de acción de gracias. Nunca se lleva a cabo sacrificando seres vivos para obtener la bondad de Dios. Es la respuesta a la bondad de Dios.

bilateral. Dios llamó y Abraham contestó el llamado. Dios le hizo una promesa a Abraham y esa promesa fue un incentivo para continuar el diálogo. Dios inició el diálogo pero cada vez más se volvió recíproco y fue sostenido por la promesa de Dios. Dios promete a la humanidad Su oído y Su respuesta. De acuerdo con la fe cristiana, el oído de Dios y Su respuesta se convirtieron en hombre, Jesucristo.

Hay tres razones por las que debemos orar:

- Ya en el Antiguo Testamento se nos dice que debemos orar, como cuando Jesús nos dice «Velad, pues, orando en todo tiempo» (Lc 21:36). Los cristianos y las cristianas oramos en nombre de Dios. Oramos porque Dios nos promete escucharnos (Sal 50:15) y busca comunicarse con nosotros. Oramos por nuestro propio bien.

- Oramos para que Dios nos dé poder sobre el mal y para sanar al mundo. Los cristianos oran por el bien del mundo.

Todo esto no proviene de una profunda espiritualidad humana sino del sencillo deseo humano de obtener algunas cosas y evitar otras. El autor y promotor de la oración cristiana no es en sí mismo/a un/a cristiano/a. De acuerdo con la comprensión cristiana es el Espíritu Santo que nos conduce y nos ayuda a orar.[2]

Como son muchas las razones para la oración cristiana, también hay una libertad formal de hacerlo. Sin embargo, la oración debe ser hecha con humildad y un corazón arrepentido. La oración debe ser constante. ¿Cómo puede lograrse? A través de un estilo de vida, una comunicación permanente con Dios que se expresa muchas veces de forma no verbal. Podría ser descrita como una vida consciente de la presencia de Dios. Sería una vida piadosa. Dicha oración lleva en sí misma el «premio»: es la fe en la verdadera presencia de Dios que nos fortalece y nos ayuda a vencer el mal dentro y alrededor nuestro.

El Nuevo Testamento nos dice que podemos orar en todos lados (Mt 6:6, Cor 1:2); el templo es un posible lugar de oración (Lc 24:53; Hechos 3:1; 22:17). La oración puede ser personal o comunitaria; las oraciones pueden ser ofrecidas en privado o en una comunidad de fe. Hay una necesidad de hermandad en la oración ya que al orar con otras personas nos enriquecemos espiritualmente y orando juntos como iglesia nos unimos a todos los cristianos en su búsqueda individual de la presencia de Dios. Es importante notar que el Nuevo Testa-

[2] "Catecismo Mayor" Tercera Parte. El Padrenuestro en: Editor Dr. Andrés A. Meléndez, "Libro de Concordia" Las Confesiones de la Iglesia Evangélica Luterana. Concordia Publishing House. St. Louis. 1960.

mento nos invita claramente a orar, sin importar nuestro estatus social ni nuestro género (cf. 1 Sam1:10) y no hay necesidad de un mediador entre Dios y los seres humanos, sea un sacerdote o una persona con un carisma especial. Tanto en la oración judía como cristiana las barreras causadas por el género o las jerarquías son inválidas (cf. Lc 2:37ss; 18:13; 1: (46-55).

En Filipenses 4:6 aprendemos que podemos orar por todo lo que nos preocupa sobre la tierra y en el cielo. Hay diferentes maneras de orar y diferentes tipos de oraciones. Dios quiere que expresemos nuestras necesidades y nuestras penas cuando tenemos problemas. Dios quiere que llevemos nuestras necesidades y penas ante Él. Pero también quiere que expresemos nuestra gratitud y alabanza por nuestra liberación de la muerte y por dar sentido y propósito a nuestras vidas.

Los Salmos del Antiguo Testamento, que también eran las oraciones de Jesús, nos dan maravillosos ejemplos de alabanza y lamento. Y esos Salmos aún hablan a la gente; también hoy los cristianos lloran y alaban a Dios, creando nuevos himnos y nuevos «salmos» que pueden ser dichos o cantados. Algunos cristianos alaban a Dios con un lenguaje muy poético. Dios necesita ser alabado por lo que ha hecho para su pueblo. Algunas personas prefieren alabar a Dios antes de expresar sus pedidos. Las oraciones de alabanza siguen un modelo en el que el eje expresa los motivos de alabanza. Se pueden encontrar buenos ejemplos de alabanza en los Salmos 8 y 33.

Aprendiendo a orar: el Padre Nuestro

Jesucristo nos pide que oremos en su nombre. Para un/a cristiano/a no es posible orar más que en el nombre de Jesús, porque Jesús nos enseñó a llamar a Dios «Padre Nuestro que estás en los Cielos» y es su espíritu el que nos hace orar. Así que, lo nombremos o no, cualquier oración cristiana honesta será siempre en el nombre de Jesús.

El tercer artículo del «Catecismo Mayor» de Lutero explica el significado del Padre Nuestro, la oración que Jesús enseñó a sus discípulos quienes pidieron que les enseñara a orar (Lc 11:1). Esta es la más importante de todas las oraciones cristianas; es la esencia de la oración cristiana. Podemos ver en ella la reciprocidad, la voluntad de Dios, nuestras necesidades y la salvación de nuestros pecados: El Padre Nuestro lleva nuestros corazones a Dios, alabando a Dios por su santidad, el reino de Dios entre nosotros y el cumplimiento de la voluntad de Dios así en la tierra como en el cielo. Después la oración nos trae a Dios, permite que Dios vea nuestras necesidades tanto físicas como espirituales. Se pide el perdón y la salvación para toda la humanidad.

La forma en la que nos dirigimos a Dios en el Padre Nuestro: «Padre Nuestro que estás en los cielos» es muy significativa. Jesús nos enseña que estamos invitados a relacionarnos con Dios de la manera más íntima para los humanos. El «Catecismo Mayor» identifica siete pedidos en el Padre Nuestro que nos ayudan a identificar el carácter esencial de la oración cristiana.[3] El primer pedido, «Santificado sea Tu Nombre», se relaciona con lo que Dios nos pide en el Segundo Mandamiento: No tomarás el nombre de Dios en vano hablando de forma grosera, maldiciendo, engañando, etc., sino para alabar su gloria. El nombre de Dios no debe ser utilizado para propósitos ideológicos, políticos, económicos y de intereses privados que están mal legitimados al usar su nombre. El segundo pedido, «Venga a nosotros tu reino» nos llama a aceptar la gracia de Dios dada en Jesucristo y nos pide la materialización de la palabra de Dios en nosotros y nuestros prójimos. Para explicar este segundo pedido, Lutero escribe,

> [D]ebemos [...] permitir que el Reino de Dios sea lo primero por lo que oramos. De este modo, por cierto, tendremos lo demás en abundancia, como enseña Cristo: "Buscad primeramente el Reino de Dios y todas estas cosas os serán añadidas".[4]

El tercer pedido, «Hágase tu voluntad así en la tierra como en el cielo» continúa pidiendo la concreción y actualización de la voluntad de Dios entre nosotros. Lutero agrega la siguiente oración a la explicación del tercer pedido del Padre Nuestro:

> Amado Padre, hágase tu voluntad; no la del diablo y la de nuestros enemigos y de todo lo que quiere perseguir y destruir tu santa palabra o impedir tu reino. Concédenos que soportemos con paciencia cuanto tenemos que sufrir por ello y lo sobrellevemos, para que nuestra pobre carne no cese ni desfallezca por debilidad o pereza.[5]

Los siguientes pedidos: «El pan nuestro de cada día dánoslo hoy», «y perdona nuestras deudas, así como perdonamos a nuestros deudores», «Y no nos dejes caer en tentación», son pedidos relacionados con las necesidades humanas. «El pan nuestro de cada día», se refiere a las necesidades humanas en el más amplio sentido, incluida la vida terrenal. «Y perdona nuestras deudas», se refiere a la importancia del mensaje cristiano central del perdón

---

[3] Ibíd.,

[4] "Catecismo Mayor" Tercera Parte. El Padrenuestro en: Editor "Libro de Concordia" Las Confesiones de la Iglesia Evangélica Luterana. Dr. Andrés A. Meléndez, Concordia Publishing House. St. Louis. 1960, 456.

[5] Ibíd., 458.

en nuestra vida diaria. «Como perdonamos a nuestros deudores», expresa la necesidad de ser misericordiosos con nuestros prójimos como Dios lo es con nosotros. La petición de no dejarnos caer en la tentación nos llama a pensar sobre las diferentes formas de tentaciones que experimentamos diariamente, desde «la debilidad por el lujo, el honor, la fama y el poder» a «la incredulidad, la falsa seguridad, la terquedad»[6] etc. El «Catecismo Mayor» explica: «Entonces esto es lo que significa 'no nos dejes caer en la tentación': cuando Dios nos da el poder y la fuerza para resistir, aunque el ataque no termine».[7] El último pedido, el séptimo, es para la liberación del mal y termina con un Amén: «Y líbranos del mal. Amén». «Amén» es la afirmación de la fe, lo que significa que no tenemos dudas de que nuestras plegarias serán escuchadas. Es una señal de la afirmación personal de nuestra confianza en Dios.

Con el Padre Nuestro, Jesús nos pide que no caigamos en una mala interpretación de la oración: hay plegarias en prosa que están compuestas de peticiones. Muchas personas se ven atrapadas en este tipo de oraciones porque piensan que orar significa pedir algo constantemente. Algunos pedidos son presentados con largas explicaciones y un lenguaje colorido para persuadir a Dios. Las explicaciones se brindan para incentivar a Dios. Pero Jesús nos enseña que las oraciones largas pueden sugerir hipocresía. Estas oraciones largas son hechas para bendecir, curar o recordar. Cuando las personas quieren algo de Dios usan las oraciones largas para implorar a Dios. Sin embargo, debemos recordar que Dios conoce lo que queremos, aun antes de decirlo y que nuestra oración puede tornarse egoísta si solo se refiere a los temas mencionados. Puede convertir a Dios en un sirviente de nuestras necesidades.

Oraciones respondidas: magia y oración

Los cristianos creen que Dios escucha y responde a todas sus plegarias. Jesús nos promete que las súplicas serán escuchadas por Dios como lo hace un padre amoroso. Dios nos da lo que es bueno para nosotros. Las peticiones muchas veces son respondidas de forma diferente a lo que espera el que ora. La manera en la que Dios escucha nuestras oraciones y cómo las responde sigue siendo un milagro. Lo que Jesús dice, «Pedid y se os dará» (Mt 7:7) muchas veces es escuchado de una forma muy simple, y crea una expectativa de respuesta inmediata para nuestras oraciones. Algunas personas tratan de hacer que Dios escuche sus oraciones poniéndoles mucha

[6] Ibíd., 461.
[7] Ibíd., 465.

energía. Otros dan órdenes que pueden provocar una amonestación cuando «hablan» como si fueran Dios. En estos casos muchas veces podemos ver que olvidan pedir en el nombre de Jesús cuando oran. No es una oración que Jesús haría.

En el Padre Nuestro se nos enseña a pedir la voluntad de Dios. Es la voluntad de Dios la que debe hacerse así en la tierra como en el cielo. Los cristianos pueden desear que sucedan cosas de una cierta manera, pero la voluntad de Dios puede ser diferente. Podemos pedir por la sanación, pero Dios puede tener una respuesta completamente diferente. Si la persona muere después de haber pedido por su curación, ¿significa que Dios no respondió a nuestra oración? La Biblia nos enseña a orar y pedir con fe y confianza y a esperar que Dios responda de la mejor manera posible. La oración no implica decirle a Dios lo que debe hacer. A menudo las respuestas a nuestras oraciones son muy diferentes de lo que realmente pedimos. Y puede ser muy difícil creer en la oración respondida cuando nos enfrentamos a expresiones fuertes de maldad.

> Quienes practican la magia hacen que las cosas pasen inmediatamente y como vivimos en un mundo lleno de magia y respuestas mágicas a la vida, la gente espera que la religión también responda mágicamente. Las personas experimentan muchas presiones en sus vidas y como resultado, quieren respuestas inmediatas para todo. Es por esto que algunos cristianos en África, por ejemplo, utilizan elementos como el agua y las piedras para «apoyar» sus oraciones. En algunos casos, se ha generado un verdadero «negocio de la oración» donde el aceite y el agua sagrada, etc. se venden con la promesa de que si se utilizan cuando oramos, la oración será más eficaz y más o menos «garantizan» que será escuchada. Algunas veces las señales externas o los elementos materiales que acompañan la oración pueden ser útiles, aunque debemos ser extremadamente cuidadosos de no cruzar la línea de la idolatría. La salvación, al igual que las oraciones, no se vende, porque lo esencial para la oración cristiana no son los elementos mágicos sino la fe y disposición a entregar tu vida en las manos de Dios. Se aconseja a los cristianos que busquen al Señor con todo su corazón y hagan todo en la fe: «Entonces me invocaréis. Vendréis y oraréis a mí, y yo os escucharé. Me buscaréis y me hallaréis, porque me buscaréis de todo vuestro corazón.» (Jer 29:12-13). Dios sabe lo que es bueno para cada uno de nosotros en cada momento « Porque mis pensamientos no son vuestros pensamientos ni vuestros caminos mis caminos, dice Jehová.» (Is 55:8).

Jesús dice que todo lo que pides al Padre en su nombre te será dado (Jn 15:8, 16:13) Al mismo tiempo la referencia al nombre de Jesús es un comentario sobre lo que oramos: ¿es realmente algo por lo que Jesús oraría? Los cristianos no solo deben orar en el nombre de Jesús sino confiar en Él.

Necesitamos tener fe en Jesús cuando oramos para que nuestras oraciones sean respondidas.

Observaciones finales

La oración cristiana cultiva la relación entre Dios y la persona cristiana. Por lo tanto los cristianos no pueden crecer espiritualmente sin la oración. También las formas no verbales de oración como el silencio, la música y la danza nos ayudan a explorar y expresar nuestras dimensiones emocionales y físicas como personas ante Dios. Dios quiere ser amado y adorado en su nombre y por nuestro bien y el bien del mundo. Dios nos guía en oración hacia Él y viene a nosotros, nos acompaña en nuestras necesidades y dificultades pero también en nuestras alegrías. Dios nos llama a orar siempre, como una forma de vida de fe en Dios. Oramos a Dios y Dios nos contesta; no nos oramos a nosotros mismos, por consiguiente no debemos prescribir respuestas a nuestras oraciones sino esperar todo de Dios, quien está presente en Jesucristo y está orando en nosotros a través del Espíritu Santo de Dios. Hemos aprendido de Jesús a nombrar a Dios como «Padre». Eso significa que estamos invitados a relacionarnos con Dios de la manera más íntima posible para los humanos. Esta forma de dirigirnos a Él es un signo de la intimidad de la relación a la que estamos llamados.[8] Si tomamos en serio esta intimidad, no le daremos órdenes a Dios en oración y no trataremos de «comprar» las respuestas a nuestras oraciones. Confiaremos en Dios como Jesús lo hizo.

Preguntas

¿De qué manera hemos experimentado la oración fortalecedora y transformadora?

¿Qué cosas piensa que son los malos usos más frecuentes de la oración?

¿Por qué los cristianos / las cristianas deben orar y por qué la oración comunitaria es importante?

---

[8] Werner G. Jeanrond, *Call and Response: The Challenge of Christian Life* (Dublin: Gill and Macmillan , Nueva York: Continuum, 1995), 120.

«Soy porque obro»—identificándonos a través de las obras

Busi Suneel Bhanu

Introducción

El dicho popular sánscrito *Udyōgampurushalakshanam* [el trabajo es la identidad/característica de los seres humanos] es una declaración popular y reflexiva de la perspectiva india sobre el trabajo, sin importar la casta, el credo o el género. Según la visión de la India, el trabajo es una necesidad humana, una expresión religiosa, el reflejo de la existencia humana e integral a nuestra identidad. Para la persona promedio, el trabajo, dentro del contexto religioso y cultural de la India, también señala las relaciones humanas basadas en el poder y la autoridad como también la sumisión y el sometimiento. Podemos entender al trabajo como un canal positivo y progresista que nos permite vislumbrar el propósito y el significado de la vida, convirtiéndose así en una experiencia enriquecedora. O podemos llegar a la conclusión negativa de que el trabajo es un instrumento deshumanizante y una negación de la vida que destroza la esperanza y las aspiraciones de la vida misma. Como tal, esta reflexión intenta entender la dignidad, la identidad y la capacidad del ser humano a través del trabajo desde una perspectiva socio religiosa india, especialmente la perspectiva y la forma de vida de quienes son conocidos popularmente como intocables/*harijans*/dalits. En la búsqueda de la identidad a través del trabajo, la siguiente experiencia de un dalit resalta la lucha.

Selfie I. Una visión monocromática: «El trabajo como dharma»

Desde que me convertí en cristiano he estado reflexionando sobre el significado y el propósito de la vida humana en general y de mi vida en particular. De hecho, soy la primera persona en mi familia en recibir y aceptar la Palabra de Jesucristo y comenzar a experimentar la fidelidad a Dios en Jesús. Mis padres me llamaron Raja (rey). Más adelante supe que sus deseos eran que yo llevara la vida digna y confortable de un rey. Sin embargo, en términos de mi trabajo, me di cuenta que no soy más que una ruina física y sicológica. En nuestro idioma nacional, el hindi, la palabra para mi trabajo es *safaikarmachari*, hurgador o colector. El término y el título parecen tan grandiosos, como si fuera un trabajo noble sin connotaciones deshumanizantes.

Cuando era un niño, fui enviado a la escuela primaria de la misión (cristiana) ubicada donde vivíamos junto con el resto de la comunidad *safaikarmachari*. Cuando completé mi educación primaria, ante la insistencia de algunas de mis maestras, mis padres me anotaron de mala gana en secundaria, que también era de la organización cristiana y estaba ubicada en el centro de la ciudad donde habíamos vivido por generaciones.

Cuando llegó el momento de ir a la universidad, recuerdo claramente que a pesar de mis variadas protestas, mis padres insistieron en la necesidad y el *dharma* (deber) de continuar con la ocupación familiar. Tenían dos razones convincentes. Primero, aun si me graduara de la universidad con distinciones, no sería fácil para mí con mi contexto familiar encontrar un empleo en la sociedad india, que es altamente competitiva. Por lo tanto, para evitar la innecesaria frustración de estar desempleado, sería sabio seguir y continuar con la ocupación familiar (algo como más vale pájaro en mano que diez volando). En segundo lugar y muy importante, para poder alcanzar el *mukti* (salvación/liberación) del *karma-samsara* (el ciclo de nacimientos y muertes basados en el resultado de las propias acciones en la vida) uno necesita trabajar en lo que le fue asignado. Además nacimos «intocables» en esta vida y la única forma de nacer con una casta superior en la próxima vida es llevar a cabo la tarea asignada como *safaikarmachari* sin quejarse ni protestar y con total sumisión. Para disipar mi frustración y mi desagrado con respecto a estos acontecimientos y para destrozar mi desconocimiento de las estructuras sociales sostenidas por las filosofías religiosas, me explicaron pacientemente la historia védica de la creación, que justifica nuestro destino como personas «ritualmente impuras» y por lo tanto «intocables». Para mis padres, que siguen siendo hindúes, la posibilidad de subir la escala social jerárquica y obtener una identidad honorable asegurándose la liberación del *karma* y *samsara*, solo se logra a través del trabajo asignado (*dharma*).

Mientras el dicho *udyogampurushalakshanam* se ha vuelto una realidad en mi vida, el hurgador despreciable ha destrozado mis sueños de vida. El trabajo para el que fui asignado es repulsivo. Tenemos una doble responsabilidad: somos los guardianes y protectores de la limpieza ambiental dentro de nuestros pueblos y ciudades. Nuestras comunidades son responsables de limpiar las letrinas secas de cientos y miles de familias y esforzarse día y noche para mantener limpias las líneas colectoras del saneamiento de pueblos y ciudades de nuestro país. En mi trabajo tradicionalmente asignado por mi casta, debo recoger en una canasta de bambú los excrementos humanos/heces. La llevo sobre mi cabeza, la deposito en un carro tirado por un buey que espera en la calle y la vacío fuera del pueblo o de la ciudad. Además, tengo que entrar en las alcantarillas y con mis manos desnudas limpiar los obstáculos mugrientos para que las aguas residuales fluyan libremente y no ensucien los alrededores y causen y extiendan enfermedades (control de vectores). Pero en el proceso, las aguas residuales empapan todo mi cuerpo y en consecuencia, de mi cuerpo emanan feos olores, haciendo que quienes pasan cerca de mí se alejen con miradas de desprecio. Muchas veces me enfermo. Ciertamente soy un intocable con un trabajo que es mi *dharma*.

Los hurgadores manuales son un símbolo vivo de la realidad deshumanizante de las castas y la intocabilidad. Debido al trabajo repulsivo que están forzados a hacer son la comunidad más explotada, rechazada y marginada de la sociedad de la India. A pesar de las disposiciones del artículo 17 de la constitución (abolición de la práctica de la intocabilidad), y algunas leyes como La Protección de los Derechos Civiles, 1955, Ley de Prevención de Atrocidades, 1989 y El empleo de hurgadores manuales y la construcción de letrinas secas (prohibición), 1993, la práctica de la recolección manual de excrementos continúa. Es un hecho indiscutible que «soy porque trabajo». *Udyoga* en la comprensión popular significa trabajar y hacer algo útil. Sin embargo, en la comprensión filosófica y religiosa hindú, también significa *ud* (más elevado) y *yoga* (disciplina espiritual) orientados hacia la realización existencial, específicamente la liberación. Para mis ingenuos y analfabetos padres atrincherados en estas convicciones y criterios religiosos, si no era en el presente, algún día en otra vida o después de varias vidas, podríamos lograr una identidad única como «un ser humano perfecto». En las palabras de nuestro propio premio Nobel, Rabindranath Tagore, «¿Qué importa que tus ropas se manchen o se andrajen? ¡Ve a su encuentro, ponte a su lado, y trabaja, y que sude tu frente! ».[1] La identidad de este hurgador intocable no es permanente, es solo temporaria. Para ellos, el trabajo no es simplemente por el trabajo en sí, sino algo único que nos trae pasión y otorga un significado a la vida. Yo, sin embargo, he encontrado un nuevo futuro aquí y ahora en Jesús y espero no dejar pasar esta vida sin esta nueva forma de ver el trabajo, que se ha vuelto adoración y me ha ofrecido una identidad humana auténtica y liberadora. Lenta e incesantemente, en la actualidad estoy saliendo de mi identidad estigmatizada de «intocable» y la «ética del trabajo» que conlleva y he empezado a sentirme orgulloso de mi ser dalit y atesorar mi identidad dalit cristiana.

---

[1] Tagore, Rabindranath. Obras Completas. 4 Tomos, *Ofrenda lírica* 11 (*Gitâñjali* original Nº 119). Edicomunicacioón. Barcelona 1966.

Selfie 2. Una visión sepia: «Soy un dalit»

En la sociedad hindú hay algunas categorías de personas que no fueron incluidas en el *catur-varna* (sistema de cuatro castas) y que históricamente son conocidas como los *asprisya* (intocables). Hay diferentes teorías sobre el origen del sistema de castas en India; la más popular es que proviene de los rubios arios que llegaron a las planicies indogangéticas y que marcaron el comienzo de la práctica del *varnā* o casta. Los colonizadores arios no solo concibieron e implementaron la categorización en cuatro divisiones de gente–*brāhmin* (sacerdote), *kshatriya/rājanya* (rey/gobernante/guerrero), *vaisy* (comerciante) y *sūdra* (artesano/sirviente)–sino que dieron un fuerte fundamento religioso al sistema con la introducción de una historia de la creación en el rigveda, que hoy es una de las Escrituras reveladas del hinduismo. Según esta historia, cuando las divinidades sacrificaron al purusa (el primer ser) de él emergieron diferentes categorías de personas: de su boca el *brāhmin*; de sus dos brazos los *rājanya*; de sus dos muslos, los *vaisya* (comerciante y agricultor); y de sus pies los *sūdra* (categoría servil). Más adelante, las tres castas superiores –los *brāhmins, kshatryias* y *vaisyas*, conocidas como *dvija* (nacido dos veces)–nacidos tanto física como espiritualmente, tuvieron el privilegio de ser adornados con hilo sagrado, como señal religiosa que indica un nacimiento superior y estar calificados para aprender las *vedas* sagradas. La última en la jerarquía de castas era el *sūdra*, la casta servil, cuya única función es servir a las otras tres castas superiores.

Mientras que estas cuatro categorías encajan dentro del marco de castas en la mayoría de las tradiciones religiosas hindúes, hay un alto porcentaje de personas que no solo se diferencian de estas cuatro castas sino que se les subraya que su estatus social es el más bajo de todos. Su segregación y su contaminación ritual gradualmente derivaron en su intocabilidad. Además Manu, el legislador *brāhmin*, a través de su estricta imposición de ciertas normas y reglas, deshumanizó a las personas conocidas como *candālās*. Por consiguiente, sus viviendas debían estar ubicadas fuera de los poblados y debían ser *apapātrās* (inelegibles) en todos los aspectos y solo habilitados para poseer perros y burros. Sus vestiduras debían ser las de los muertos y solo podían usar vasijas rotas para comer. Solo pueden usar adornos hechos de hierro negro y deben deambular de un lado a otro. Solo pueden mantener relaciones y transacciones entre ellos y desposar a sus iguales. Si un miembro de una de las castas les ofrece alimento, debe ser en un plato roto; se les prohíbe caminar alrededor de los poblados durante la noche. Sin embargo, durante el día pueden entrar al pueblo para trabajar. Con el fin de exterminarlos sicológicamente, las clases dominantes superiores en términos religiosos y más numerosas continúan usando términos despectivos y humillantes para describirlos, como: *amānusya* (no persona/no humano); *antyaja* (casta inferior/casta exterior); *asprisya/achūta* (intocable); *asura/rākshasa* (demonio); *avarna* (sin casta); *chandāla* (inculto); *dāsa/dāsyu* (siervo); *mleccha* (locales/nativos); *nisāda* (cazadores y recolectores primitivos de alimentos); *panchama* (quinta casta); *svapāka* (uno que cocina carne de animales muertos); etc. y algunos términos modernos como castas planificadas (grupos no identificados; gobierno inglés colonial); clases deprimidas (*babasahebambedkar*); *harijan* (niños de Dios; Mahatma Gandhi); y *dalit* (las masas de intocables).

En este contexto, los intocables se han elegido una identidad propia al nombrarse conscientemente a sí mismos, dalit. Etimológicamente, la raíz de la palabra dalit, *dal*, significa cosas o personas que están cortadas, separadas, rotas, aisladas, machucadas y destruidas. El término dalit refleja la realidad existencial y las penurias sin fin de aquellas comunidades que sufren la opresión (social y religiosa) debido al sistema de castas, que resulta en la pobreza (económica y política) y también redunda en la necesidad de rebelarse contra la doble opresión de la degradación ritual y la privación socioeconómica y política. Para los dalit Panthers, quienes popularizaron el concepto de la condición de dalit ("Dalitness"), el término se ha vuelto un símbolo de orgullo y resistencia al igual que de rechazo a la interminable opresión provocada por las castas. Además implica el cambio y la revolución antes que permanecer sometidos permanentemente a la casta y a su esclavitud. El término elegido por los dalits se ha vuelto una identidad para reflexionar sobre la realidad y como tal, la marca de la autoestima, la identidad propia y la auto reivindicación de las comunidades intocables y su consigna de lucha contra la opresión deshumanizante de las castas. En otras palabras el término dalit, identifica a los opresores de las castas superiores que son los causantes de la deshumanización y reflejan la concientización de los dalits acerca de su existencia prisionera y su experiencia marginal, que son la base de una nueva unidad cultural y de una ideología dalit como también de una cierta militancia. El nombre dalit es un símbolo de cambio, confrontación y revolución. Sin embargo, a pesar de esta identidad elegida de autoestima, en gran medida son forzados a continuar y aceptar trabajar en lo que les es asignado por el nefasto sistema de castas.

Lo que distingue el comportamiento característico de los dalit, son los tres milenios de sumisión y aceptación de la discriminación y la deshumanización sin haber levantado las voces en protesta. La rendición silenciosa de la autoafirmación resultó en que los dalits sacrificaran sus propias vidas voluntariamente ante el altar de su propio respeto, su propia dignidad y su propia identidad para el beneficio de las castas superiores, convirtiéndose en «no personas». En otras palabras, se puede ver la internalización de una baja autoestima, confusión de identidad y autoaversión en la misma mente de los dalits que pueden resumirse en la frase «estado psíquico herido». Es por eso que los dalits sintieron la necesidad imperiosa de recuperar la identidad genuina que les había sido robada por las llamadas castas superiores bajo la compleja y sacrosanta vestidura de enseñanzas religiosas, dogmas y doctrinas de purezas rituales contra las impurezas rituales y el rechazo de los impuros para mantener el orden moral cósmico.

Selfie 3. Una visión panorámica: «Soy cristiano/cristiana y luterano/luterana»

Para la mayoría de los dalits, el hinduismo a través de sus multifacéticos matices y dimensiones—sus tonos filosóficos, misterios míticos, reflexiones sobre el arte, la arquitectura y los enigmas culturales— transmiten un mensaje irrevocable de «acepta la casta o perece». Por consiguiente, la identidad perenne e impuesta de la realidad existencial de los dalits como ritualmente impuros, la aceptación forzada de la victimización a través del constante discurso religioso y la determinación por buscar una espiritualidad para escurrirse de esas situaciones de vida desesperanzadoras marcó el inicio de la búsqueda de los dalits por una religión alternativa que les ofreciera una transformación liberadora y una identidad autoemancipadora que representara la humanización. La mayoría de los dalits encontró corrientes liberadoras en otras tradiciones religiosas como el budismo, el cristianismo, el islam y el sijismo. A diferencia del hinduismo, estas tradiciones religiosas, con una visión igualitaria reflejada en sus enseñanzas y prácticas religiosas, ofrecían el potencial para romper las estructuras opresivas de la sociedad y erradicar las diferencias de castas y las desigualdades.

Hoy en día esos intocables, quienes con orgullo se llaman dalits y siguen tradiciones religiosas diferentes al hinduismo, constituyen alrededor del 16,6 por ciento de la población de la India de 1,22 mil millones. No hay acuerdo en relación con la verdadera población total de intocables, ya que las estimaciones públicas y privadas varían entre 225 y 250 millones. Para nuestros propósitos, sería útil considerar una estimación conservadora de 225 millones. Esta cifra sería considerablemente mayor si se incluyera a los dalits que adoptaron las religiones no hindúes como el budismo, sijismo, islam y cristianismo. Sin embargo, el gobierno indio solo considera a los dalits dentro del grupo hindú en el censo de población y descarta a todos aquellos que profesan otras tradiciones religiosas. Aunque las estimaciones varían entre el 2,34 por ciento del total de la población india cristiana, entre cincuenta y ochenta por ciento son de contexto dalit.

Desde que el evangelio de Jesucristo se implantó en la fértil tierra sociocultural de la India, creó fuertes raíces y floreció para ofrecer una identidad por excelencia a los dalits. El evangelio ofreció dos poderosos mensajes liberadores. Primero, los seres humanos son creados a imagen de Dios por lo que la naturaleza divina es una parte integral de su ser; ningún ser humano puede ser declarado impuro y tratado como tal y por ende intocable y marginado.

Segundo, al ser creados a imagen de Dios, todos los seres humanos son iguales y sin diferencias jerárquicas u horizontales. Este poderoso y doble mensaje del evangelio penetró profundamente en la psiquis herida de algunos de los dalits, que buscaban una religión que los ayudara y los apoyara en sus esfuerzos por recuperar sus identidades robadas, desprovistas de autoestima e iluminación espiritual. Como resultado de esto, la India fue testigo de conversiones masivas al cristianismo de algunos grupos de intocables en busca de una nueva identidad y de la liberación de las opresivas estructuras de las castas. De hecho, como muchas veces se ha dicho, la historia del movimiento de liberación dalit se vincula a la historia de la iglesia en la India. Mientras el cristianismo en general ofrecía el envidiable estatus de ser hijos de Dios creados a imagen de Dios, las enseñanzas y doctrinas luteranas abrieron un nuevo entendimiento de la vida a través del trabajo, el testimonio y la alabanza.

Los primeros misioneros luteranos en la India, fueran de Halle en Alemania o de Pennsylvania en los Estados Unidos, llevaron con ellos el mensaje transformador de vida del Evangelio, lleno de trasfondos pietistas. El pietismo fue un movimiento reformado dentro de la tradición confesional luterana que absorbió a la iglesia luterana en Alemania y que enfatizaba la necesidad de una visión cristiana práctica y una forma de vida que reflejara la fe en Jesucristo. Estos misioneros luteranos de contexto pietista fueron conduciendo lentamente a los luteranos indios no solo a esforzarse por su enriquecimiento espiritual y su renovación religiosa sino también a esforzarse por ser conscientes de los problemas sociales y educativos. Este tipo de renovación socioeconómica, religiosa y espiritual se hizo a través de las enseñanzas luteranas de *sola gratia, sola fide, sola scriptura, solus Christus, soli deo gloria, theologia crucis, deus absconditus, coram deo* y el sacerdocio de todos los creyentes, la esclavitud de la voluntad, los dos reinos, etc. Esta predicación singular del evangelio, con los pies en la tierra, les ofreció una identidad transformadora no solo a quienes aceptaron el cristianismo predicado por los misioneros luteranos sino también más adelante a los/as trabajadores/as evangélicos. Aun hoy esa misma identidad transformadora se ve reflejada en la obra y testimonio de los miembros de la comunión luterana en la India. Esta continua identidad reformadora y transformadora es evidente y se vive en las enseñanzas de la Iglesia Luterana en la India.

La obra de Dios: «No por mi mérito sino por la gracia de Dios»

La iglesia en la India existe en medio de la pluralidad de sus filosofías religiosas e ideologías y sus complejidades sociales, culturales, económicas y políticas. Como resultado de las enseñanzas y doctrinas de la religión mayoritaria, el hinduismo, con su proclamación de los *caturvedas* como *apauruseyas* (no escritos por seres humanos sino de creación y revelación divina), las masas creen en la mala práctica de las castas como de orden divino. Por consiguiente, la única forma de obtener el *moksa* (liberación del interminable ciclo de nacimientos y muertes) de este estado ritualmente impuro es en la próxima vida o a través del *jnānamārga* (camino de conocimiento/sabiduría) o del *bhaktimārga* (camino de devoción) o del *karmamārga* (camino del deber). Seguir uno de estos *mārgas* para la liberación depende de la naturaleza religiosa y espiritual y de la capacidad de la persona. Como los dalits son ritualmente impuros por nacimiento y no están lo suficientemente capacitados para elegir el *jnānamārga* o el *bhaktimārga*, el único *mārga* disponible para ellos es el *karmamārga*; es decir, ejecutar el *dharma* asignado, obedeciendo sin cuestionar ni quejarse. En otras palabras, la liberación solo es posible a través del esfuerzo humano de realizar el trabajo que le fue asignado.

En este contexto de discriminación basada en el linaje, el cristianismo en general y el luteranismo en particular ofrecieron las *triratnās*, las tres joyas, *sola gratia, sola scriptura,* y *sola fide*. Esto significa que es posible liberarse de cualquier fuerza amenazante a través de la gracia del Dios Creador solamente, a través de la vida dada por la Palabra eterna de Dios solamente y a través de la fe enriquecedora en Jesucristo, más que a través de nuestros propios méritos y acciones. Esta identidad reformadora radicalmente vibrante y dinámica de buscar la amistad y el compañerismo de Dios a través del trabajo y del testimonio como cristiano/a practicante, en vez de depender del trabajo que le es asignado a cada quien, infunde además una identidad sacerdotal en los/as cristianos/as dalits; identidad que hasta el momento consideraban como únicos privilegios y prerrogativa de los *brāhmin*. Los dalits que buscaban ese estatus eran anatema para las castas y vistos como ilusos por los mismos dalits.

Sacerdocio de todos los creyentes: «Tengo el privilegio de trabajar como un pujāri»

En la jerarquía de castas y en la escala de pureza/polución de las cuatro castas, los *brāhmins* no solo se declaraban *bhūdevās* (dioses terrenales) sino que se asignaban el derecho a dirigir tanto los asuntos temporales como los religiosos de la sociedad con derechos por su nacimiento a aprender y adquirir conocimiento. Además era su privilegio impartir el conocimiento adquirido a aquellos alumnos que lo merecieran de las tres castas superiores. Monopolizaron el derecho a dar órdenes y exigir respeto, como también gozar de la lealtad incuestionable, el apoyo y el servicio de todos. Hasta los reyes debían legislar solo obedeciendo y aceptando la guía de los sacerdotes *brāhmin*. De este modo los *brāhmins* se elevaron a sí mismos al máximo nivel como líderes en la jerarquía social y religiosa. A los dalits, considerados como personas ritualmente impuras y corruptas, se les negó la posibilidad de ser educados y de alcanzar sus aspiraciones religiosas, prohibiéndoles entrar a los templos y lugares sagrados y restringiendo para ellos los servicios religiosos de los sacerdotes.

En ese contexto de vida de los dalits, el luteranismo les ofreció una doctrina radicalmente nueva del sacerdocio de todos los creyentes, que hasta el momento era una enseñanza impensada e inimaginable para los conceptos indios en general y de los dalits en particular. Martín Lutero expresó en «La Libertad Cristiana», la esperanza de que el término 'sacerdote' se hiciera popular porque creía que la justificación por la gracia de Dios a través de la fe significaba que cada creyente cristiano es un sacerdote. Para Lutero, Dios llamó a cada ser humano, sin distinción de profesión o vocación y de acuerdo con sus dones, a servir a los demás, fuera un zapatero intocable que trabaja con la piel de animales muertos o una mujer que periódicamente se vuelve impura con su menstruación o un intelectual de casta superior que presume de poder desvanecer la oscuridad de la ignorancia de otros a través de sus dones del conocimiento y la sabiduría. La vocación de cada persona no es más que un llamado al sacerdocio, de servicio a los demás. En esta nueva y radical identidad de trabajo *pujāri* (sacerdotal), las diferencias entre el hombre y la mujer, lo sagrado y lo secular, lo ritualmente puro e impuro, las personas de casta y las masas sin casta, todo queda clavado a la cruz de Jesús. Como hijos de Dios, se restablecen la condición de *pujāri* y la dignidad humana de todas las personas. Para los cristianos dalits este gran paso se ha vuelto un ancla en sus caminos fuera del sufrimiento institucionalizado de las castas. La dignidad del trabajo, que sustituye la división de los trabajadores se ha vuelto un regalo para los dalits.

El contexto dalit y la esperanza y las aspiraciones de la comunidad se ven reflejadas en la teología dalit. La teología de la cruz de Martín Lutero ofrece una poderosa visión de Dios que se identifica con el grito de las masas sufrientes y por consiguiente el luteranismo se une en solidaridad con los dalits en su reclamo por la humanización en medio de sus sufrimientos.

La teología de la cruz

La teología dalit es una contra teología que desafía la teología cristiana clásica de la India que se valía de las categorías filosóficas del hinduismo. Las expresiones metafísicas desenfrenadas de la teología clásica cristiana de la India no ofrecían ningún alivio a los dalits. Para los dalits, el mensaje evangélico de Jesucristo con sus corrientes liberadoras dinámicas y fluidas se ha vuelto un canal auténtico para saciar su sed espiritual. Dios en Jesucristo está siempre presente en el patetismo y los dolores de los dalits, ofreciéndoles la liberación de las ataduras de las castas y de la deshumanización que eso conlleva. Es así que la teología dalit, una teología contextual desde abajo, es una teología de los dalits, a través de los dalits y para los dalits. Busca ser significativa para los dalits y se basa en la realidad existencial de su condición de dalits; los empodera en su lucha por la restauración de su dignidad humana, autoestima, igualdad y liberación, todo lo cual les ha sido negado y robado por la discriminación sancionada a través de la religión de las castas.

Antes del surgimiento de la teología contextual dalit, a las congregaciones luteranas les fue revelada la teología de la cruz de Martín Lutero. Sin importar que fuera reconocida o no, la teología de la cruz de Lutero dio el impulso necesario a las opiniones de los dalits y sus formas de comprender su nueva fe en Dios y sus esperanzas y aspiraciones de un nuevo mañana, no como idea escatológica sino como una realidad del aquí y ahora y de que Dios es un Dios que sufre y libera. Dios en su humildad a través de Jesucristo en la cruz escucha los gritos de sufrimiento y se identifica con ellos. En la teología de la cruz, el creyente entiende a la iglesia como el pueblo de Dios que se nutre a sí mismo en la fe en Dios, compartiendo sus dones con el prójimo, lo que lo lleva a una comunidad más amplia y ecuménica.

Conclusión: la salvación no se vende

Para los indios en general y los dalits en particular la religión es una fuerza dinámica, y para el común de los indios religiosos, el *dharma* es todo; es la base misma de las tradiciones sociales y culturales; la corriente reguladora de los valores éticos de la vida y el proveedor y sustento de la espiritualidad que enriquece la vida. Con esta comprensión, los dalits en la India a quienes se les negó la vivencia de una religión gratificadora, han estado buscando activamente una fuerza metafísica que los provea de una dignidad humana auténtica, un potencial espiritual y una fuerza moral que los empodere realmente para luchar contra la opresión inculcada por el sistema de castas y la discriminación resultante, al igual que para lograr una liberación holística y una nueva y enriquecedora identidad humana.

El preámbulo de la constitución de la India declara,

> Nosotros, el pueblo de la India, hemos resuelto solemnemente constituir India en una república soberana, socialista, secular y democrática y garantizar a todos sus ciudadanos justicia social, económica y política; libertad de pensamiento, expresión, creencias, fe y culto; igualdad de condición y oportunidades; y promover entre todos ellos la fraternidad asegurando la dignidad del individuo y la unidad y la integridad de la Nación.[2]

Pero las credenciales seculares de esta antigua civilización parecen ser un frágil mito. Asentar bases seculares firmes en un país cultural y religiosamente plural, no sucede de un día para el otro. Sin embargo, es en el proceso de desarrollo y a menudo dando pasos vacilantes, que se llega a arreglos con las instituciones o creencias religiosas. En consecuencia, la práctica de las castas se mantiene a nivel popular y parece ser una historia interminable.

---

[2] M. V. Pylee, *India's Constitution* (Bombay: Asia Publishing House Ltd., rev. ed., 1967), 51.

El cristianismo llegó a la India con su evangelio de amor universal y su mensaje igualitario. Los dalits que aceptaron el cristianismo nunca encuentran una razón para renunciar a esta vida que les ofrece fe, porque se mantiene firme como un canal liberador que les permite obtener su dignidad y autoestima, ya que les ofrece diferentes caminos para luchar contra la humillación invocada por la casta. La conversión al cristianismo se ha vuelto una bendición para los dalits, y les ha permitido lograr los derechos humanos, sus esperanzas y las aspiraciones que por largo tiempo les fueron negados deliberadamente. El cristianismo les está ayudando en su lucha por liberarse de las desventajas heredadas de un arraigado complejo de inferioridad, un atraso económico impuesto por la fuerza, una falta de poder político y un estigma religioso de contaminación ritual y de negación a la vida.

El mensaje evangélico refleja abrumadoramente el amor de Jesús, la sanación, los ministerios misericordiosos, el cuidado y la preocupación por los pobres, oprimidos y marginados de la sociedad, así como su muerte expiatoria para las personas marginadas. Algunos grupos dalits se han identificado sin esfuerzo como sujetos y objetos de este mensaje liberador, renovador de vida y que les ofrece identidad. Junto con estos caminos que se abren para aprender las verdades religiosas y nutrir su fe, a través de la apertura e instalación de instituciones educativas y similares, escuelas técnicas, al igual que centros de salud y proyectos sociales en las localidades dalit y sus alrededores, el cristianismo se ha vuelto una fuerza a ser tenida en cuenta. Ofrece una liberación holística a los intocables y un canal que les infunde nuevo coraje y confianza para desafiar y luchar contra el trabajo deshumanizante y contaminante asignado por la casta, creando nuevas oportunidades de trabajo con un nuevo significado de dignidad. En otras palabras, el mensaje evangélico ayuda y alienta a los dalits a protestar y luchar contra la injusticia que se ha venido perpetrando a través del sistema de castas.

Además, las enseñanzas de la Iglesia Luterana enriquecen y mejoran la identidad así como el trabajo y el testimonio de los cristianos dalit. Para los cristianos dalit, el luteranismo les ha ofrecido sin ninguna duda la esperanza nueva y firme de poder cambiar a una nueva forma de vida dotada de libertad, respeto a sí mismos, dignidad humana y una identidad de vida renovadora y transformadora. La enseñanza luterana de las tres *solas*, sobre todo la salvación/liberación a través de la gracia de Dios revelada en las Escrituras y ofrecida a través de la fe en Cristo Jesús, también se ha visto reflejada en una nueva identidad. El sacerdocio de todos los creyentes ayuda a los dalits cristianizados a superar sus mentes lastimadas, sus personalidades contaminadas espiritualmente y la experiencia humillante de ser los más bajos de los bajos, como intocables en la jerarquía social y religiosa, y por lo tanto a alcanzar mentes sanas de trabajos y testimonios como sacerdotes de Dios. Las imputaciones y apelativos de contaminados e intocables religiosos que les fueran impuestos por más de tres milenios ahora se disipan mediante el poderoso mensaje evangélico y las enseñanzas luteranas de salvación/liberación a través de la gracia de Dios. El igualitarismo que defiende y enfatiza que toda persona es creada a imagen de Dios es equitativo y por lo tanto dotado de naturaleza divina y preciado por Dios. Además, en la teología de la cruz los dalits experimentan una nueva *ekklesia* y con su interiorización de la *koinonia* emergen nuevas relaciones de amistad y hermandad en un ecumenismo visible. Esta visión y esta forma de vidas nuevas y transformadoras son el resultado de la comprensión de la realidad existencial de sus vidas. Como consecuencia de su reconocimiento de la presencia liberadora de Dios en Jesucristo en sus vidas, ya no son más las «no personas» sino el pueblo de Dios.

Con Jesucristo como su ancla, el mensaje evangélico como su base firme y las enseñanzas de la Iglesia Luterana como canales que perfeccionan, redefinen y reforman su comprensión del trabajo y testimonio, los dalits luteranos han comenzado a reescribir su propia historia y a disfrutar y enorgullecerse de una identidad transformada y transformadora como hijos de Dios. La perspectiva cristiana y luterana les ofrece esta identidad nueva y única. Es por eso que los dalits cristianos en general y los dalits luteranos en particular ya no son los intocables contaminados cuyo contacto e incluso su sombra pueden contaminar a otros. En realidad son seres humanos creados a imagen de Dios y por lo tanto ritualmente puros. Como cualquier otro ser humano, los dalits son libres por la gracia de Dios y llamados a servir a otras personas como sacerdotes y comenzar una nueva ecclesia, *koinonia* y un ecumenismo más amplio. La salvación/liberación no necesita ganarse a través de una identidad de un trabajo preasignado y mancillante. Es un regalo de Dios. En otras palabras, la salvación/liberación «no se vende» sino que es ofrecida por Dios, que se identifica con los dalits, sufre con ellos y clava sus sufrimientos en la cruz, ofreciéndoles una espiritualidad de la condición humana a través de la resurrección de Dios.

Preguntas

Para una persona promedio el «trabajo» significa relaciones humanas basadas en el poder y la autoridad además de sumisión y sometimiento. ¿Es así en su contexto local?

¿Cree usted que la «religión» ofrece una transformación liberadora y una identidad autoemancipadora a quienes por sus ocupaciones tradicionales no gozan de respeto y dignidad humana?

¿Está de acuerdo que la teología luterana de la cruz ofrece no solo una esperanza escatológica sino que en la realidad del aquí y ahora Dios escucha los gritos de sufrimiento, se identifica con las personas discriminadas y les ofrece una liberación holística a todas las personas?

Libertad de movimiento y la realidad de los migrantes, las personas desplazadas y los refugiados; un diálogo teológico basado en Hechos 27

Elaine Neuenfeldt

El artículo 13 de la Declaración Universal de los Derechos Humanos dice:

> 1. Toda persona tiene derecho a circular libremente y a elegir su residencia en el territorio de un Estado.
>
> 2. Toda persona tiene derecho a salir de cualquier país, incluso del propio, y a regresar a su país.[1]

En muchas partes del mundo la migración y los desplazamientos forzados de personas y refugiados son componentes de la realidad diaria. Aunque estos fenómenos no son nuevos, las personas que se ven involucradas en estos movimientos enfrentan una mayor vulnerabilidad. Las vidas de los migrantes que están buscando un mejor lugar para vivir y de los refugiados o desplazados que huyen de sus propios países a causa de la guerra, los conflictos y la degradación ambiental, entre otras causas, corren cada vez más riesgos. Todos los días el mundo se ve conmovido por las noticias sobre las tragedias de las que estas personas son víctimas:

---

[1] **www.un.org/en/documents/udhr/**

> En una semana se teme que al menos 750 emigrantes hayan muerto al cruzar el Mar Mediterráneo. Muchos miles han arriesgado sus vidas este año huyendo de los conflictos y la inestabilidad en África y el Medio Oriente en embarcaciones pequeñas y muchas veces decrépitas intentando llegar a los territorios europeos. Pero el número de muertos ha aumentado en forma asombrosa en cuestión de meses. La Agencia de la ONU para los Refugiados (ACNUR) cree que se han perdido más de 2.200 vidas desde junio, lo que se debe al gran aumento de la cantidad de personas que cruzan el Mediterráneo. Mientras en 2013 llegaron unas 60.000 personas a las costas europeas, en 2014 la cifra aumentó a más de 130.000.[2]

> En abril de 2015, al menos cinco barcos que llevaban a casi dos mil emigrantes a Europa se hundieron en el Mar Mediterráneo con un total estimado de muertes de más de 1.200 personas.[3]

En general, la pobreza, los conflictos armados, los disturbios sociales y políticos y las situaciones relacionadas con el cambio climático y/o los desastres naturales son las causas principales de la emigración y el desplazamiento forzado de las personas.[4] Sin embargo, es crucial que diferenciemos el desplazamiento y la emigración forzados de otras olas migratorias internacionales que se originan «en la transformación social, económica y política que acompaña la expansión de los mercados capitalistas en las sociedades no mercantiles o premercantiles».[5] En una economía global,

> [..] los migrantes internacionales no vienen de lugares pobres y aislados desconectados de los mercados mundiales, sino de regiones y naciones que están sufriendo rápidos cambios como resultado de sus incorporaciones al mercado global y las redes de información y producción.[6]

La realidad de los movimientos masivos de personas, sean forzados o de libre búsqueda de otros lugares para vivir es extremadamente compleja. No puede ser analizada de forma simplista o viendo al fenómeno como si fuera solo un problema de personas de países pobres o de los llamados

---

[2] *Mapping Mediterranean Migration*, 15/09/2014, en **www.bbc.com/news/world-europe-24521614**
[3] *Mediterranean Sea Migrant Shipwrecks*, abril 2015, en **http://en.wikipedia.org/wiki/April_2015_Mediterranean_Sea_migrant_shipwrecs**
[4] *Root Causes of Migration–Fact Sheet–An Age of Migration: Globalization and the Root Causes of Migration*, en **https://www.weareoneamerica.org/root-causes-migration-fact-sheet**
[5] Douglas Massey, *The Political Economy of Migration in an Era of Globalization*, en **www.ucpress.edu/content/chapters/11307.ch01.pdf**, 26.
[6] Ibíd., 27.

países subdesarrollados que buscan mejores condiciones de vida en los llamados países más desarrollados. Un enfoque crítico de la emigración debe cuestionar el modelo de sociedad y de desarrollo económico que produce la vulnerabilidad de quienes están en movimiento. ¿Cuáles son las dinámicas en una sociedad que provoca el peligro de la emigración y el movimiento de la gente, especialmente de quienes se ven forzados a desplazarse?

No es solamente el hecho de dejar el hogar que hace vulnerables a los emigrantes y los refugiados. Llegar a otro lugar también es un gran desafío. Ser inmigrante es sinónimo de ser extranjero/a, o persona 'desconocida'.

> La presencia de los extranjeros interfiere con la dicotomía entre adentro y afuera; amigos y enemigos. Los enemigos se mantienen del otro lado de la línea de batalla, pero los extraños no mantienen esta distancia. Nadie sabe si son amigos o enemigos.[7]

Mujeres, género y migración

Cuando usamos la perspectiva de la justicia de género para hablar de la realidad de la migración y del desplazamiento forzado debemos preguntarnos cómo afecta a las mujeres y a los hombres estar en movimiento, según los roles de género y las expectativas culturales.

> De acuerdo con los datos de las Naciones Unidas, en 2009 había 213 millones de migrantes internacionales en todo el mundo, lo que representaba el 3,1 por ciento de la población mundial. La mitad de los emigrantes internacionales son mujeres. La emigración de las mujeres se está gradualmente transformando de una tendencia a la reunificación familiar a una estrategia más económicamente motivada en la cual más y más mujeres emigran autónomamente para trabajar fuera del país.[8]

La realidad de la migración afecta a las mujeres de acuerdo con los roles de género que les son atribuidos–tanto en el país de origen como en el país receptor. En general y mundialmente, las mujeres tienen menos educación que los hombres, tienen menos acceso a la capacitación y por lo tanto, consiguen trabajos menos calificados y con sueldos menores. Como resultado, las mujeres que emigran están más expuestas a situaciones vulnerables que aumentan la posibilidad de que sufran violencia y sean presas de la trata de personas.

---

[7] Alessia Passareli, «Reflecting on Migration in Europe», en *Migration–Migration–Migración*, Student World 07, WSCF (2008), 98.

[8] **www.un.org/womenwatch/feature/trade/Labour-Mobility-and-Gender-Equality-Migration-and-Trade-in-Services.html**

> Las experiencias de género de las personas son esenciales para los modelos, causas e impactos de la emigración. Los roles de género, las relaciones y las desigualdades afectan a quiénes emigran, cómo lo hacen, por qué y dónde terminan. La emigración puede conducir a un grado mayor de autonomía económica y/o social para las mujeres y a tener la oportunidad de desafiar los roles de género tradicionales o restrictivos.[9]

Las mujeres comúnmente son quienes brindan los cuidados en sus familias; asumen la responsabilidad de las personas mayores o enfermas, así como de los niños y niñas, lo que les aumenta la carga en los campos de refugiados y las coloca en desventaja en relación con los migrantes varones.

Sobre esperanzas y barcos: Hechos 27, un texto bíblico que dialoga con la realidad de los migrantes que buscan asilo/refugio en Europa

Un barco: Aquí es donde tiene lugar nuestro diálogo entre el texto bíblico y los migrantes que buscan refugio en Europa. El barco es una imagen que simboliza la migración, especialmente la corriente migratoria hacia Europa. En cada barco hay sueños y esperanza. Los barcos llenos de emigrantes intentan cruzar el Mar Mediterráneo llevando personas que buscan una vida mejor, huyen de los conflictos y persiguen un pequeño destello de esperanza en el horizonte.

La narración bíblica de Pablo navegando hacia Roma como prisionero y los acontecimientos durante su viaje descritos en Hechos 27 será nuestro texto en diálogo con las experiencias de la migración actual.

Caminos y geografías

Cuando «navegamos» a través del texto bíblico, podemos identificar fácilmente los elementos que se conectan con las realidades de los migrantes y los refugiados especialmente quienes aún hoy intentan cruzar el Mediterráneo. La historia describe un itinerario de miedo y peligro en aguas turbulentas. Cuando te ves atrapado en un barco en el medio de un gran océano, enfrentando tormentas y vientos severos, las únicas realidades son el riesgo y la vulnerabilidad.

El texto describe cómo Pablo y las otras personas en su barco reaccionaron en esos momentos. Hay situaciones conflictivas que necesitan ser enfrentadas;

---

[9] **www.bridge.ids.ac.uk/bridge-publications/cutting-edge-packs/gender-and-migration**

cada uno de los personajes de la historia reacciona de una forma diferente de acuerdo con sus propias creencias y contextos. La narrativa utiliza una información geográfica detallada para describir el viaje. No obstante, los lugares y las ciudades parecen ser no solo espacios físicos donde el barco echa el ancla sino espacios geopolíticos con un rol crucial en el relato.

El conflicto–en medio de la tormenta (Hechos 27:21-22)

> Entonces Pablo, como hacía ya mucho que no comíamos, puesto en pie en medio de ellos, dijo: Habría sido por cierto conveniente haberme oído, y no zarpar de Creta tan sólo para recibir este perjuicio y pérdida. Pero ahora os exhorto a tener buen ánimo, pues no habrá ninguna pérdida de vida entre vosotros.

Ser un refugiado o un migrante generalmente implica una condición de vulnerabilidad e inestabilidad por el desarraigo de la persona en esa situación. El marco normativo de las obligaciones morales actuales todavía está basado en una noción ajustada y limitada de territorio y fronteras. Está regido por una noción de soberanía institucional y elitista, que al mismo tiempo construye y le da forma a un discurso político de «propios» y «ajenos». La solidaridad y la hospitalidad apenas forman parte de este vocabulario político.[10]

La teología, al igual que las prácticas y los discursos de las iglesias y de las organizaciones basadas en la fe pueden entonces desempeñar un rol clave para cambiar este concepto de soberanía. El trabajo diacónico de las iglesias está basado en la hospitalidad y la solidaridad.[11]

Al emprender el viaje donde nos liberamos por la gracia de Dios y afirmando que la salvación, los seres humanos o la creación no se venden, el pasaje de Hechos 27 nos muestra un escenario en un barco que reproduce el gran contexto del imperio romano.

En este barco está reproducida la realidad total del imperio: hay soldados y un centurión, prisioneros, marineros, trabajadores y trigo.

---

[10] Edward Newman, «Refugees, International Security and Human Vulnerability: Introduction and survey», en Edward Newman and Joanne van Selm (eds.), *Refugees and Forced Displacement. International Security, Human Vulnerability, and the State* (Tokyo/Nueva York/Paris, United Nations University Press, 2003), 9 (capítulo muestra en **http://unu.edu/publications/books/refugees-and-forced-displacement-international-security-human-vulnerability-and-the-state.html#overview**).

[11] Cf. *Welcoming the Stranger: Affirmations for Faith Leaders* (Geneva: The Lutheran World Federation, 2013), at **https://www.lutheranworld.org/content/resource-welcoming-stranger**; Kjell Nordstokke (ed.), *Diakonia in Context | Transformation, Reconciliation, Empowerment* (Ginebra: The Lutheran World Federation, 2009), en **https://www.lutheranworld.org/content/resource-diakonia-context-transformation-reconciliation-empowerment**

¿Cuál es el significado del trigo en este barco? ¿De dónde proviene? El texto no lo dice pero como el barco está llevando prisioneros y se dirige a Roma, el trigo que abastece la ciudad probablemente fue recaudado como impuesto de las provincias y es producto de un sistema impositivo opresivo.

Me gustaría proponer que en el contexto de un viaje donde la vida no se vende, aprendamos de la historia bíblica cómo los conflictos pueden provocar diferentes reacciones. Es posible lidiar con momentos conflictivos de diferentes maneras; la forma dependerá mucho del lugar desde donde lo hacemos. La dirección que tomes para tratar estas situaciones dependerá de dónde pones tus pies.

¿Cuáles son las alternativas? ¿Cuáles son las acciones posibles? (Hch 27: 21-22)

> « Entonces Pablo, como hacía ya mucho que no comíamos, puesto en pie en medio de ellos, dijo: —Habría sido por cierto conveniente haberme oído, y no zarpar de Creta tan sólo para recibir este perjuicio y pérdida. Pero ahora os exhorto a tener buen ánimo, pues no habrá ninguna pérdida de vida entre vosotros, sino solamente de la nave.»

Parece que el barco sigue una ruta en una situación de vida particular pero normal hasta que en esta normalidad se desata una tormenta. La tormenta es como un botón que enciende el conflicto. La tormenta no es el conflicto en sí mismo sino una crisis que causa el problema y requiere de alguna acción de todos en el bote.

Una mirada más cercana a la acción tomada por cada persona o grupo en este momento de crisis nos da algunos elementos con los cuales analizar sus diferentes formas de resolver el conflicto.

El tan temido momento del naufragio provoca algunas—esperadas o inesperadas—acciones por parte de los pasajeros en el bote. Analicemos la situación:

Pablo les imploró a todos que comieran algo (Hch 27: 33-35)

> Cuando comenzó a amanecer, Pablo exhortaba a todos que comieran, diciendo: Éste es el decimocuarto día que veláis y permanecéis en ayunas, sin comer nada. Por tanto, os ruego que comáis por vuestra salud, pues ni aun un cabello de la cabeza de ninguno de vosotros perecerá. Y dicho esto, tomó el pan y dio gracias a Dios en presencia de todos, lo partió y comenzó a comer.

¿Qué significa esta invitación a comer juntos en este momento tan inoportuno? ¿Quién querría comer cuando su barco está luchando por mantenerse a flote, golpeado por olas poderosas? ¿Qué clase de propuesta es esta? «Les ruego que coman algo. Esto es necesario, si quieren sobrevivir, pues nadie va a perder ni un cabello de la cabeza» –como si estuviera prediciendo más problemas.

Luego, todos se animaron (Hch 27: 36)

> Entonces todos, teniendo ya mejor ánimo, comieron también.

El texto desarrolla similitudes con la narrativa evangélica de la alimentación de la multitud (Mt 14.13–21; 15.32–39); el ritual de partir el pan, dar gracias y comerlo es muy similar a lo que sucede en la institución de la Santa Cena (1 Co 11.23).

Aun así, ¿por qué comer en esta situación? La tormenta era todavía un peligro y el barco todavía se sacudía. Comer podría hacer que los pasajeros se enfermaran. ¿Por qué la insistencia de comer juntos?

Observar las relaciones sociales entre quienes comparten el pan, que comen juntos, nos puede ayudar a encontrar una respuesta a esta pregunta. El ritual que se crea alrededor de la comida crea comunidad, comunión. La palabra «compañero» lleva en su raíz latina la noción de «comer el pan con»– con-pan. En otras palabras, quienes comen pan juntos se vuelven compañeros. El pan crea conexión, relaciones, compromiso. Si nos sentamos juntos y compartimos el pan o el alimento creamos alianzas, conexiones. ¿Es esta conexión que produce la solidaridad lo que Pablo está queriendo provocar?

¿Podemos ver la acción de comer juntos como una forma de dar la fuerza necesaria a los pasajeros del barco para decidir qué hacer? Ciertamente fue una acción peligrosa; debieron decidir qué era necesario salvar. Sus acciones representan en la práctica lo que hoy afirmamos: que los seres humanos, las vidas humanas son más importantes que los bienes materiales o la riqueza. Los seres humanos no se venden.

La narrativa bíblica nos da las bases para construir lo que desde una perspectiva teológica latinoamericana se describe como una memoria colectiva de pasión y resurrección–la memoria de Dios en solidaridad con la humanidad. Es compartir el pan y el vino en son de amistad.

> Solo la celebración de la vida y la justicia como un don para todos nos puede llevar a una comunión de iguales. En la mesa de la comunión no hay lugar para la lógica de exclusión [...]. Es posible celebrar el festival de la Comunión aun si nuestra vida está en peligro, porque en la justificación, las penas y los lamentos son reemplazados por la confianza en Dios como un amigo con el que podemos vivir solidariamente.[12]

---

[12] Elsa Tamez, *The Amnesty of Grace. Justification by Faith from a Latin American Perspective* (Nashville: Abingdon Press, 1993), 139.

Comer el pan en medio de la tristeza y del miedo tiene el poder simbólico de unir a quienes comparten el círculo del pan y la solidaridad. Están en el mismo barco. Necesitan encontrar juntos las soluciones a sus problemas. La solución vendrá como un acto colectivo de supervivencia. Pero no todos aportan la misma experiencia a la situación. Sus reacciones al miedo y a sus necesidades de supervivencia están conectadas a sus propias experiencias de vida. Sus decisiones sobre qué valorar y qué preservar están muy asociadas con el contexto del que provienen y con el que están relacionados.

¿Qué llevo? ¿Qué tiro? No se vende (Hch 27:38)

> Una vez satisfechos, aligeraron la nave echando el trigo al mar.

¿Tirar comida? ¿Por qué? ¿Cuál era el significado económico, social y simbólico de este trigo? Si consideramos que el barco llevaba prisioneros y productos a Roma, el trigo era probablemente un artículo para la recaudación en el sistema impositivo romano. Era un alimento pero no para el consumo de la gente. La intención no era asegurar la soberanía alimentaria; no era un sistema autónomo, colectivo y justo de alimentación para todos. Al contrario, servía para garantizar el sistema de seguridad alimentaria del imperio. El alimento que saciaba el hambre ya había sido compartido. Este trigo no estaba pensado para satisfacer el hambre de la gente sino la codicia del imperio. Por lo tanto, al evaluar lo que debía salvarse en medio de la tormenta después de haber compartido juntos el pan, decidieron que el trigo se podía tirar.

Hch 27: 42

> Entonces los soldados acordaron matar a los presos, para que ninguno se fugara nadando.

Es difícil derrocar un sistema que crea privilegios e inculca en algunos grupos la creencia de que deben sostener el sistema manteniendo el orden. La solución de los soldados para salvar el barco viene de su visión del mundo donde la vida de los prisioneros no cuenta, no tiene valor, puede ser desechada.

Hch 27:43

> Pero el centurión, queriendo salvar a Pablo, les impidió este intento, y mandó que los que supieran nadar se arrojaran al agua primero y salieran a tierra;

Al comienzo de esta historia supimos que el centurión era amable con Pablo. Ya se había establecido una cierta solidaridad. Para él, la solución fue que cada pasajero asumiera responsabilidad por sí mismo, porque cada uno es capaz de asegurar su propia supervivencia.

Hch 28:1

> Estando ya a salvo, supimos que la isla se llamaba Malta.

Podría haber sido también Lampedusa o tantas otras islas del Mediterráneo donde los emigrantes buscan refugio hoy en día.

Hch 28:2

> Los nativos nos trataron muy bien a todos; como estaba lloviendo y hacía frío, encendieron una fogata y nos invitaron a acercarnos.

Los movimientos en el mercado económico globalizado —cómo contrarrestar una cultura de «se vende»

La sociedad que se basa en una economía capitalista produce una ruptura radical entre la humanidad y la naturaleza. Este sistema tiene enormes consecuencias para las relaciones humanas ya que se ven fragmentadas y transformadas en mercancías. Las personas no son importantes porque son seres humanos con dignidad sino porque todos son consumidores; tienen un valor dado por su poder de compra y posesiones. El principio más sagrado del mercado es que los más grandes consumidores son los ganadores.[13]

De acuerdo con las percepciones que crea este sistema, quienes compran y poseen más «valen» más. De este modo, un sistema económico regulado por el capitalismo y el mercado globalizado impacta sobre los valores de las personas. Los símbolos de estatus material tienen una importancia especial no solo en los países ricos sino también en países de poco poder económico.

Este modelo de economía de mercado está orientado y movido a través del deseo—este es el «espíritu» del capitalismo—consumir y especialmente ostentar lo que se consume, el poder de consumir muchas veces es igualado a la bendición divina; la prosperidad se entiende como un signo de

[13] B. Herry-Priyono, «Re-emebedding the Economy for the Common Good», en Martin L. Sinaga (ed.), *A Common Word. Buddhists and Christians Engage Structural Greed* (Ginebra/Minneapolis: The Lutheran World Federation (Lutheran University Press, 2012), 53, y disponible en **www.lutheranworld.org/sites/default/files/DTS-Studies-201201-A_Common_Word_sm.pdf**.

«salvación». Para entender y criticar esta construcción idólatra[14]—el sistema económico neoliberal orientado al mercado—necesitamos recordar la gramática religiosa. En un entorno donde la compra y el consumismo son muy valorados es difícil estar dispuestos a vivir con menos. Sin embargo, mientras que la gente rica no esté dispuesta a vivir con menos[15]tanto a nivel individual como colectivo[16]será difícil coexistir de una forma más pacífica y justa en el mundo actual.

La fe, la religión y las prácticas religiosas son territorios fundamentales para tener en cuenta al criticar el sistema económico construido sobre la base de la exclusión y la opresión. En un sistema que se caracteriza por el desplazamiento o la movilidad y el individualismo, la fe nos brinda un sentimiento de pertenencia, de reconocimiento y participación altamente significativo.[17]

> Otro punto importante que la teología puede y debe contribuir al debate de la injusticia económica es mostrar y fortalecer la dimensión espiritual de la indignación ética. La teología cristiana debe ser una reflexión crítica de la experiencia espiritual de encontrar y seguir al Jesús crucificado y resucitado en el mundo actual. La espiritualidad que el mundo actual necesita es la que nace y es vivida junto a una indignación ética contra la injusticia. Por lo tanto es una espiritualidad que lleva a que las personas se preocupen por los problemas económicos y sociales y luchen por una sociedad más justa dentro de sus posibilidades.[18]

Justificación, justicia y dignidad humana

Como una comunión en movimiento, en un peregrinaje, viajamos juntos hacia la vida en plenitud. Oramos pidiendo la guía y la inspiración de Dios para que nuestro peregrinar nos abra los unos a los otros a través de una interacción dinámica y creativa hacia la justicia.

La justificación por la fe radicaliza el respeto por la dignidad humana atribuyéndosela al libre albedrío de Dios y no al mercado de la meritocra-

---

[14] Jung Mo Sung, «Indignación ética e injusticia económica», texto presentado en el seminario «Aprovechando bien el mercado: Contribuciones Teológicas a una Economía Alternativa», Centro John Knox, Ginebra, 31 de mayo al 1 de junio 2013.
[15] Ibíd.
[16] Ibíd.
[17] Harvey Cox, *The Market as God*, en **www.theatlantic.com/magazine/archive/1999/03/the-market-as-god/306397/**
[18] Sung, op. cit. (nota 14).

cia que tan frecuentemente impulsa a la sociedad. La justificación en ese sentido significa la liberación de las ansiedades y de la autocondena.

> La revelación de la justicia de Dios y su realización en la justificación proclama y nos trae las buenas nuevas del derecho a la vida para todas las personas. La vida otorgada en la justificación es reconocida como un regalo inalienable porque proviene de la solidaridad de Dios en Jesucristo con los que son excluidos. Esa dignidad de vida hace a los seres humanos sujetos de sus propias historias. Dios «justifica» (hace y declara justo) al ser humano para transformar al mundo injusto que excluye, mata y deshumaniza al mismo ser humano.[19]

Preguntas

¿Cómo puede la narrativa bíblica ser una luz en nuestro camino que sostiene que la salvación no se vende?

¿Qué aprendemos de la historia bíblica?

¿Qué aprendemos sobre solidaridad y la recepción de los migrantes y los refugiados?

[19] Tamez, op. cit. (nota 12), 14.

La doctrina católica de la justificación en el contexto ecuménico

Wolfgang Thönissen

Después de siglos de disputas teológicas, la mitad del siglo XX marcó el comienzo de una búsqueda de entendimiento ecuménico en las discusiones que venían desde la Reforma. El eje de estos esfuerzos comunes fue la preocupación central de la Reforma en sí misma: la doctrina de la justificación. El teólogo católico suizo Hans Urs von Balthasar en su libro sobre Karl Barth publicado en los primeros años de la década de 1950, ya hizo una contribución al entendido común de la doctrina de la gracia. Los esfuerzos para lograr un acuerdo ecuménico avanzaron aún más con el libro de Hans Küng sobre «Justificación» relacionado con la teología de la justificación de Karl Barth. El trabajo del investigador católico Otto Hermann Pesch sobre la teología de la justificación de Martín Lutero y Tomás de Aquino ha sido de particular importancia para el diálogo ecuménico sobre el tema de la justificación. El diálogo bilateral luterano-católico romano sobre la justificación desde los últimos años de la década de 1960 también contribuyó enormemente al entendido común. Un estudio alemán en particular con el título *The Condemnations of the Reformation Era: Do They Still Divide?*,[1] que ahonda en las diferencias doctrinales tradicionales, merece una mención particular al respecto. La *Declaración conjunta sobre la doctrina de la justificación* (*DCDJ*) del 31 de octubre de 1999,[2] adoptada en forma conjunta por la Federación Luterana Mundial y la Iglesia Católica Romana, puede ser vista por lo tanto como el producto de décadas de trabajo teológico sobre la doctrina de la justificación.

---

[1] Karl Lehmann y Wolfhart Pannenberg (eds), *The Condemnations of the Reformation Era: Do They Still Divide?* (Minneapolis: Fortress, 1990).

[2] **http://www.vatican.va/roman_curia/pontifical_councils/chrstuni/documents/rc_pc_chrstuni_doc_31101999_cath-luth-joint-declaration_sp.html**

Sin embargo, estos entendidos ecuménicos no hubieran sido posibles sin la renovación y la profundización de la doctrina católica de la gracia y la justificación promovida por el Concilio Vaticano Segundo. Esta doctrina sostiene las propiedades de la teología católica dentro de una perspectiva ecuménica.

Sobre las controversias de la época de la Reforma

Desde el principio, la disputa sobre la teología de Martín Lutero se enfocó en la comprensión de la justificación. Comenzó con la nueva visión de Lutero sobre el sacramento de la penitencia. Hoy podemos entender mejor que las objeciones de Lutero no pedían que el sacramento no existiera. El problema principal de Lutero era: ¿Cómo es posible que seamos perdonados por nuestros pecados? En la teología de su tiempo, Lutero debe haber escuchado que Dios perdona los pecados cuando las personas se arrepienten en un sincero acto de amor. El deber de los sacerdotes era declarar e indicar a través de la absolución el perdón de los pecados, un perdón que ya había tenido lugar a través del arrepentimiento total. Por lo tanto, el perdón de los pecados era un efecto del arrepentimiento. Aquí podemos identificar a la teoría nominalista que dice que Dios no niega la gracia de Dios a quienes hacen lo que son capaces de hacer. La justificación de los pecadores aparecería como una consecuencia del arrepentimiento de las personas la cual, al ser ciertamente un regalo de Dios ya ha sido dado en el perdón de los pecados. En su intenso trabajo sobre la doctrina del arrepentimiento al final del medioevo, Lutero comenzó a entender que el arrepentimiento, en cambio, está sujeto a la promesa de Dios que la gente enfrenta y acepta en su fe. En este tema, Lutero recibió una gran influencia de Bernardo de Claraval y a través de él, de Agustín. La fe es la única respuesta adecuada a la promesa de Dios en la Palabra de Dios. La justificación tiene lugar solo a través de la gracia en la fe en los actos salvíficos de Jesucristo.

Aunque las visiones luteranas y católicas de hecho convergieron significativamente en el siglo XVI, los teólogos católicos encontraron que las visiones de Lutero eran inquietantes y lo criticaban por negar la responsabilidad propia de las personas por sus acciones. Es así que el Concilio de Trento (1545-1563) acentuó la responsabilidad de los individuos y la capacidad de las personas para participar en la gracia de Dios. Quienes son justificados deben estar comprometidos a manifestar la gracia en sus vidas.[3] El Concilio de Trento expresó claramente que las personas no

[3] *Del conflicto a la comunión: Conmemoración Conjunta Luterano-Católico Romana de la Reforma en el 2017*, Informe de la Comisión Luterano-Católica Romana sobre la Unidad (Leipzig/Paderborn: Evangelische Verlagsanstalt GmbH/Bonifatius Gmbh Druck-Buch-Verlag/Editorial Sal Terrae, 2013).

pueden ser justificadas a través de sus obras o por su propia naturaleza sin la gracia de Dios. La única fuente de nuestra justificación es la justicia de Dios, a través de la cual Él nos hace justos. Sin embargo, el Concilio también enfatizó que mientras ni la fe ni las obras pueden hacernos ganar la justificación, las personas participan a través de su libre albedrío y su consentimiento a estar preparadas para recibir la gracia de la justificación y multiplicar esta gracia a través de las buenas obras. Con el perdón de los pecados las personas reciben virtudes que son volcadas a través de la gracia: fe, amor y esperanza.

La discusión sobre estos temas tuvo su máxima intensidad cuando Lutero y los otros reformadores comenzaron a declarar que la doctrina de la justificación era el «primer y gran artículo» y «guía y juez sobre todo el resto de la doctrina cristiana». «Por eso la división sobre este punto era tan grave y el trabajo para vencer esta división se volvió un asunto prioritario para las relaciones católico-luteranas».[4] Esta controversia se volvió objeto de exhaustivas investigaciones por parte de los teólogos en forma individual y de numerosos diálogos entre luteranos y católicos a nivel internacional en la segunda mitad del siglo XX. Los resultados de estos estudios y diálogos fueron finalmente tomados en cuenta en la *DCDJ* de la Iglesia Católica Romana y la Federación Luterana Mundial.

Justificación: el evento central de la salvación en la fe de la Iglesia

La comprensión de la fe y la justificación se han desarrollado considerablemente en la teología católica en el curso de las pasadas décadas. El Concilio Vaticano Segundo (1962-1965) constituyó el punto de mayor demarcación en este desarrollo. El Concilio hizo posible emprender una nueva dirección en la doctrina clásica de la gracia y la justificación que había sido delineada por el Concilio de Trento durante varios siglos. El interés central de la teología católica puede ser visto en términos de formas de la doctrina de la gracia vinculada a la historia de la salvación y al diálogo personal. La justificación aquí aparece como el centro y pináculo del evento de la gracia. La declaración decisiva sobre la doctrina católica de la justificación se puede encontrar en el siguiente pasaje de la constitución de la iglesia, *Lumen Gentium* (*LG*):

> Los seguidores de Cristo, llamados por Dios no en razón de sus obras, sino en virtud del designio y gracia divinos y justificados en el Señor Jesús, han sido

[4] Ibíd., para 122.

> hechos por el bautismo, sacramento de la fe, verdaderos hijos de Dios y partícipes de la divina naturaleza, y, por lo mismo, realmente santos. En consecuencia, es necesario que con la ayuda de Dios conserven y perfeccionen en su vida la santificación que recibieron.[5]

Mientras que el Concilio Vaticano Segundo no presentó una doctrina de la justificación revisada diferente a la del Concilio de Trento, la nueva orientación hacia el evento central de la justificación es fácilmente reconocible. Este mensaje central puede dividirse en varias partes:

Solo Cristo es santo

Este punto cristológico central aparece dentro del contexto de la eclesiología y particularmente aquí, en conexión con el capítulo sobre el llamado universal a la santidad en la iglesia. El punto principal de esta sección es que Cristo es el que santifica la iglesia toda y quien la llama a la santidad. Cristo se entregó a sí mismo por su pueblo para santificarlo. Cristo es el único camino para la salvación. En este contexto, el llamado universal a la santidad significa que no es un asunto de perfección moral o heroísmo ético y que las personas no alcanzan la santificación de esa manera, sino que la base de la santificación es la santidad, que es Dios, que es dada a los salvos sin que la hayan ganado. La voluntad de Dios para la reconciliación constituye la base de la gracia de la santificación que Cristo garantiza con su muerte y resurrección. La plenitud de la gracia es Cristo mismo. La gracia está incondicionalmente conectada al acto de Cristo de reconciliación. La *DCDJ* es exacta al decir: «Solo a través de Cristo somos justificados cuando recibimos esta salvación en la fe».[6] Todas las aseveraciones sobre la doctrina de la gracia y la justificación giran sobre este punto cristológico central.

La gracia es el eterno designio de Dios, la voluntad universal de Dios para la salvación que Dios concede a los individuos

Como leemos en la Constitución Dogmática sobre la Revelación Divina *Dei Verbum (DV)*[7], el Dios invisible habla al pueblo sobre la abundancia del amor de Dios. Dios desea la salvación del pueblo, el perdón de los pecados y la renovación de la gente. Solo Dios es la fuente de gracia del deseo de

---

[5] *Lumen Gentium* en **http://www.vatican.va/archive/hist_councils/ii_vatican_council/documents/vat-ii_const_19641121_lumen-gentium_sp.html**, para. 40.
[6] Op. cit. (nota 2),16.
[7] **http://www.vatican.va/archive/hist_councils/ii_vatican_council/documents/vat-ii_const_19651118_dei-verbum_sp.html** , 2

salvación. La gracia es Dios en la voluntad de Dios para la salvación y lo que Dios comunica a su pueblo. La gracia es la misericordiosa y amorosa inclinación hacia las personas pecadoras de Dios en Cristo. Aunque es cierto que emerge una distinción entre la gracia y la justificación, se debe mencionar que la gracia, según la doctrina clásica católica, siempre es entendida como un regalo. Sin embargo, este regalo jamás puede ser separado del dador: La gracia nunca puede ser separada e independiente de Dios. Dios actúa desde la gracia por el bien de la salvación humana. Esta inclinación de Dios hacia las personas se centra en el individuo a quien Dios habla como Su destinatario. Completamente dentro del contexto de esta forma de ver católica, la *DCDJ* dice:

> Esta nueva relación personal con Dios se funda totalmente en la gracia y depende constantemente de la obra salvífica y creativa de Dios misericordioso que es fiel a sí mismo para que se pueda confiar en él. De ahí que la gracia justificadora no sea nunca una posesión humana a la que se pueda apelar ante Dios.[8]

La justificación tiene lugar mediante la fe en el bautismo

En el lenguaje clásico de la teología católica este es un asunto de gracia justificadora que actúa para santificar a las personas. Gira alrededor del evento mismo de la justificación; es decir, el perdón de los pecados que está dado en el acto de redención de Cristo y el consiguiente traslado al estado de gracia salvífica que es llamado de forma más simple aquí –en contraste con el lenguaje clásico de la doctrina de la gracia– simplemente santificación. Significa que la santificación es un regalo que llama a la participación en la naturaleza y esencia de Dios. La fe y el bautismo son causas instrumentales con este fin. El bautismo es claramente el sacramento de fe y no un logro humano. La fe y el bautismo se refieren a la palabra de Dios: «Pues quienes creen en Cristo, renacidos [...]mediante la palabra de Dios vivo (cf.1 P 1:23) [...] sino del agua y del Espíritu Santo».[9] El bautismo es una confesión de fe. El bautismo lleva ciertamente hacia el crecimiento en la fe. La teología católica en este sentido habla de un aumento de la gracia en la fe lo que nos dice que debemos conservar la gracia de Dios y permitir que se manifieste en nuestras vidas. En el contexto de la concepción católica o, la *DCDJ* declara: «Las personas son justificadas a través del bautismo como oyentes y creyentes de la Palabra».[10]

---

[8] Op. cit. (nota 2), 27

[9] Op. cit. (nota 5), 9.

[10] Op. cit. (nota 2), 27.

La fe es una decisión personal

La *DV* tiene como declaración central: «La obediencia de la fe es darse a Dios quien se revela»[11] Se trata de enfatizar el carácter holístico de la fe. El mismo texto apunta a la idea bíblica de traer la «obediencia de fe» (Rom 16:26; 1:5). La obediencia es un término extraído del lenguaje de la primera misión que describe la conversión como un sometimiento al evangelio. La obediencia y la fe corren de forma paralela y no es el mensaje de fe sino el acto de fe lo que prima aquí. La obediencia de fe se refiere a la revelación de Cristo e implica la recepción del mensaje de salvación. El texto corto en *DV* es, por supuesto, parte de la tradición de la doctrina de la iglesia en la que la fe representa un acuerdo con las verdades de fe establecidas por la iglesia. La conexión no puede ser desmantelada aquí:

> Pero la Iglesia Católica profesa que esta fe [...] es una virtud sobrenatural por la que nosotros, con la ayuda y la inspiración de la gracia de Dios creemos que las cosas reveladas por Él son verdaderas.[12]

Dei Verbum aplica este entendido a la nueva comprensión de la revelación, poniendo su foco central en la acción de fe sin eliminar la tradición. La respuesta de fe a la revelación de Dios de Sí mismo no es por lo tanto primordialmente o solamente un acuerdo con los artículos de fe sino una apertura a Dios mismo.

> Para este acto de fe la gracia de Dios y la ayuda interior del Espíritu Santo debe preceder y asistir, moviendo el corazón y volviéndolo hacia Dios, abriendo los ojos de la mente y dando «alegría y alivio a cada uno al acceder a la verdad y creer en ella».[13]

Por lo tanto la fe es un asunto de dedicación personal llevada a cabo en el amor. La fe es nuestro «sí» personal a Dios. En la *DCDJ* leemos a este respecto que «tener fe es confiarse plenamente a Dios».[14] La aceptación de las verdades de la revelación se incorpora a esta fe. Una vez más, vemos la nueva relación establecida entre la Palabra de Dios y la fe: La Palabra de Dios es el poder de Dios para la salvación de todas las personas que creen.

---

[11] Op. cit. (nota 7), 5.

[12] Concilio Vaticano I, *Constitución Dogmática Sobre la Fe Católica, Dei Filius*, en **http://es.catholic.net/op/articulos/19358/constitucin-dogmtica-filius-dei.html**, capítulo 3.

[13] Op. cit. (nota 7), 5.

[14] Op. cit. (nota 2), 36.

La proclamación del Evangelio está orientada hacia la puesta en marcha de la fe en Jesús, el Cristo. La fe en Cristo se alimenta de la Palabra.

La fe se vuelve efectiva a través del amor

«Es, pues, completamente claro que todos los fieles, de cualquier estado o condición, están llamados a la plenitud de la vida cristiana y a la perfección de la caridad».[15] La fe precede al amor y solo en el amor la fe se vuelve efectiva. «Pero cada uno debe caminar sin vacilación por el camino de la fe viva, que engendra la esperanza y obra por la caridad, según los dones y funciones que le son propios».[16] Por lo que el amor no es una contribución humana al trabajo de redención sino una forma en la que Dios justifica la gracia misma: En la interacción entre la gracia divina y la participación humana, la gracia de Dios siempre tiene primacía. El amor en sí mismo es un regalo de Dios que toma forma en los seres humanos. Si las personas « lo aceptan todo con fe de la mano del Padre celestial»[17] de esa forma también proclaman su amor. La teología católica entendida de esta manera puede hablar de cooperación con la voluntad de Dios. Pero la relación entre la causa y el efecto se preserva aquí: Dios es amor, Dios derrama su amor en nuestros corazones a través del Espíritu Santo. Toda persona de fe debe estar deseando escuchar la Palabra de Dios para que el amor crezca como una semilla. El amor está estrechamente conectado con la justificación por la fe. La *DCDJ* explica la distinción católica diciendo que la gracia misericordiosa de Dios está siempre unida al regalo de una nueva vida que se evidencia en el amor en acción con la participación del Espíritu Santo. El amor es recibido y alcanzado a través de la fe. Por eso cada persona de fe debe estar deseando escuchar la Palabra de Dios. Por eso la fe viene primero y nos da los fundamentos. Es así que el amor es una forma subsecuente de expresar la fe. Es a través del regalo de amor que las personas pueden vivir por sí mismas como justificadas y redimidas. El amor de Dios les permite amar a Dios más que a todo y a amar a sus prójimos. Como leemos en la *DCDJ*:

> Según la interpretación católica, las buenas obras, posibilitadas por obra y gracia del Espíritu Santo, contribuyen a crecer en gracia para que la justicia de Dios sea preservada y se ahonde la comunión en Cristo.[18]

---

[15] Op. cit. (nota 5), 40.
[16] Ibíd., 41.
[17] Ibíd., 41.
[18] Op. cit. (note 4), 38

¿Cómo podemos hablar aquí de cooperación? Desde una comprensión católica la fe es un acto de entrega y de fe que también incorpora la razón humana y la voluntad. La fe es el resultado de la gracia de Dios. La respuesta humana, aun como un regalo de Dios, se mantiene como movimiento hacia Dios y desde un consentimiento personal, aunque no constituye, sin embargo, acción humana a través de nuestros propios poderes. Los textos conciliares citados hablan en términos claros del consentimiento personal. Este es un acto del Espíritu Santo que vuelve hacia Dios el corazón de las personas y abre los ojos de la mente: « el mismo Espíritu Santo perfecciona constantemente la fe por medio de sus dones».[19]

La comunión que se ve realizada a través de la participación en Dios es la consecuencia de la obra justificadora de Dios

Esta es la meta del evento de la justificación y es por eso que la constitución de la iglesia ubica el tema de la justificación en el terreno de la eclesiología. Las creencias personales solo pueden ser completadas en la comunidad, ya que los justos son incorporados en el cuerpo de Cristo. La idea básica de que la comunidad surge a través de la participación en Jesucristo solo aparece, por supuesto, en el contexto del sacramento de la eucaristía. A través de la eucaristía, los creyentes justificados se reúnen en comunión con Cristo y unos con otros. Es necesario desarrollar una eclesiología de la comunión en este sentido. La iglesia es la comunidad de los pecadores justificados. La *DCDJ* lo expresa de esta forma: « Nuestro consenso respecto a los postulados fundamentales de la doctrina de la justificación debe llegar a influir en la vida y el magisterio de nuestras iglesias».[20]

Un corto resumen de la teología de la justificación católica

La teología de la justificación representa una llave al Evangelio de Jesucristo. La justicia es un término central en la Sagrada Escritura y como tal apunta a una relación salvífica de Dios con las personas. El amor de Dios alcanza y abarca toda la voluntad de Dios para la salvación a través de Jesucristo en el poder del Espíritu Santo. El mensaje de justificación le da expresión a la aceptación incondicional de las personas a través de la gracia de Dios. Es la fe en Cristo que produce y da forma a las bases de la participación total en la revelación de Dios. Este mensaje es universal y dirigido a todos

---

[19] Op. cit. (nota 7), 5.
[20] Op. cit. (nota 2), 43.

los seres humanos ya que todos son llamados a la comunión con Dios. Sin embargo, la fe en el acto de salvación de Cristo solo puede ser vivida en la comunión de la iglesia. La completa necesidad de la gracia de Dios y la justificación se pueden ver en la incapacidad de las personas de restablecer su comunión quebrada con Dios. La iglesia es por lo tanto un signo y un instrumento en la obra de salvación de Jesucristo y conduce a las personas al Reino de Dios. La doctrina de la justificación trae a la luz la naturaleza del regalo de la fe cristiana como una norma y una forma de medirla. Esto tiene consecuencias para la proclamación, la doctrina y el trabajo pastoral de la iglesia. Mientras que las personas son justificadas sin necesidad de la ley, la fe siempre incluye la actividad humana. La fe en Cristo nos alienta y nos permite realizar buenas obras en amor y esperanza.

Un consenso sobre las verdades básicas de la doctrina de la justificación

El consenso de la *DCDJ* acerca de las verdades básicas de la doctrina de la justificación se expresa así: «Solo por gracia mediante la fe en Cristo y su obra salvífica y no por algún mérito nuestro, somos aceptados por Dios y recibimos el Espíritu Santo que renueva nuestros corazones, capacitándonos y llamándonos a buenas obras».[21] La expresión «solo por la gracia» es además explicada así: «el mensaje de la justificación [...] nos dice que en cuanto pecadores nuestra nueva vida obedece únicamente al perdón y la misericordia renovadora que de Dios imparte como un don y nosotros recibimos en la fe y nunca por mérito propio cualquiera que este sea».[22] Los límites y la dignidad de la libertad humana solo se pueden establecer dentro de este marco. El significado de la expresión «solo por gracia» es interpretado como que las personas «depende enteramente de la gracia redentora de Dios. La libertad de la cual dispone respecto a las personas y las cosas de este mundo no es tal respecto a la salvación».[23] En cuanto a la salvación, la relación de causa y efecto entre la justicia y la gracia de Dios, la justificación y la santificación, queda, por lo tanto, claramente establecida. Es solo dentro de este orden dado por Dios que la libertad y la participación de las personas pueden ser determinadas de forma adecuada. El consenso básico aquí establecido incluye el entendido de que las denuncias que alguna vez se hicieron contra las doctrinas de otras confesiones han perdido validez. Es un consenso sobre las verdades básicas que da lugar a diferentes

[21] Ibíd., 15.
[22] Ibíd., 17.
[23] Ibíd., 19.

preocupaciones y acentuaciones. De esta manera, la disputa del siglo XVI ha llegado a su fin. Ya no existen razones para denunciarse unos a otros.

Preguntas

¿Qué es lo que los teólogos católicos encuentran algo confuso y molesto en la teología de la justificación de Lutero?

¿Cómo entiende la teología católica la fe en la justificación que ya ha tenido lugar en Dios?

¿Dónde se encuentra el consenso básico entre las enseñanzas luteranas y católicas sobre la doctrina de la justificación?

Estudio bíblico: Efesios 2:4-10

Cristina Grenholm

Martín Lutero creía firmemente que el mensaje liberador del evangelio no podía ser difundido solamente una vez sino que necesita repetirse. Hay dos razones para esto.

Primero, nunca puede ser captado totalmente. La lógica dominante de la vida parece ser que necesitamos trabajar, luchar y esforzarnos constantemente. La vida tiende a esconder las percepciones profundas del evangelio. La vida siempre es un regalo que nadie puede ganar aunque trabaje duro. La vida no es el resultado de cuánta energía le ponemos. Lo que no significa que nuestros esfuerzos no puedan hacer del mundo un lugar mejor—que justamente es lo que estamos llamados a hacer. Sin embargo, a fin de cuentas, todo lo que se ha hecho no ha sido hecho por nosotros. Puede haber sido desarrollado por nosotros y podemos haber ayudado a las personas y las plantas a florecer, pero en realidad, todo nos es dado. Es una sorpresa constante y un gran consuelo. Es Dios quien hace nuestros días. La vida nos es dada y le es dada a toda la creación por la gracia.

La segunda razón es que no solo nos esforzamos, sino que también fallamos constantemente. No siempre logramos lo que teníamos intención de lograr o lo que sentíamos que debíamos lograr. Algunas veces esto se debe a nuestras propias fallas y algunas veces se debe a las estructuras que regulan nuestro mundo. Necesitamos ser perdonados una y otra vez. Debemos emerger del estado de resignación al que nos vemos enfrentados cuando hay cosas que no podemos cambiar.

La salvación no se vende. Por lo tanto, no podemos comprarla con ningún tipo de moneda—sea dinero o sangre, sudor y lágrimas. La salvación no se gana a través del esfuerzo físico o espiritual, ni por la observancia de las prioridades estratégicas ni por asistir a conferencias inspiradoras. La salvación no se vende. No se pueden aplicar los modelos de costo beneficio.

El mecanismo de dame y toma es irrelevante. Está basada en un modelo de dar y recibir y siempre estamos en el extremo receptor. La salvación no se vende. Es dada.

El mensaje necesita repetirse, ¿pero cómo debe hacerse? ¿Debemos siempre intentar recordar las palabras? No; el mensaje del regalo de la salvación necesita ser dado como un regalo de una persona a otra. No es el tipo de información que necesite recordarse. Es la respuesta a una necesidad, la respuesta a una pregunta, un susurro a alguien que no es capaz de expresar su necesidad. El evangelio siempre llega de sorpresa—siempre es inesperado. Por lo tanto, la necesidad quizás todavía no se haya expresado, la pregunta puede no haber sido hecha y aquellos que no pueden expresar sus necesidades tal vez no hayan empezado a ansiar recibir un susurro de alguien más.

Es parte de nuestro llamado como discípulos bautizados de Cristo, de nuestro sacerdocio compartido, que busquemos los momentos en los que el evangelio necesite expresarse. La salvación no se vende—es parte de una corriente permanente del amor de Dios que no puede detenerse, ni aun con la muerte. Hay esperanza, luz y un nuevo comienzo para todos los necesitados y somos enviados los unos a los otros como predicadores de esta gracia liberadora. Debemos estudiar los textos bíblicos que nos dan este mensaje y orar para que nos ayude a ser instrumentos de la gracia de Dios. Las buenas nuevas no pueden ser compradas o vendidas —necesitan expresarse y compartirse.

Volvamos así a uno de los textos centrales de la gracia: Efesios 2:4-10

> Pero Dios, que es rico en misericordia, por su gran amor con que nos amó, aun estando nosotros muertos en pecados, nos dio vida juntamente con Cristo (por gracia sois salvos). Juntamente con él nos resucitó, y asimismo nos hizo sentar en los lugares celestiales con Cristo Jesús, para mostrar en los siglos venideros las abundantes riquezas de su gracia en su bondad para con nosotros en Cristo Jesús, porque por gracia sois salvos por medio de la fe; y esto no de vosotros, pues es don de Dios. No por obras, para que nadie se gloríe, pues somos hechura suya, creados en Cristo Jesús para buenas obras, las cuales Dios preparó de antemano para que anduviéramos en ellas

Un estudio bíblico en tres pasos

Este texto está lleno de palabras que atesoramos en nuestra tradición: misericordia, amor, vida, gracia, don. En este estudio bíblico vamos a tomar como punto de partida la convicción de los reformadores: que Dios nos habla a cada uno de nosotros. Todos somos alcanzados por Dios. Dios no se dirige solo a los expertos. Cada persona tiene algo para compartir con las otras personas. Somos receptores constantes de misericordia, amor, vida y gracia. Cada una/uno de nosotros se ha sorprendido con esta visión en momentos cruciales aunque no hayamos reflexionado acerca de ello de esta manera. Cada uno/una de nosotros ha necesitado desesperadamente los regalos de Dios, pero tal vez no haya podido expresar esas necesidades. Todos podemos recordar alguna ocasión cuando la luz volvió o la carga fue levantada. También seguramente recordemos quién o cuál fue el instrumento a través del cual esto pasó. Hagamos que la Palabra se vuelva carne compartiendo esto unos con otros.

Comencemos leyendo juntos el texto en voz alta. Podemos sentarnos en círculo y cada persona lee un versículo. Permitamos que la Palabra circule muchas veces y escuchemos el texto dos o tres veces. O permitamos que voces diferentes lo lean una vez. Tomemos algunos minutos para que todos puedan elegir su palabra clave para abrir el texto. Permitamos que cada quien sea guiado por su ser interior. No hay una sola palabra clave «correcta». Una persona puede elegir una palabra que le ha sido importante durante mucho tiempo. Otra puede elegir una palabra que sobresalió en esta lectura. Incluso otra puede simplemente elegir una palabra al azar.

Después de que todas las personas hayan identificado esa palabra clave, las pueden compartir unos con otros. Si el grupo es pequeño, todo el grupo puede escuchar las diferentes opciones y obtener una breve descripción de por qué la palabra fue elegida. Tengamos cuidado de no juzgar esas opciones. Escúchense unos a otros. Si el grupo es más grande, se puede compartir en grupos de cuatro o cinco. Pueden sentir que el texto bíblico se expande y se amplía en su grupo. Hay tantas palabras diferentes con las cuales se puede iniciar un texto, y además puede ser abordado desde diferentes ángulos.

Volvamos a hacer silencio y permitamos que nuestra propia palabra clave nos guíe a través del texto. ¿Qué es lo que esta palabra abre en nosotros? ¿Qué es lo que se vuelve problemático o difícil? Aquellos que prefieran escribir algo lo pueden hacer. Necesitamos permitir que haya una atmósfera de reflexión tranquila, pero no debemos dejar que el tiempo de contemplación se torne exigente o estresante. En casi todos los casos alcanza con tres minutos.

Ahora permitamos que cada quien hable con la persona a su lado y se cuenten sus conclusiones unos a otros, de a dos. Si tenemos tiempo, compartamos lo que la historia que la otra persona nos contó nos hizo pensar o sentir.

Finalmente, abordemos los grandes temas del día. Probemos la búsqueda a través de Google, busquemos las noticias internacionales o encontremos otra manera de traer el mundo a nuestro estudio bíblico. Busquemos lo que nos desafía, nos provoca o nos llama a la acción. El mundo no es solo un mercado donde se compran y se venden cosas. La salvación en todas sus dimensiones de liberación, perdón y empoderamiento nos es dada constantemente, pero también hay muchas cosas en este mundo que no permiten que la gracia fluya. Precisamente por eso es que necesitamos la salvación.

Agreguemos el gran tema del día acordado a la palabra clave y al texto. Es posible que volver a la reflexión individual no sea la forma más fácil y productiva de hacerlo. En su lugar, volvamos a los grupos de dos, donde cada quien guió a la otra persona a través del texto mediante las palabras clave elegidas individualmente. Ahora, dejemos que todas las personas compartan lo que el modelo triangular del texto, la palabra clave y el tema urgente del día han revelado.

Cerremos nuestro estudio bíblico compartiendo con todo el grupo algunas de las cosas que hemos descubierto. Una sola frase de los participantes nos dará una gran riqueza de expresiones de la salvación de Dios que no se vende, sino que resuena constantemente en nuestras vidas.

Lista de colaboradores y colaboradoras

Busi, Suneel Bhanu, Rev. Prof. Dr., obispo emér., Iglesia Evangélica Luterana de Andhra, Decano del Departamento de Investigación y Estudios Doctorales, Facultad Luterana de Teología e Instituto de Investigación de Gurukul, India

Grenholm, Cristina, Rev. Dra., Secretaria de la Iglesia, Oficina Central de la Iglesia de Suecia, Suecia

Hinlicky Wilson, Sarah, Prof. Dra., Profesora Adjunta de Investigación, Instituto para la Investigación Ecuménica en Estrasburgo, Francia

Lahe, Jaan, Rev. Dr., Profesor Adjunto de Estudios Religiosos, Universidad de Tallin, Estonia

Moyo, Chiropafadzo, Dra., Decana del Decanato Martín Lutero y Director de la Casa de Estudios Luterana, Iglesia Luterana Evangélica en Zimbabue, Zimbabue

Neuenfeld, Elaine, Rev. Dra., Secretaría para las Mujeres en Iglesia y Sociedad, Federación Luterana Mundial, Ginebra, Suiza

Oberdorfer, Bernd, Prof. Dr., Profesor de Teología Sistemática, Universidad de Augsburgo, Alemania

Thönissen, Wolfgang, Prof. Dr., Director, Instituto Católico Romano Johann-Adam-Möhler en Paderborn, Alemania

Los seres humanos no se venden

Editado por
Anne Burghardt

EVANGELISCHE VERLAGSANSTALT
Leipzig

Información bibliográfica publicada por la Biblioteca Nacional Alemana

La *Deutsche Nationalbibliothek* incluye este trabajo en la *Deutsche Nationalbibliografie.* La bibliografía completa está disponible en internet: http://dnd.dnd.de

Impreso en Alemania

Este trabajo fue impreso en papel certificado FSC
Asistencia editorial: Departamento de Teología y Testimonio Público
Diseño gráfico: Departamento de Teología y Testimonio Público
Diseño: FLM, Oficina de Comunicaciones
Impresión y Encuadernación: druckhaus köthen GmbH & Co. KG
Publicado por la Evangelische Verlangsanstalt GmbH, Leipzig, Alemania, con el auspicio de
La Federación Luterana Mundial
150, Route de Ferney, CP 2100
CH-1211 Ginebra 2, Suiza

ISBN 978-3-374-04279-1

También editado en alemán, francés e inglés

Indice

Introducción

Anne Burghardt

Esta publicación es parte de una pequeña colección publicada por la Federación Luterana Mundial en ocasión de la celebración del 500 Aniversario de la Reforma en 2017. «Los seres humanos no se venden» es uno de los tres subtemas del tema central de este Aniversario: «Libres por la Gracia de Dios». Los artículos de esta publicación fueron escritos por autores de todas las regiones de la Federación Luterana Mundial; la voz ecuménica está representada por un teólogo reformado.

La renovada relación entre Dios y los seres humanos en Cristo, expresada por la doctrina de la justificación, nos da en forma inevitable, una percepción más profunda de haber sido creados/as a imagen de Dios y la comprensión de que seremos renovados/as por la Gracia de Dios. Por lo tanto, los seres humanos no deben ser vistos como productos cuyo valor se mide solo en términos comerciales. Este cuadernillo explora diferentes aspectos del tema «Los seres humanos no se venden», que van desde una interpretación de la antropología luterana a la trata de personas, la migración y las formas sustentables de vida en común. La lista de temas mencionados en estos ensayos no es exhaustiva. No obstante, esperamos ofrecer algunos recursos iniciales para dar lugar a debates teológicos sobre la dignidad de todos los seres humanos.

La condición humana: una perspectiva luterana

Friederike Nüssel

«Los seres humanos no se venden» ¿Por qué y en qué sentido los luteranos y las luteranas podemos hacer esta afirmación? En este artículo voy a considerar algunos puntos importantes de la antropología cristiana desde una perspectiva luterana. Antes de ir al detalle debemos reflexionar brevemente sobre algunos de los cambios significativos que tuvieron lugar durante la Reforma del siglo XVI. Los reformadores se vieron beneficiados de formas diferentes a partir del desarrollo del humanismo renacentista y la nueva atención hacia los logros de los seres humanos en las áreas de la filosofía, la filología, la arquitectura, las bellas artes, la ingeniería, etc. Durante este tiempo de progresos, la iglesia occidental no fue capaz de responder a la necesidad cada vez más imperiosa de una reforma. En cambio, la mayor preocupación de la iglesia romana era defender sus influencias políticas, y preservar y enfatizar el papel de la jerarquía eclesial en la sociedad medieval tardía, especialmente a través de la práctica de las penitencias e indulgencias.

El descubrimiento de Lutero: la Gracia de Dios no se vende

En este contexto, el joven Martín Lutero (1483-1546) prometió dedicar toda su vida a Dios y convertirse en monje. Se esforzó sinceramente en tener una vida monástica pura; investigaba constantemente cuál era la voluntad de Dios y trataba de acumular méritos para compensar sus pecados. Mientras que la práctica de las penitencias y las indulgencias ofrecía caminos para compensar las faltas, Lutero, quien constantemente revisaba su conciencia, sentía que nunca hacía lo suficiente para amar a Dios y merecer Su justificación. Sus luchas consigo mismo lo llevaron a confrontarse con Dios y preguntar «¿qué clase de Dios sería el que convoca a los humanos según sus propios poderes a amarlo sobre todas las cosas y claramente no les da la capacidad para hacerlo y al final elige a unos y rechaza a otros?»[1] Cuanto más se hacía estas preguntas, menos era capaz de amar a Dios con todo su corazón. Lutero terminó en un círculo vicioso y se sintió como un esclavo.

Con el apoyo pastoral del superior de la Orden de Agustinos, Johann de Staupitz y a través de un intenso estudio de la Biblia a lo largo de los años, Lutero aprendió a entender la justicia de Dios de una forma nueva. Vio que según la Biblia, Dios no hacía justicia castigando las transgresiones y premiando la obediencia humana sino que garantizó la justicia a través de la vida, muerte y resurrección de Su Hijo, Jesucristo. En una revisión biográfica en el prefacio de la edición de sus obras en latín (1545), Lutero describió el efecto profundo y personal de su descubrimiento teológico. Aunque este documento tardío no es una fuente confiable para reconstruir el desarrollo de Lutero como reformador y su visión reformada original, de todos modos, nos da una visión de cómo su descubrimiento de la justicia real de Dios cambió su vida y su actitud hacia Dios. Lutero sintió que nacía de nuevo. Ahora podría confiar en Dios y amar a Dios por Su misericordia y amor incondicional. Por consiguiente, no se sintió más un esclavo de la ley de Dios.

Además reconoció que las prácticas eclesiales de penitencia e indulgencias no hacían justicia a Dios, porque desatendían la Gracia pura de Dios y Su incondicional misericordia alcanzada en Jesucristo y prometida en el Evangelio. Como resultado, Lutero criticó la práctica eclesial de imaginar a Dios como un negociante que vende Su Gracia a aquellos que se preparan a través de las obras. Pero según la Biblia, la Gracia de Dios no se vende. La justificación de Dios no se obtiene a través de las obras. Más bien Dios garantiza la justificación solo por la fe a quienes confían en la Gracia de Dios revelada en Jesucristo.

La doctrina de la justificación solo por la fe se convirtió en la idea central de la teología de Lutero y el movimiento reformador en Wittenberg. En los «Artículos de Esmalcalda» de 1537 Lutero dice:

> Apartarse de este artículo o hacer concesiones no es posible, aunque se hundan el cielo y la tierra y todo cuanto es perecedero. Pues, "No hay otro nombre bajo el cielo, dado a los hombres, en que podamos ser salvos" (Hch 4:12), dice San Pablo. "Y por su llaga fuimos nosotros curados" (Is 53:5) Sobre este artículo reposa todo lo que enseñamos y vivimos, en oposición al papa, al diablo y al mundo. Por eso

[1] Bernhard Lohse, *Martin Luther's Theology: Its Historical and Systematic Development* (Minneapolis: Fortress Press, 1999), 33.

> debemos estar muy seguros de él y no dudar; de lo contrario, está todo perdido y el papa y el diablo y todos nuestros adversarios obtendrán contra nosotros la victoria y la razón.[2]

Por eso el artículo de la justificación fue tomado como artículo base y principal de la fe por la que la iglesia se sostiene o cae de acuerdo con las enseñanzas luteranas. También da forma a la comprensión luterana de la Creación de Dios y la condición humana.

Hacia una comprensión realista de la condición humana

Junto con el descubrimiento de la verdadera justicia de Dios, Lutero logró un reconocimiento cabal del carácter radical del pecado. Si los seres humanos hubieran sido capaces de apartarse del pecado y vivir sus vidas de acuerdo con la voluntad de Dios, no hubiera sido necesario que Dios enviara a Su Hijo para la salvación de la humanidad. Al mismo tiempo solo Dios puede derrotar el poder del pecado. La Gracia todopoderosa de Dios culmina en el hecho de que Dios crea las condiciones para la regeneración de los seres humanos y su reconciliación con Él. Por consiguiente, Dios no es pasivo al recibir la satisfacción a través de la muerte meritoria de Jesucristo. En su lugar a través de la encarnación, Dios se involucra en toda la obra de salvación. Desde el punto de vista de Lutero, Jesucristo no sufre y muere solamente por su naturaleza humana, sino que Dios sufre junto con Su Hijo y a través de Su resurrección derrota al poder del pecado y la muerte. En «En los Consejos y en la Iglesia, 1539» explica la íntima relación entre la cristología y la doctrina de la salvación:

> [...] Cristo es Dios y hombre en una persona. Por ello, lo que se dice de él como hombre, debe afirmarse también de él como Dios, a saber, Cristo murió y Cristo es Dios, por tanto Dios murió, no el Dios separado sino el Dios unido con la humanidad. [...] Siempre se debiera estar gozoso en la fe verdadera [...] dar gracias a Dios Padre por su misericordia inefable con que hizo que su amado Hijo amado llegara a ser igual a nosotros, un hombre y nuestro hermano. Pues esto hemos de saberlo los cristianos: cuando Dios no está en la balanza para hacer peso, nos hundimos con nuestro platillo. Con esto quiero decir lo siguiente: Si no es verdad la afirmación de que Dios murió por nosotros, sino sólo un hombre, estamos perdidos. Más si la

[2] Cf. Martín Lutero: "Los Artículos de Esmalcalda" Libro de Concordia. Las Confesiones de la Iglesia Evangélica Luterana. Editor Dr. Andrés A. Meléndez. Concordia Publishing House. St. Louis 1989. Segunda Parte. 301.

> muerte de Dios y "Dios sufrió la muerte" está en el platillo, éste baja y nosotros subimos como un platillo liviano y vacío. Mas él puede volver a saltar del platillo. Pero no podría estar en el platillo a menos que se hiciera un hombre igual a nosotros, de modo que se pueda afirmar que Dios murió y hablar de la pasión de Dios, su sangre y muerte. Pues Dios, en su naturaleza no puede morir, pero estando unidos Dios y hombre en una sola persona, bien puede hablarse de la muerte de Dios cuando muere el hombre que con Dios es una sola cosa o una persona.[3]

A la luz de esta revelación de la Gracia de Dios, los seres humanos pueden aprender a percibir su verdadera situación con nuevos ojos. Mientras que la Ley de Dios en los Diez Mandamientos nos permite reconocer los pecados individuales, la vida y muerte de Jesucristo, el Dios encarnado, nos permite reconocer el carácter radical del pecado y el abandono humano que para Lutero culmina en el intento de conseguir la justificación ante Dios a través de las obras, porque en ese intento los seres humanos desatienden la Gracia incondicional de Dios. Al no confiar plenamente en la bondad de Dios y en Su Gracia, los seres humanos no cumplen con el primer y más básico mandamiento de Dios que, de acuerdo con la interpretación de Lutero en el «Catecismo Menor», nos manda a «temer, amar y confiar en Dios sobre todas las cosas».[4] En el «Debate de Heidelberg, 1518» Lutero declara,

> Quien El hombre que cree tener la voluntad de alcanzar la gracia haciendo aquello que él es en sí mismo, agrega pecado sobre pecado, de modo tal que permanece doblemente culpable.[5]

Mientras que el concepto de Lutero del pecado se basa en su entendimiento de la justicia y la salvación de Dios, también se ve nutrida por la experiencia y la visión sicológica. Desde su experiencia, Lutero podía decir que el ser humano «transgrede constantemente el primer mandamiento al no confiar en Dios».[6] La razón radica en la naturaleza misma del pecado la cual, junto con Agustín, encontró en la perversión de la voluntad de acuerdo con la cual los seres humanos se centran en sí mismos. Sin la fe en Dios, los seres humanos buscan constantemente su propio honor y ventaja, en lugar de los de Dios y sus prójimos. No solo usan sus dones físicos sino también

---

[3] Ver Obras de Martín Lutero. Tomo VII. "Los Concilios y la Iglesia". Editorial La Aurora. Buenos Aires 1977. 212 -213.

[4] Obras de Martín Lutero. Tomo V. Catecismo Menor. Versión española de Carlos Witthaus y Manuel Vallejo Díaz. Editorial Paidós. Buenos Aires 1971.

[5] Obras de Martín Lutero. Tomo I. «La Disputación de Heidelberg», Editorial Paidós. Buenos Aires 1967.

[6] Paul Althaus, *The Theology of Martin Luther* (Filadelfia: Fortress, 1996), 145s.

los espirituales para su propia ventaja, porque piensan que pueden ganar la justicia ante Dios a través de sus obras. Lutero no ve mal que los seres humanos quieran hacer buenas obras y cumplir con la ley. Pero mientras las obras humanas sean hechas para la auto justificación, no pueden alabar a Dios ya que pasan por alto el amor de Dios y Su Gracia incondicional. Además, en el intento de justificarse a sí mismos, los seres humanos malinterpretan las limitaciones de sus capacidades intelectuales y morales e ignoran su dependencia fundamental en el poder del Espíritu de Dios.

La doctrina del pecado de Lutero parece expresar una idea extremadamente pesimista de la condición humana. De hecho, casi ninguna otra denominación cristiana tiene un concepto del pecado tan radical. Mientras que para la mayoría de las tradiciones cristianas el pecado consiste en la falta de fe y en el egocentrismo por el cual los seres humanos tratan de lograr su propio reconocimiento y tributo más que concentrarse en las necesidades de sus prójimos de una manera altruista, la teología luterana ve el carácter fatal del pecado en el hecho de que enreda a los seres humanos en un autoengaño constante en relación con su autonomía, que resulta en variados intentos de auto justificación, no solo hacia Dios sino también en las relaciones humanas.

Obviamente, en el contexto de la secularización moderna, la noción teológica del pecado se ha vuelto poco popular. Como resultado de ello la palabra «pecado» en el lenguaje diario se utiliza solo en un sentido trivial. Mientras que los luteranos se pueden ver tentados a decir que en este desarrollo el carácter engañoso del pecado ha alcanzado apenas otro nivel, es más productivo reflexionar sobre las consecuencias que emergen de la pérdida de la noción radical del pecado en un sentido teológico. En la teología luterana la percepción del carácter radical del pecado corresponde a su percepción del poder abrumador de la Gracia de Dios. Los seres humanos sin excepción dependen de la Gracia de Dios y la providencia para dejar el egocentrismo atrás y volver a confiar en Dios y orientarse hacia el otro. Por consiguiente, «así nadie puede presumir delante de Dios» (1 Cor 1:29). La doctrina del pecado no es popular precisamente porque señala el lado negativo de la igualdad de los seres humanos. Además, reconocer el pecado a la luz de la Gracia de Dios ayuda a ser realista sobre nuestras propias capacidades y ofrece una razón convincente para ser indulgentes y generosos con los demás.

Los seres humanos: creados para ser responsables

El concepto de Lutero de la *conditio humana* es realista ya que deconstruye las ilusiones sobre la capacidad perfecta de amar a Dios y llevar una vida perfecta delante de Dios. Como resultado, la teología luterana ha sido acusada a menudo de debilitar el rol de la ética, el comportamiento humano y las obras. Incluso pareció pesimista. Pero la percepción de Lutero de la incapacidad humana en relación con Dios es solo una parte de su pensamiento sobre la condición humana. A la luz de su descubrimiento sobre la justicia de Dios y la Gracia pura, comienza a valorar la buena creación de Dios y su providencia. En el «Catecismo Menor» enseña al creyente a tomar el primer artículo del Credo Apostólico.

> Creo que Dios me ha creado y también a todas las criaturas: que me ha dado cuerpo y alma, ojos, oídos y todos los miembros, la razón y todos los sentidos y aún los sostiene, y además vestidos y calzado, comida y bebida, casa y hogar, esposa e hijos, campos, ganado y todos los bienes, que me provee abundantemente y a diario de todo lo que necesito para sustentar este cuerpo y vida, me protege contra todo peligro y me guarda y preserva de todo mal; y todo esto por pura bondad y misericordia paternal y divina, sin que yo en manera alguna lo merezca ni sea digno de ello. Por esto debo darle gracias, ensalzarlo, servirle y obedecerle. Esto es con toda certeza la verdad.[7]

Equipados y protegidos de esta manera, los seres humanos son llamados a cooperar con Dios, quien creó Sus criaturas y en particular a los seres humanos, para servirlo y luchar constantemente contra el mal.[8] Es responsabilidad de los seres humanos trabajar por el bien de este mundo y promover la justicia y la paz. Esto es posible porque los seres humanos fueron creados a imagen de Dios (cf. Gen 1:26s). Mientras que las enseñanzas de los eruditos escolásticos medievales explicaban la imagen de Dios a través de categorías sicológicas enfocadas en las capacidades racionales, Lutero vio la esencia del *imago Dei* en la especial relación con Dios a través de la cual los seres humanos fueron creados para participar en la justicia, la santidad y la verdad de Dios. Esto es lo que distingue a los seres humanos de las otras criaturas y los dota de una dignidad humana especial, que incluye esencialmente la responsabilidad del uno por el otro y por las otras criaturas.

Pero, ¿cuál es el efecto del pecado en la *imago Dei*? En relación con esta pregunta podemos aprender cómo en la temprana teología luterana entraron en conflicto la terminología filosófica por un lado y la exégesis filológica por otro. Según las lecturas patrísticas y medievales de Génesis 1:26, la imagen de Dios era la sustancia de los seres humanos. Por eso el

---

[7] Obras de Martín Lutero. Tomo V. Catecismo Menor. Versión española de Carlos Witthaus y Manuel Vallejo Díaz. Editorial Paidós. Buenos Aires1971. 30–31.

[8] Cf. Conferencia de Lutero sobre el libro de Génesis *WA* 42, 56, 30fs.

pecado solo podía destruir la similitud o semejanza con Dios, pero no la misma imagen divina. Sin embargo, Lutero descubrió que en términos filológicos los dos términos, «imagen» y «semejanza» en Génesis 1:26 tenían el mismo significado. Concluyó que el pecado original derivó en la pérdida de la *imago Dei*. Por consiguiente, Lutero (y la teología luterana) vio el alcance de la salvación en la restauración de la *imago Dei*. No obstante, en la terminología aristotélica, la idea de la pérdida y la restauración de la *imago Dei* es aporética, porque una pérdida de la *imago Dei* se tornaría en la pérdida de la sustancia humana. Lutero no se preocupó mucho acerca de la terminología filosófica coherente. Si bien afirmaba que los seres humanos no dejaban de ser criaturas de Dios, aunque se alejaran de Dios por el pecado, también insistiría en que el pecado es una perversión radical de la voluntad, que por naturaleza es irreversible sin la ayuda de Dios. Sus sucesores teológicos intentaron reconciliar la terminología teológica y filosófica a través de varias diferenciaciones, antes de que la ilustración filosófica llevara a una crítica general de la filosofía aristotélica. Como resultado, la teología luterana moderna ya no interpreta la semejanza a Dios de los seres humanos como una categoría ontológica.

En cambio, lo que la semejanza a Dios significa solo se puede entender al mirar a Jesucristo, a quien el Apóstol Pablo describe como el segundo Adán. Jesucristo era verdaderamente semejante a Dios al entregar su vida a la proclamación del Evangelio de Dios del Reino futuro. Nunca actuó en su propio beneficio sino en el de sus prójimos, especialmente en el de aquellos marginados por la sociedad de su tiempo. Tomó responsabilidad por ellos, sufrió y murió por ellos en la cruz y de esa manera reveló lo que puede hacer el amor. Así que en Él podemos percibir el verdadero carácter de la *imago Dei*. No es una cualidad ontológica que poseen los seres humanos. Más bien es la habilidad de desarrollar una relación de confianza con Dios por la que los seres humanos le harán justicia a Dios y estarán libres para concentrarse en las necesidades de sus prójimos. Así la fe en Jesucristo nos ayuda a vivir la condición humana para la cual los seres humanos fueron creados.

La percepción de Lutero de la condición humana es realista en cuanto reconoce completamente el poder del pecado y la dependencia en la Gracia dadora de vida de Dios. No es pesimista ni alimenta de ninguna manera una actitud derrotista. Los seres humanos son criaturas de Dios y se benefician de la providencia de Dios en todas las circunstancias. Fueron creados a imagen de Dios y serán renovados a través de la Gracia de Dios. La Gracia de Dios no se vende y de la misma manera los seres humanos no se venden. No tienen un valor que los seres humanos puedan medir o comparar, sea que crean o no en Dios. Mientras que el pecado por su naturaleza corrompe la relación adecuada con Dios y la actitud correcta hacia Dios, en la opinión de Lutero no destruye el intelecto ni las emociones de los seres humanos, ni su capacidad de promover el encuentro civil y el bienestar social. Los seres humanos son capaces y responsables de contribuir a su manera, con sus vocaciones individuales y sus carismas, a la vida comunitaria y al encuentro pacífico en una sociedad civil. Esto es posible sin tener fe en Jesucristo, así como es posible reconocer la dignidad humana y los derechos humanos sin ser una persona religiosa. La fe no es una condición necesaria para reconocer que los seres humanos no se venden. Aun así, con la percepción del carácter de la Gracia de Dios tenemos la oportunidad de ser más realistas sobre la condición humana. Como podemos ser más honestos sobre nuestras propias intenciones, podemos ser más indulgentes con los demás y cuando vemos la abnegada vida y muerte de Jesucristo, reconocemos que la verdadera responsabilidad culmina en el verdadero amor y en la atención a las necesidades de los demás.

Preguntas

Hoy en día la noción del pecado no es popular. Aun en el discurso cristiano hay una tendencia a no tomar en cuenta el carácter radical del pecado como un fenómeno que era crucial en la tradición luterana. ¿Cómo se percibe esto hoy? ¿Cuál es la responsabilidad de nuestro discurso sobre el pecado?

La teología luterana es desafiante porque combina un fuerte sentido del pecado con un fuerte sentido de responsabilidad. A la luz de la Gracia de Dios podemos ser más realistas y al mismo tiempo el Evangelio abre nuestros sentidos para responsabilizarnos por el bien de los demás. ¿Cómo puede relacionarse con esta idea en su contexto?

La dignidad humana es tomada como una idea central en el discurso político, filosófico y teológico moderno. No es evidente que la cristiandad haya sido una buena defensora de la dignidad humana y de los derechos humanos a través de los siglos. ¿Cuál sería o debería ser la contribución cristiana o luterana para promover la idea de la dignidad humana en el mundo actual?

La trata de personas

Ebise Dibisa Ayana

El Artículo 3 del *Protocolo para prevenir, reprimir y sancionar la trata de personas, especialmente mujeres y niños, que complementa la Convención de las Naciones Unidas contra la Delincuencia Organizada Transnacional*, adoptada y abierta para la firma, ratificación y adhesión por la resolución 55/25 de la Asamblea General, noviembre 2000, de la Oficina del Alto Comisionado para los Derechos Humanos, define la trata de personas de la siguiente manera:

> la captación, el transporte, traslado, la acogida o la recepción de personas, recurriendo a la amenaza o al uso de la fuerza u otras formas de coacción, al rapto, al fraude, al engaño, al abuso de poder o de una situación de vulnerabilidad o a la concesión o recepción de pagos o beneficios para obtener el consentimiento de una persona que tenga autoridad sobre otra, con fines de explotación. Esa explotación incluirá, como mínimo, la explotación de la prostitución ajena u otras formas de explotación sexual, los trabajos o servicios forzados, la esclavitud o las prácticas análogas a la esclavitud, la servidumbre o la extracción de órganos.[1]

Este protocolo entró en vigencia el 29 de setiembre de 2003[2] y muchos países lo están utilizando para combatir la trata de personas. Los objetivos de este protocolo son prevenir y combatir la trata de personas, prestando particular atención a las mujeres y los niños y niñas; proteger y asistir a las víctimas de esta trata con el respeto total de sus derechos humanos; y promover la cooperación entre los estados parte para poder cumplir esos

---

[1] En **www.ohchr.org/EN/ProfessionalInterest/Pages/ProtocolTraffickingIn-Persons.aspx**

[2] En **www.unodc.org/unodc/treaties/CTOC/**

objetivos.[3] El protocolo ayuda a hacer cumplir las leyes que combaten la trata de personas y establecer principios para las leyes internas en relación con el crimen organizado. Brinda un resumen de todos los métodos posibles incluidos en la trata de personas.

Mi intención aquí es analizar el problema de las víctimas de la trata y deconstruirlo en base a la exploración teológica. El objetivo de este estudio es brindar reflexiones más profundas sobre la extensión y naturaleza de la trata de mujeres etíopes para hacer posible que las iglesias y las comunidades adquieran más conocimiento sobre esta realidad en Etiopía. La trata de mujeres en Etiopía es una realidad que crece. Uno de los temas principales que las iglesias y los teólogos deben abordar, es qué respuesta teológica se puede dar a esta realidad y qué acciones se pueden tomar para encarar el problema y ayudar a las víctimas.

El alcance de la trata de personas

La trata de personas, especialmente de mujeres y niños y niñas, está muy extendida en todo el mundo. Es un crimen contra la humanidad e involucra actos de captación, transporte, traslado, acogida o recepción de personas para ser explotadas a través del uso de la fuerza, el engaño u otros medios. Miles de hombres, mujeres y niños y niñas caen en manos de los traficantes en sus propios países y en el extranjero. Muchos países del mundo se ven afectados por este tráfico, tanto como países de origen, de tránsito o de destino de las víctimas.

El informe mundial sobre la trata de personas (ONUDD) muestra que la trata de personas va en aumento en todo el mundo. De acuerdo con el informe de 2009, que cubre los años 2003-2007, son 155 los países que se ven afectados por la trata de personas como países proveedores, de tránsito y/o destino.[4] La mayoría de las víctimas, de las cuales el noventa y ocho por ciento son mujeres y niñas, tienen entre dieciocho y veinticuatro años.[5] Según la Organización Internacional para las Migraciones (OIM),

> Aunque la escala mundial de la trata de personas es difícil de cuantificar, se estima que unas 800.000 personas por año son víctimas de la trata en las fronteras internacionales, a las que se suman muchas más en la trata interna de los propios países. Finlandia es un país tanto de tránsito como de destino para decenas y aun centenares de víctimas de trata todos los años.[6]

---

[3] Ibíd.

[4] **https://www.unodc.org/documents/human-trafficking/Global_Report_on_TIP.pdf**

[5] Ibíd.

[6] En **www.iom.fi/index.php?option=com_content&view=article&id=93&Itemid=109**

Esta información muestra que no es solo un problema para los países pobres o subdesarrollados. Por ejemplo mi país, Etiopía, es un país de origen para los hombres, las mujeres y los niños y niñas víctimas de la trata, en primer lugar con fines de trabajo forzoso y en menor medida, para la explotación sexual.

> Etiopía es un país de origen para los hombres, las mujeres y los niños víctimas de la trata en primer lugar con fines de trabajo forzoso y en menor medida, para la explotación sexual comercial. Los niños etíopes rurales son objeto de trata para la servidumbre doméstica y, con menor frecuencia, con fines de explotación sexual comercial y el trabajo forzoso en la agricultura, el tejido tradicional, la minería de oro, la venta ambulante y la mendicidad. Las mujeres jóvenes de todas partes de Etiopía son objeto de trata para la servidumbre doméstica principalmente para el Líbano, Arabia Saudita y los EAU [..].[7]

La trata de personas ha alcanzado dimensiones que son comparables a otros negocios ilegales como el tráfico de drogas. Las personas son explotadas de varias formas, incluidas la explotación sexual, el trabajo forzoso, las remuneraciones bajas y la carga de trabajo pesada. Las mujeres y los niños y niñas en todo el mundo son forzados a realizar trabajos abusivos, prostitución y explotación.

Los Artículos 3, 4 y 5 de la Declaración Universal de Derechos Humanos dicen:

> Artículo 3:
> Todo individuo tiene derecho a la vida, a la libertad y a la seguridad de su persona.
> Artículo 4:
> Nadie estará sometido a esclavitud ni a servidumbre; la esclavitud y la trata de esclavos están prohibidas en todas sus formas.
> Artículo 5:
> Nadie será sometido a torturas ni a penas o tratos crueles, inhumanos o degradantes.[8]

Mientras que muchos países han aprobado leyes referidas a las formas más graves de trata como la explotación sexual y el trabajo forzoso, muchos países de África, por ejemplo, no tienen una legislación referida a la trata de personas, o tienen leyes que solamente criminalizan algunos aspectos

---

[7] **www.state.gov/j/tip/rls/tiprpt/2009/123136.htm**

[8] En **http://www.ohchr.org/EN/UDHR/Pages/Language.aspx?LangID=spn**

de la trata de personas, como la trata de niños.[9] En algunos países, el tema de la trata de personas es un fenómeno muy reciente.

Los efectos de la trata sobre las personas

La trata de personas afecta el bienestar de los seres humanos y tiene consecuencias emocionales, sicológicas, físicas y sociales muy graves.

> Los abusos más comunes que padecen las víctimas de la trata de personas incluyen violación, tortura, servidumbre por deudas, confinamiento ilegal y amenazas a sus familias u otras personas cercanas a ellas, así como otras formas de violencia física, sexual y sicológica.[10]

Estas experiencias devienen en problemas que afectan íntegramente a la persona y a su percepción de sí misma. La trata no conduce a una vida en libertad sino a la confusión y, en definitiva, a la muerte.

Para las víctimas de trata, las condiciones peligrosas en las que son transportadas, pueden terminar en enfermedades y heridas. Cuando llegan al destino, las mujeres a menudo sufren problemas de salud que suelen afectar la cabeza, el corazón, el hígado y los riñones.[11] Los mayores índices de lesiones que sufren las mujeres etíopes se ven en las categorías de fracturas de huesos, traumas craneales y lesiones corporales que pueden finalmente resultar en la muerte.[12]

> La mayoría de las heridas y enfermedades informadas por las mujeres fueron por causa de abusos físicos y sexuales [...] las mujeres eran golpeadas, violadas y privadas del sueño, alimentos y otras necesidades básicas, lo que resultaba en fatiga, pérdida de peso y vulnerabilidad a las infecciones.[13]

En el contexto de la trata, los abusos sexuales y la violencia generalmente resultan en riesgos para la salud reproductiva y sexual. Las mujeres sometidas a la trata y usadas como mercancía sexual frecuentemente sufren diversas enfermedades de transmisión sexual, incluido el VIH. Las mujeres

---

[9] Op. cit. (nota 4).

[10] En **www.iom.int/jahia/webdav/site/myjahiasite/shared/shared/mainsite/projects/documents/ct_brochure_en.pdf**

[11] Ibíd.

[12] Ibíd.

[13] Ibíd.

que quedan embarazadas por violación o sexo forzado son susceptibles de sufrir abortos inseguros.

Debido a la distorsión de su dignidad, las mujeres migrantes sometidas a la trata muchas veces desarrollan odio a sí mismas, diferentes fobias, sentimientos de vergüenza subnormal y aislamiento autoimpuesto, al punto de no dejar la casa y a veces perder la conciencia.[14]

Las mujeres que son víctimas de la trata sufren alienación social en los países anfitriones y en los propios. La ausencia de apoyo emocional y social tiene un enorme efecto en la capacidad de las mujeres de resistir y superar el estrés de sus situaciones. Desarrollan sentimientos de inutilidad en su sociedad, con mucha facilidad. Para muchas víctimas, la falta de contactos interpersonales de valor las hace sentir solas y ayuda a reforzar la creencia de que ni el alivio ni la fuga serían efectivos.

El modus operandi de las personas traficantes

Las personas traficantes usan diferentes técnicas. Al reclutar, les prometen a las mujeres jóvenes buenos trabajos con salarios altos en otras provincias y países. Luego se ven atrapadas por las falsas promesas de quienes reclutan o de agentes y por lo general terminan prostituyéndose.[15] En cuanto a la terminología, la «trata de personas» incluye a las mujeres que son engañadas y forzadas a trabajar, mientras que se considera que aquellas que emigran voluntariamente a través de un agente para trabajar en condiciones de explotación son objeto del «tráfico ilícito».[16] Las mujeres que son objeto del tráfico entran ilegalmente al país destinatario. El «tráfico de emigrantes es un crimen que supone el beneficio financiero u otro beneficio material por la entrada ilegal de una persona a un Estado en el que la persona no es nativa o residente».[17] Tales mujeres no tienen protección. Si son atrapadas por la policía pueden ser golpeadas, multadas y/o encarceladas. En el Líbano por ejemplo, hay muchos casos de trabajadoras domésticas etíopes. Uno de los métodos que usan los traficantes para llevar a muchas mujeres a las manos de los cazadores es el engaño.

---

[14] *The Health Risks and Consequences of Trafficking in Women and Adolescents. Findings from a European Study, Including: Human Rights Analysis of Health and Trafficking and Principles for Promoting the Health Rights of Trafficked Women*, en **www.lshtm.ac.uk/hpu/docs/trafficking final.PDF**

[15] Cf. **www.oit.org/wcmsp5/groups/public/---ed_emp/documents/publication/wcms_117931.pdf**

[16] En **https://www.unodc.org/unodc/en/human-trafficking/smuggling-of-migrants.html**

[17] Ibíd.

Las causas de la trata de personas

La causas primordiales de la trata de personas pueden ser: la realidad socioeconómica, la inequidad de género y la inestabilidad. A menudo las mujeres piensan que las ofertas que los reclutadores les hacen son una oportunidad para independizarse financieramente de sus padres y parejas y/o para ser capaces de ayudar a sus familias. La mayoría de las mujeres jóvenes vulnerables a la trata son huérfanas o tienen a su cargo hermanos y hermanas más jóvenes. Otras tienen padres enfermos que no pueden alimentar a sus familias o son familias monoparentales, y en muchos casos de muy bajos recursos. Con frecuencia son las familias mismas que obligan a sus niñas a trabajar como domésticas para mejorar las condiciones de vida de toda la familia. La apertura de algunas familias hacia la trata de sus mujeres es sintomática del temor que sienten a la luz de las dificultades que tienen que enfrentar para sobrevivir. Además, también influye que la familia tenga un concepto de la esclavitud como de algo «normal», algo que en varios países sigue profundamente enraizado.

A niveles eclesiales y espirituales las enseñanzas morales clásicas de la teología cristiana tienen un efecto profundo sobre las personas, especialmente en el hemisferio sur. El desinterés personal es un ideal y la «teología del sufrimiento» desempeña un papel importante en la convicción religiosa de muchos/as cristianos/as que caen en las manos de los traficantes.

La «teología del sufrimiento» está relacionada con el sufrimiento de Jesús. El sacrificio de la muerte de Jesús redimió a las personas de sus ataduras al pecado, la muerte y Satán. Esta teología es el fundamento de la iglesia. Jesús sufrió por el bien de las personas. Su sufrimiento se tornó en modelo para el sufrimiento de las personas.

En muchos contextos del mundo se puede ver que las mujeres que tienen un trasfondo cristiano se someten a la experiencia del sufrimiento porque creen que está relacionado con la redención. En este caso, aceptan el sufrimiento como algo bueno para la redención[18] y viven de acuerdo con el concepto de «vivir por el otro». Este concepto hace que las mujeres se sientan responsables de los otros, especialmente los padres y familias y aun sus comunidades. Aunque muchos miembros de familias comparten este sentimiento de responsabilidad, tiene un efecto particularmente profundo en las mujeres. Implica someterse a sí misma a la identidad, las necesidades y los intereses de los otros, lo que resulta en que las mujeres pierdan su propia identidad. Como resultado, «la potencial autorrealización

---

[18] Gemma T. Cruz, *Into the Deep, A Theological Exploration of the Struggle of the Filipina Domestic Workers in Hong Kong* (Manila: UST Publishing House, 2006), 70.

de una mujer a menudo se ve anestesiada. Se le enseña a esperar a que alguien la encuentre [...]».[19]

Entre otras virtudes morales tradicionalmente expresadas por la tradición cristiana, la tolerancia y la obediencia, por ejemplo, pueden ser interpretadas de una manera que contribuya a oprimir a las mujeres y que las guíe a someterse a la trata de personas. La tolerancia se define como la voluntad de aceptar la tortura.[20] Al final, lleva a las mujeres a tolerar sus problemas y perder su autoestima. Se someten a la trata como empleadas domésticas aunque saben que van a sufrir la opresión. La palabra obediencia, que significa hacer voluntariamente lo que se le indica hacer, implica la sumisión, que también puede ser mal usada. Si una persona le es obediente a alguien, significa que se somete a esa persona. La dominación patriarcal en la iglesia implica que las mujeres están sujetas a la autoridad de los hombres en todos los aspectos. Si las enseñanzas morales de la iglesia no están bien equilibradas es más fácil para los hombres dominar a las mujeres. Sus identidades se vuelven invisibles y carecen de dirección propia, autoafirmación y autoconfianza.

En muchas regiones del mundo el mal uso de las enseñanzas morales de la iglesia contribuye a la discriminación contra las mujeres, la segregación social, la discriminación racial y étnica, las diferencias culturales y religiosas, la explotación laboral y la violencia económica, la explotación sexual y los abusos.

Muchas mujeres creen que Dios está con ellas y les da fuerza y paciencia en sus sufrimientos. En realidad, esta fuerza y paciencia serían necesarias para resistir la opresión, en lugar de someterse a la explotación. El Dios cristiano es un Dios liberador.

La teología de la resistencia como una salida

> Agranda tu tienda de campaña, extiende sin miedo el toldo bajo el cual vives; alarga las cuerdas, clava bien las estacas. (Is. 54:2)

La teología de la resistencia es una teología que ayuda a los seres humanos a ser conscientes de sí mismos y luchar contra la trata: la venta y la compra de seres humanos como objetos para el beneficio de traficantes y empleadores. Los seres humanos necesitan tener más confianza en sí

---

[19] Joanne Wolski Conn (ed.), *Women's Spirituality. Resources for Christian Development* (Mahawi: Paulist,1986:1992),11.

[20] Haddis Tiruneh, *The Works of St. Yarde In the Light of the Holy Bible* (Ethiopia: Addis Ababa, 1999), 8.

mismos y no contenerse y esperar a que otras personas hablen por ellos. Es tiempo de «clavar bien las estacas» para resistir la trata. Necesitan ser más conscientes de su dignidad humana y a lo que están sujetos—tanto en el sentido positivo como negativo—y hacer algo al respecto en vez de simplemente someterse. La teología de la resistencia les permite buscar su humanidad plena y su liberación en lugar de limitar sus posibilidades a una realidad en particular a la que están sujetos.

La travesía de la resistencia va desde:

- la falta de autoestima a la autodefinición: ser conscientes de la propia deshumanización y reaccionar contra ella desarrollando la autovaloración.

- el sometimiento a la indignación: la indignación se entiende mejor como un sentimiento que nos avisa que no todo está bien en nuestra relación con nosotros mismos, o grupos o el mundo que nos rodea. La indignación necesita ser entendida como el reconocimiento de que nuestro ser necesita amor y compasión a pesar de las dificultades. En este contexto, es necesario entenderla como la voluntad de cambiar las circunstancias opresivas bajo las que uno se ve forzado a vivir.

- la vergüenza/culpa a la autoaceptación: las mujeres son creadas con dignidad. Al desarrollar la autoestima en las mujeres, se pueden vencer los sentimientos de culpa y vergüenza para resistir el daño, el trauma y el autorrechazo que vienen de la experiencia de ser maltratadas como seres humanos.

Para las iglesias, una nueva manera de luchar contra la trata de personas es encontrar nuevas formas de comunicar las enseñanzas morales que lleven a los seres humanos a desarrollar la conciencia de sí mismos. Las mujeres relacionan el sufrimiento de Jesús con sus propias experiencias y las aceptan por el fuerte énfasis que la iglesia le da al sufrimiento en las enseñanzas morales. Por eso, el sufrimiento se vuelve normal y natural en la vida humana. Se interpreta la muerte sacrificial de Cristo como un modelo para el sacrificio humano, especialmente para las mujeres. No se anuncia el poder liberador de Dios y el sufrimiento se torna en destino final de vida. En aras de ser una buena mujer cristiana, silenciosa y obediente, esta enseñanza no las alienta a hablar abiertamente sobre sus sufrimientos y denunciar la violencia de la que son víctimas.

Por lo tanto es necesario:

- reexaminar la teología del sufrimiento, en la que la imagen divina victoriosa debe ser mencionada en las enseñanzas y los consejos de las iglesias. Dios es un Dios liberador. El sufrimiento es una lucha que va desde la transformación a la liberación. El sufrimiento no es definitivo para los seres humanos.

- revisar las enseñanzas bíblicas de la crucifixión. La voluntad empodera a las mujeres para entender que la muerte no es la respuesta final en el Evangelio. Una interpretación de la teología de la cruz nos puede motivar a ver a Jesús como un modelo para vencer al sufrimiento.

- revisar las enseñanzas morales de las iglesias que obligan a los seres humanos a resignarse a la trata.

La enseñanza moral de las iglesias impacta sobre la vida de las mujeres. Ante el hecho de que algunas sociedades se inclinan a apoyar la trata, hay una necesidad urgente de un cambio de actitud. Los estudios sociológicos sobre la trata de personas demuestran que los factores socioeconómicos llevan a algunas sociedades y familias de las víctimas a hacer la vista gorda ante la trata de sus hijas, hermanas, hermanos y esposas.

Desde sus ubicaciones sociales desiguales, los estereotipos de género que presentan a los hombres como los poderosos y a cargo del control y a las mujeres como pasivas y relegadas ante todo a la esfera privada, alimentan el falso concepto de muchas sociedades de que las mujeres están socializadas para realizar el trabajo doméstico. Estos estereotipos contribuyen a la trata de mujeres al estar socializadas para ser obedientes y obedecer silenciosamente a sus esposos/hombres.

Es la responsabilidad de la iglesia asegurar que nuestras niñas y niños, jóvenes, hombres y mujeres reciban educación. La educación puede ser una herramienta muy poderosa para vencer los estereotipos de género que mantienen a las mujeres en una posición de subordinación. La construcción de la conciencia en la congregación incluye la identificación de los recursos disponibles, los servicios de apoyo y las organizaciones que brindan apoyo a las víctimas, en relación tanto con seguridad física (abrigo, alimento, medicación e higiene) como con el bienestar sicológico, y así promover el trato igualitario para hombres y mujeres. Esta sensibilización contribuirá a comprender el concepto de la dignidad de cada ser humano y que Dios no creó a los seres humanos para ser vendidos.

Conclusión

Debería ser evidente que la iglesia como una comunidad de creyentes debe preocuparse por la trata de personas y los terribles efectos que esto causa en los derechos de los individuos. La violación de un ser humano constituye una violación al templo de Dios. Cuando una persona es oprimida, la familia humana se ve disminuida. Cuando consideramos la trata de personas y sus efectos, nos damos cuenta en seguida que el cambio es fundamental. Es necesario cambiar ciertas actitudes que aún subsisten en muchas sociedades e iglesias, tales como asociar a los hombres a características definidas como superiores y dominantes y a las mujeres con aquellas definidas como inferiores y pasivas. La dominación patriarcal contradice el mensaje liberador de la Gracia de Dios que vino a nosotros en Jesucristo.

A través de los siglos, las iglesias han adoptado ocasionalmente enseñanzas morales de origen no cristiano (como la enseñanza de Aristóteles sobre el rol de la mujer). Las enseñanzas de las iglesias que refuerzan el sufrimiento y la opresión de las mujeres pueden ser desafiadas a través de la enseñanza de la igualdad entre hombres y mujeres al haber sido creados a imagen de Dios y mencionando el poder liberador de Dios. También es importante crear un ambiente en donde las personas encuentren un trabajo y una vida sustentable con sus ingresos. Si realmente aceptamos el principio de igualdad y evitamos las confusiones, podremos ver un destello de luz al final del túnel.

Preguntas

¿Qué conoce de la «trata de personas» en su propio contexto?

¿Cómo impacta nuestro concepto de haber «sido creados a imagen de Dios» en nuestra forma de vida hoy?

¿Cuáles son los desafíos que la iglesia enfrenta al poner este concepto de haber sido creados/as a imagen de Dios en acción y cómo lo interpretamos a la luz de la trata de personas?

La iglesia, la política y el uso del poder: algunos ejemplos de Hungría

Tamás Fabiny

Contexto histórico

Después de 1945 Hungría se convirtió en parte del ámbito de interés soviético. Durante los siguientes dos años, el pueblo disfrutó de una relativa libertad bajo el gobierno de coalición húngaro. Los comunistas lograron el poder en 1947 mediante un fraude electoral generalizado. Con la táctica llamada del salami, conocida también como estrategia de rebanado de salami, dividieron y destruyeron a los otros partidos políticos y en algunos casos absorbieron el ala izquierda de los mismos. Con la ayuda fundamental de los soviéticos nacionalizaron las fábricas y forzaron a los agricultores a integrar las *kolkhozy*, o granjas colectivas. Durante el mismo período las escuelas denominacionales fueron secularizadas. Históricamente, las iglesias habían sido responsables de manejar muchas de las escuelas públicas en Hungría. Salvo algunas excepciones, las escuelas religiosas se cerraron y la Iglesia Evangélica Luterana no pudo retener ninguna de sus escuelas. Un poco después, también fue removida la mundialmente conocida escuela luterana de Fasor. Las órdenes religiosas y las asociaciones diacónicas se disolvieron y muchos feligreses fueron encarcelados. Durante el sistema unipartidario, los medios de comunicación fueron censurados y por lo tanto se paralizaron. La ideología obligatoria del llamado socialismo real tuvo efectos notorios en el arte y los círculos intelectuales de esa época se vieron infiltrados por la propaganda atea soviética. Durante esa época se acuñó un término específico, el llamado «temor al timbrazo»: las personas inocentes se paralizaban por el miedo cuando sonaba el timbre tarde en la noche porque podía ser la policía que venía a llevarse gente sin ninguna razón. En ese momento era muy riesgoso ser pastor. El obispo más conocido de mi iglesia, Lajos Ordass, fue encarcelado y muchos de sus colegas fueron reubicados u obligados a renunciar a su ministerio y vivir como obreros. En esa época no parecía haber muchos aspirantes a pastor. Pero la vocación conquistó las circunstancias. Déjenme darles un ejemplo de mi propia familia. Mi padre tuvo un llamado muy fuerte de Dios y a pesar de que tenía una excelente posición como abogado quería ser pastor porque el Espíritu Santo lo había tocado. No le importó saber que, con suerte, sería llamado a servir como pastor en algún pueblo alejado de la mano de Dios. Estaba dispuesto a enfrentar el sufrimiento. Como estudiante de teología, participó junto con otros compañeros en una campaña de evangelización y distribuyó en las calles pequeños cuadernillos temáticos que contenían el Evangelio de Juan. En los cuadernillos temáticos decía «impreso en EE. UU.». Por este motivo fueron arrestados por la policía. Él nos contó que pasaron la noche rezando al Señor como lo habían hecho Pablo y Silas. En la mañana fueron amonestados y pudieron regresar a casa. El oficial que los interrogó les dijo, «denme uno de estos cuadernillos temáticos porque a mi esposa le gusta leer este tipo de textos».

La revolución o levantamiento de 1956 fue un intento de poner fin a esta situación totalitaria. Reinó la libertad solo durante unos pocos días, hasta que los soviéticos ocuparon el país y aplastaron la revolución. Siguió un período llamado de «dictadura blanda». Las personas se referían a la situación como «comunismo goulash» o «el cuartel más feliz del campamento soviético» porque, comparado a otros países socialistas, el estándar de vida en Hungría era relativamente alto. Hoy sabemos que en realidad, estas décadas llevaron a un deterioro mayor en la vida de las iglesias que el que se hubiera sufrido durante una dictadura declarada. En una dictadura declarada, la diferencia entre el bien y el mal está claramente definida, por lo que los cristianos creyentes están preparados para sufrir. En una dictadura blanda, los límites no son tan claros y muchas personas, incluidos los líderes eclesiales, aceptaban acuerdos inescrupulosos para poder sobrevivir.

Esta situación afectó a las personas que servían en la iglesia: ya nadie tenía que arriesgar más su vida. Mientras hubo límites era posible y muchas veces muy fácil, encontrar un *modus vivendi*. La relación entre la iglesia y el estado era como la del patrono o la patrona con su cliente: se recibían favores mayores o menores según la cooperación que hubiera entre la dirigencia eclesial leal y la Oficina Estatal de Asuntos Eclesiales (creada originalmente para perseguir a la iglesia): se podía conseguir un trabajo mejor; había más posibilidades de viajar fuera del país; los hijos y las hijas de los pastores eran admitidos en la universidad; siempre que todos estuvieran de acuerdo con las reglas del así llamado socialismo real. Podemos imaginar el efecto distorsionante que tenía este mecanismo en algunos pastores. Para muchos, el hecho de ser pastores significaba adaptarse al marco externo, teniendo que tomar decisiones muchas veces en contra de sus propias conciencias, sin tocar ciertos tabús (1956, la presencia soviética en un sistema unipartidario) a cambio de poder ejercer su vocación como marginados de la sociedad pero dentro de los límites de la iglesia como un «cristianismo de sacristía».

No es sorprendente entonces que en 1989, cuando el régimen cambió, las iglesias no estaban preparadas. Durante esos meses, muchas veces utilizamos el término «en los últimos cuarenta años». Esta metáfora, que trazaba un paralelo entre la era de la opresión y ser apretados entre límites y los cuarenta años errantes del pueblo judío en el desierto, parecía apropiada en ese momento. Era una imagen seductora para nosotros porque podíamos hablar de la esclavitud, las plagas y el hecho de que el pueblo de Dios debía cruzar el Mar Rojo. Era posible mencionar los diferentes tipos de idolatría e infidelidad y finalmente apuntar hacia una nueva generación. Sin embargo, no podíamos ver ni a Moisés ni a Aarón delante de nosotros, ni a Josué en esa nueva generación, ni que hablar de Canaán.

Si queremos encontrar una metáfora bíblica, hay una serie de eventos que ocurrieron un par de siglos después que parecen ser más apropiados para poder representar la situación de las iglesias en ese tiempo: el fin del cautiverio babilónico del pueblo judío. En el siglo VI AC, la situación política y social, que los superpoderes creían era extremadamente estable e inamovible, cambió tan radicalmente que la población judía, que había sido puesta en cautiverio algunas décadas antes en el tiempo de Nabucodonosor, pudo volver a sus hogares. Hay un paralelo evidente por lo menos en dos puntos. Primero, no fue el pueblo elegido el que peleó heroicamente y ganó su libertad con sus profetas desesperados y miembros creyentes de la nación hasta el final, sino que la «constelación del mundo político», «la estructura de los grandes poderes» y «la realidad histórica» habían cambiado. Por supuesto que no podemos negar que el Dios de la historia está oculto; Dios también puede guiar las vidas de las personas del pueblo de Dios de muchas formas seculares. Podemos también suponer con cierta certeza que el testimonio de algunos hasta cierto punto contribuyó a la caída del gran poder en ese momento del cautiverio babilónico y al cambio del sistema sucedido en las naciones satélites después de la ocupación soviética.

El otro paralelo que podemos percibir entre esta situación histórica y el cambio del régimen húngaro es que los judíos que volvieron no encontraron a su país en orden: no era una situación propicia para un trabajo pacífico. Por el contrario, encontraron ruinas por todos lados. Ezra y Nehemías comenzaron a afrontar la situación quitando los escombros y reconstruyendo el templo. Los cambios políticos de 1989–1990 encontraron a las iglesias en Hungría en la misma situación: estaban en ruinas y comenzó un largo y cansador proceso de reconstrucción. Fue imposible continuar desde el punto en el cual había estado el pueblo de Dios antes de ser capturado, o antes del cese de la libertad religiosa. En palabras de un escritor húngaro, una metáfora bíblica comenzó a ser parte del lenguaje diario, «hay una gran multitud en el camino a Damasco». Era una expresión sarcástica relacionada a la conformidad política y no una indicación de que el pueblo se unía a la iglesia en gran número. Las dificultades de tener que empezar de nuevo se describen bien en el poema de cuatro líneas que escribió la poetisa húngara Ágnes Nemes Nagy, después de un período de silencio forzado y cuando sus poemas pudieron ser publicados nuevamente.

> En su hombro izquierdo, cuando se levantó otra vez,
> cada músculo se sintió como una vida en cada dolor.
> Su muerte le fue arrancada igual que sus vestiduras,
> y su resurrección es así de inquietante.[1]

Situación actual

Desde entonces han pasado veinticinco años. La relación entre los gobiernos electos y las iglesias ha sufrido una serie de cambios. Existían, y siguen existiendo partidos políticos que consideran que el papel de las iglesias es meramente espiritual, y no de participación en la vida pública. Es lo que llamo «cristianismo de sacristía»: es decir, cuando las comunidades religiosas son forzadas a mantenerse dentro de los límites de la iglesia. Los círculos conservadores de la iglesia no se oponen a esta interpretación, ya que sienten que las iglesias solo deberían ocuparse de las cuestiones espirituales en este «mundo pecador».

Por otro lado, hay partidos políticos que ven a las iglesias (o para ser más exactos, a sus iglesias preferidas) como «aliadas naturales». Parece como si quisieran compensar a las iglesias por sus pérdidas de propiedades, prestigio e influencia intelectual.

Considero que ambas actitudes pueden ser peligrosas. En una entrevista radial durante el gobierno socialista en Hungría (prácticamente poscomunista) describí mi posición de la siguiente manera: «Apenas puedo esperar para criticar a un gobierno conservador». Se trataba de una idea doble: por un lado estaba desconforme con el gobierno socialista y deseaba un cambio; por otro lado la presencia de la iglesia en la sociedad debía caracterizarse por una relación crítica hacia el poder político. La iglesia debe ejercer un papel profético, como vemos en Isaías, Jeremías o

---

[1] Traducido al inglés por Peter Zollmann.

Jesús. La iglesia no debería seguir la corriente política del momento sin criticarla. Desde el cambio de régimen y aún más, desde el período entre 1990-1994, se sospecha que los políticos tratan de influir en las iglesias: quieren indicarnos cómo practicar nuestra fe.

En 1997 para poder lidiar con los conflictos anteriores, el gobierno húngaro negoció un acuerdo primero con la iglesia católica romana y después también con otras iglesias. El así llamado sistema normativo de apoyo, que más adelante provocó mucha tensión, apuntaba a domesticar a las iglesias. Los gobiernos siguientes también hicieron intentos similares. Las relaciones a veces eran amistosas y a veces no. Durante los últimos años ha habido muchos temas, como la nueva ley eclesial y la discriminación de los indigentes en los que la iglesia debió tomar una posición crítica. No podía mantenerme en silencio cuando el nombre de Dios era insertado dentro de la constitución y debía hablar contra la creciente popularidad de la extrema derecha. Tengo experiencia directa como obispo de un distrito cuya mayor parte está en el noreste de Hungría y donde la mayoría ha sido del partido radical derechista en los últimos cuatro años.

Hoy en día, con frecuencia hablamos sobre los riesgos del cristianismo político, que se refiere a una situación en la que aquellos que ostentan el poder tratan de explotar a las iglesias de una forma paternalista cuando quieren usarlas como herramienta para lograr sus propios objetivos. Esta actitud no debería existir en ningún partido, ni aun por parte del alcalde, que quiere tratar a las iglesias como sus aliadas naturales pidiéndoles apoyo político. Podemos cooperar con diferentes aliados para crear un conjunto de valores en común pero no somos «los socios naturales» de nadie. Las iglesias han sufrido lo suficiente durante la dictadura cuando se esperaba que apoyasen al estado sin poder criticarlo de ninguna manera. Por suerte aun en ese tiempo, hubo personas que se resistieron. No debemos olvidar que las iglesias también se vieron seriamente humilladas y excluidas injustamente cuando los actuales partidos de la oposición estaban en el poder.

Sin embargo, no podemos negar que las iglesias mismas han coqueteado con el poder de vez en cuando. Si el sistema financiero en Hungría estuviera saneado—que no lo está en la actualidad—las iglesias no se verían forzadas a conducir negociaciones financieras constantemente con el gobierno. Estoy pensando en un sistema financiero transparente y confiable que pueda mantenerse intacto con los cambios de gobierno, basado en el concepto de que las iglesias están llevando a cabo no solo tareas en la educación y la esfera social sino que su trabajo en lo espiritual tiene potencialmente un efecto sanador en la sociedad.

En la Iglesia Evangélica Luterana en Hungría intentamos promover la sensibilidad social de muchas maneras. En nuestra revista educativa subrayamos enfáticamente el tema de fomentar la tolerancia y la aceptación de unos y otros en nuestras escuelas, para no ser solamente tolerantes en nuestras palabras sino también en nuestras acciones (por ejemplo, la inclusión del pueblo romaní, judíos, homosexuales, discapacitados). Necesitamos afirmar que la iglesia no tiene ninguna tolerancia con la intolerancia: a los directores de nuestras escuelas denominacionales se les ha pedido que reaccionen inmediatamente cuando escuchan un comentario antisemita, anti-romaní u homofóbico.

Hoy en día la intolerancia no solo caracteriza a los partidos políticos sino que hay una tendencia en la sociedad húngara de no ser capaces de relacionarse con quienes son «diferentes» a nosotros/as, sea una persona ciega con un bastón blanco o alguien en una silla de ruedas. Quizás la renovación de la sociedad debería empezar con cosas pequeñas como notar la necesidad de otras personas y no sentir vergüenza de ayudar; organizar pequeñas comunidades con programas significativos; dar algo altruistamente, sin esperar compensación, etc. O descubrir que el verdadero amor no busca el valor sino que lo crea. Me gustaría que la gente encontrara ese tipo de comunidad en nuestras iglesias.

Conclusión

Los seres humanos no se venden

La FLM ha elegido el lema «Los seres humanos no se venden» como uno de los subtemas del 500 Aniversario de la Reforma. Incluí algunos ejemplos de mi vida personal en este ensayo y me referí a tiempos históricos en los que la gente era privada de libertad, colectiva e individualmente. La dignidad de los individuos o de algunos grupos de la sociedad era violada; el respeto se vendía y podía comprarse. En algunos casos la policía secreta, con la colaboración de personas comunes o de quienes trabajaban en algún nivel del sistema de la dirigencia política unipartidaria, chantajeaban o directamente dañaban tanto a jóvenes como a personas de edad. No obstante, también había algunos buenos ejemplos de cómo algunas personas conservaban su libertad interior a pesar de estar oprimidas externamente. Se puede entender que estaban guiados por las palabras del apóstol Pablo: «Pues ustedes no han recibido un espíritu de esclavitud que los lleve otra vez a tener miedo, sino el Espíritu que los hace hijos de Dios. Por este Espíritu nos dirigimos a Dios, diciendo: '¡Abbá! ¡Padre!'» (Rom 8:15). Conocemos una forma de esclavitud que en realidad es la libertad. Tal como el apóstol Pablo se mantuvo libre en prisión y con orgullo se declaró a sí mismo «prisionero de Cristo Jesús», muchos confesos se resistieron a poner a la venta su independencia. Lutero, quien estaba dispuesto a cuestionar a cualquier autoridad estatal o eclesial, confesó alegremente que su conciencia era «prisionera de la Palabra de Dios». ¡Por eso es que realmente podía ser libre!

Aplicación práctica de la enseñanza de los dos reinos

Además de la enseñanza de la libertad, el concepto de Lutero de los dos reinos se aplica también a nuestra situación. Bajo el sistema totalitario debíamos estar alertas y ver cuándo el poder opresor exigía a las personas y cuándo era Dios quien estaba intentando gobernar. Para la dirigencia de la iglesia (y de alguna manera para cada cristiano/a) era una tentación unir los dos. En la vida de las iglesias protestantes en Hungría durante el así llamado socialismo real, era aceptado de manera generalizada que Dios castigaba a las iglesias por los pecados cometidos durante el nazismo y por colaborar con el poder político de ese tiempo. Según este concepto, las iglesias debían aceptar la ira de Dios aun en las decisiones más antidivinas del estado comunista. En consecuencia, la así llamada «teología diacónica» de ese tiempo se abstenía de criticar al poder político del momento, o siquiera sugerir la más mínima corrección.

Cuando el régimen cambió las iglesias de pronto se encontraron del lado de los beneficiados, lo que de vez en cuando las sorprendía incluso a ellas. Algunos/as pastores/as se sintieron impulsados/as a alabar el sistema del momento desde el púlpito y veían la voluntad directa de Dios en la libertad política recuperada. «Dios es el Señor de la historia» se volvió la justificación de la presencia política de la iglesia (algunas veces incluso específicamente partidaria). La situación en la que las iglesias compartieron posiciones de poder no siempre fue consistente con el concepto de los dos reinos. Había signos de que se mezclaba el Reino de Dios con el mundo. La oración «Venga a nosotros Tu Reino» se puso a la par de la materialización de un estado mundano proveedor de libertad. El desvarío teológico se combinaba con el esfuerzo blasfemo del poder político de legitimarse usando metáforas bíblicas. Cuando los políticos terminan sus discursos con *soli Deo Gloria* u otros dicen que nosotros, el pueblo húngaro, somos el pueblo elegido, estamos simplemente desubicándonos en el espacio público.

La teología de la cruz

Como un tercer pilar de la teología de Lutero, la teología de la cruz nos puede orientar. Es una paradoja interesante que mientras la iglesia sufría una opresión real, no era posible (o al menos no públicamente) hablar sobre la importancia de una «iglesia cruciforme». En vez de hablar sobre ello, muchos lo hacían realidad. Cuando la libertad llegó, la iglesia se vio tentada de ponerse del lado brillante, del lado de la gloria y el poder dejando de lado la vida cruciforme, como la de Cristo. Una iglesia bien alimentada, cómoda, adaptándose a una sociedad consumista se queda corta en la teología de la cruz. En un mundo donde «todo se vende» las iglesias fácilmente se vuelven parte de la mentalidad consumista. Por eso en nuestro tiempo la iglesia debe estar alerta para no dejar de cargar la cruz y evitar los compromisos peligrosos.

Estoy convencido de que el tema de la Asamblea de 2017—un tema genuinamente bíblico y reformador—nos ayudará a encontrar nuevamente el camino a la cruz. Lo que sucedió en la crucifixión de Jesucristo no se puede comparar con ninguna acción humana o empresa comercial. Es la obra de Dios la que está presente. Por eso confesamos ser «Libres por la Gracia de Dios».

Preguntas

¿Conoce casos similares de haber ido de la opresión política a la libertad?

La enseñanza de Lutero de los dos reinos, ¿de qué manera ha sido relevante en otros contextos políticos?

¿Cómo puede cambiar el énfasis entre los dos elementos de «solidaridad crítica»?

La vida con el otro: migración, desplazamiento y justicia de género

Munib A. Younan

Al acercarnos a 2017 y a nuestra celebración de los 500 años de la Reforma Luterana, agradezco el tema que nos convoca: ¡No se vende! El mensaje de esperanza y amor, proclamado desde el principio y hasta el momento por nuestra tradición evangélica, es verdaderamente un mensaje de Buenas Nuevas. Como el Apóstol Pablo escribió en su carta a los Romanos, «Porque si Dios, cuando todavía éramos sus enemigos, nos reconcilió consigo mismo mediante la muerte de su Hijo, con mayor razón seremos salvados por su vida, ahora que ya estamos reconciliados» (Rom 5:10). Como nos asegura Pablo, esta salvación es un regalo. ¡No se vende!

Los tres temas de «No se vende»–la salvación, los seres humanos y la Creación– están todos relacionados entre sí. Porque Dios creó el cielo y la tierra y «en Cristo [...] nos reconcilió consigo mismo» (2 Cor 5:19), toda la Creación ha sido santificada con el amor redentor de Dios. Porque «Pues por la bondad de Dios han recibido ustedes la salvación por medio de la fe. No es esto algo que ustedes mismos hayan conseguido, sino que es un don de Dios» (Ef 2:8), el valor inherente y la dignidad de cada ser humano ha sido confirmada. El profeta Isaías proclamó la invitación de Dios a que «Todos los que tengan sed, vengan a beber agua» todos lo que «no tengan dinero, vengan, consigan trigo de balde y coman. Consigan vino y leche sin pagar nada» (Is 55:1). El mensaje de salvación de Dios en Cristo Jesús es un profundo mensaje de igualdad ante Dios donde todo es dado gratuitamente y nada se vende. La Creación es gratis. La redención es dada gratuitamente a través de la cruz.

Este mensaje enfrenta un mundo donde todo, desde los seres humanos a los regalos de la tierra y aun la misma promesa de salvación, se ofrece constantemente a cambio de dinero y bienes. Desde la explotación de los recursos naturales y los esfuerzos oficiales de prevenir el cambio climático hasta la trata de personas, la tierra y todo lo que existe en ella son ofrecidos a la venta. Mientras que estas cosas ahora suceden a mayor escala, las mismas dinámicas estaban presentes en los tiempos de Jesús y de Martín Lutero. En sus períodos históricos tanto la tierra como los seres humanos eran degradados. Ambos enfrentaron sistemas de falsa religiosidad que proclamaban que Dios les pedía ciertos sacrificios para poder suavizar el pasaje a la salvación. Cada uno de nosotros es libre por la sangre sacrificial de Cristo en la cruz, quien nos sigue liberando. El mensaje del Evangelio era tan claro en ese entonces como lo es ahora: ni la salvación, ni los seres humanos, ni la misma Creación pueden ser comprados. Todas son expresiones de la bondad y la Gracia de Dios.

La crisis de los refugiados

En nuestro mundo de hoy la competencia humana por los recursos nos está conduciendo a mayores conflictos. Como resultado de estos conflictos los seres humanos se ven desplazados y conducidos a la desesperación. Al final de 2013, el Alto Comisionado de las Naciones Unidas para los Refugiados (ACNUR) estimó que más de 51,2 millones de personas en todo el mundo habían sido desplazadas de manera forzosa. De ellos, 11,7 millones eran refugiados que vivían bajo el mandato del ACNUR, mientras que los otros 5 millones eran refugiados palestinos registrados en el Organismo de Obras Públicas y Socorro de las Naciones Unidas (OOPS).

La Federación Luterana Mundial (FLM) tiene una larga trayectoria de compromiso con los refugiados. Nuestra comunión mundial fue fundada con el propósito de ayudar y aliviar a las personas que en Europa sufrieron destierro y pobreza después de la Segunda Guerra Mundial. Después de ese conflicto, uno/a de cada seis luteranos/as en el mundo era una persona refugiada o desplazada internamente. Desde entonces, hemos construido sobre esa trayectoria y expandido nuestro testimonio de servir a las personas necesitadas y vulnerables. Brindamos nuestros servicios y recursos a quienes los necesitan, sin importar su religión, credo o identidad nacional y tribal.

«Soy palestino y cristiano» Mi hogar está en Jerusalén. Mi lengua materna es el árabe. Nosotros, los cristianos palestinos, hemos vivido en la Tierra Santa desde Pentecostés, el comienzo mismo del cristianismo. Hoy no somos tantos como antes, pero aun así, somos una parte integral de la cultura palestina. Mi familia pertenece al grupo de refugiados de 1948. Todavía llevo mi tarjeta de refugiado del OOPS. Mi hogar está en Beit Safafa cerca del asentamiento de Gilo construido en la tierra palestina confiscada. Con otros palestinos busco el establecimiento justo del estado palestino dentro de las fronteras de 1967, viviendo junto a Israel en paz, justicia y reconciliación. Este objetivo incluye el esclarecimiento de las fronteras reconocidas internacionalmente, una justa resolución del estatus de los asentamientos israelíes y una justa resolución a la crisis crónica de la gente refugiada de Palestina. Estas cosas no las busco como parte de un programa político sino porque busco la dignidad de mi pueblo y mis prójimos.

Conocí a la FLM mediante una taza de chocolate caliente que nos fue dada en la Escuela Martín Lutero en la Ciudad Vieja de Jerusalén. Recuerdo haberme preguntado «¿Por qué estos luteranos nos aman y nos apoyan con alimentos y bebidas?» Hoy sé que la iglesia luterana a nivel mundial me estaba abrazando como refugiado palestino. Este amor tocó mi corazón; me sentí desafiado a devolver a los luteranos todo el bien que me hicieron a mí, a mi familia y a otra gente de Palestina. Más adelante entendí que la teología luterana de la justificación solo por la fe nos lleva a los cristianos a servir libremente a la vez que recibimos con gratitud. Hemos recibido todo a través del amor misericordioso de Dios. Es un regalo que nunca puede ser devuelto.

La FLM, que desde 1948 ha sido muy activa en Palestina, finalmente empoderó a nuestra iglesia para emerger de una tradición misionera alemana. Admiro cómo la FLM nos empoderó sin crear formas de control. Empoderó a la Iglesia Evangélica Luterana para que pudiéramos encontrar nuestro camino para ser una iglesia sustentable e independiente. Estamos en deuda con la comunión mundial luterana por su participación en la misión de Dios en todo el Medio Oriente.

Como refugiado desde la guerra de 1948 entre el recientemente formado Estado de Israel y sus vecinos, sé lo que es vivir con una profunda incertidumbre y temor. Conozco la realidad de la pobreza. Más que nada, conozco lo que significa vivir en circunstancias en las que la situación y algunas veces, otras personas, buscan robar la misma dignidad de una persona.

No honramos esta dignidad cuando vemos a un refugiado solo como un caso de caridad. Los refugiados no existen para que podamos ayudarles y hacernos sentir bien. En cambio, los discípulos y las discípulas de Cristo son invitados a sentir el rostro de Dios en una persona refugiada, así como vemos el rostro de Dios en otras personas que pertenecen a nuestras familias y nuestras congregaciones. Doy fe de que cuando estamos más desamparados y con menos esperanzas, es cuando somos más conscientes de que estamos ante Dios. Con y a través de un/a refugiado/a somos invitados/as a la presencia de Dios. A través de esa presencia somos renovados y empoderados para motivarnos no solo a ofrecer alimento, ropa y otros recursos sino a luchar por las desigualdades y las injusticias estructurales que obligan a tantas personas a tener vidas vulnerables y temerosas.

Nuestro compromiso como comunión luterana no es solo la diaconía sino también aliviar el sufrimiento y denunciar las causas que originan la opresión. Más allá de este compromiso al servicio, también practicamos la diaconía profética. La naturaleza profética de nuestra estrategia la encontramos en nuestro compromiso de empoderar a toda persona refugiada, migrante y a quienes luchan por la justicia, fortaleciendo y aumentando sus voces cuando buscan cambiar sus propias condiciones y contextos. Es la diaconía profética la que nuestra comunión mundial puede proveer de una manera muy adecuada.

La FLM tiene gran presencia en el Medio Oriente. El legado de servicio de nuestra comunión en Jerusalén oriental se basa en el testimonio de la Iglesia Evangélica Luterana en Jordania y Tierra Santa y en la diaconía del Hospital Augusta Victoria que ha sido liderada hace ya varios años por un director ejecutivo cristiano palestino,. Este legado se ha extendido a Jordania donde la FLM está ayudando a establecer y dirigir el Campo de Refugiados Za'atari para gente de Siria que huye de la guerra civil en su país. El conflicto permanente nos ha obligado a ampliar nuestros servicios aún más, hacia Irak.

En esta comunión mundial luterana siempre he encontrado hermanas y hermanos en Cristo que trabajan para ayudar a personas refugiadas y otras personas necesitadas a mantener su dignidad como seres humanos y como hijos e hijas de Dios. Nuestra dignidad humana solo nos es dada por Dios. Cada ser humano individual es bendecido con la imagen de Dios según la cual toda la humanidad fue creada. Todos somos invaluables a los ojos de Dios. ¡Ningún ser humano puede ser vendido!

Los discípulos de Cristo que reciben al otro

Actualmente la FLM está al servicio de unos 2 millones de personas refugiadas en el mundo. Significa que cada grupo de setenta luteranos está atendiendo las necesidades de una persona refugiada. Estamos sirviendo en Dadab, Siria, Irak, Jordania, Sudán, Perú, Nepal, Mauritania y muchos otros lugares. En cada lugar donde estamos presentes, nos enfocamos en las necesidades prácticas de desarrollo y en el llamado profético para el empoderamiento.

El empoderamiento de los refugiados va más allá de abastecer las necesidades de la vida. Apoyar la educación de niños, niñas y personas adultas, brindar actividades significativas y fortalecer la capacidad de la gente refugiada para proteger sus derechos, todo nos mueve hacia el objetivo de empoderar, más que de solo ser caritativos.

En 2012, el Alto Comisionado de las Naciones Unidas para los Refugiados, António Guterres, invitó a los líderes religiosos a discutir sobre los fundamentos religiosos para la acogida de refugiados. La pregunta que planteó fue: ¿cómo podemos cuidar de la mejor manera a quienes necesitan de nuestra asistencia? Se me ocurrió que podríamos desarrollar un código de conducta basado en nuestras diferentes escrituras y tradiciones. Guterres tomó la idea muy en serio y como resultado desarrollamos un documento titulado «Acoger al extranjero: afirmaciones de líderes de comunidades basadas en la fe»[1] que ofrece las bases religiosas para cuidar a los refugiados. Para mí, los/as cristianos/as somos llamados por dos razones específicas: (1) porque Cristo mismo, con la Sagrada Familia, era un refugiado en Egipto; y (2) el llamado de Jesús en Nazaret que «El Espíritu del Señor está sobre mí, porque me ha consagrado para llevar la buena noticia a los pobres. Me ha enviado a anunciar libertad a los presos y dar vista a los ciegos, a poner en libertad a los oprimidos» (Lc 4:18). Esta era la interpretación de Jesús de su propio llamado.

«Acoger al extranjero» comienza y termina con una simple afirmación: «Acogeré al extranjero». El documento reconoce que este compromiso algunas veces necesita de coraje. Pero cada tradición de fe tiene una acción esencial en sus compromisos: «Mi fe enseña que la compasión, la misericordia, el amor y la hospitalidad son para todos: el nacido en el país y el nacido en el extranjero, el miembro de mi comunidad y el recién llegado».[2]

Nuestra dignidad e igualdad compartidas con las personas refugiadas y otras personas en necesidad, son compartidas también en nuestra comunión mundial. Juntos somos modelo de lo que significa vivir como iguales delante de Dios, aceptarnos unos a otros con nuestras fortalezas y nuestras debilidades intactas. No hay duda de que hay muchas formas de desigualdad en nuestra comunión mundial. Algunas de nuestras iglesias se encuentran en países muy ricos mientras otras, como mi propia ELJTS, se encuentran en lugares que otros ni siquiera permiten que se llamen país.

Estas desigualdades materiales no cambian nuestra relación como miembros iguales de la comunión mundial, así como la pobreza o la riqueza de un individuo no afecta su condición como hijo/a de Dios. Como le gustaba decir al fallecido obispo Josiah Kibira, uno de mis predecesores como presidente de la Federación Luterana Mundial, no hay iglesia que sea tan pequeña, tan pobre o tan joven que no tenga algo para dar a otras iglesias; y no hay iglesia tan vieja, tan rica y tan antigua en sus tradiciones e historia que no pueda depender de los dones de otros.

Desde una perspectiva luterana no tiene sentido decir que una persona cree con más fuerza o es mejor creyente que otra. Cada uno/a de nosotros/

[1] En **www.lutheranworld.org/content/resource-welcoming-stranger** y **www.unhcr.org/51b6de419.html**
[2] Ibíd.

as es *simul iustus et peccator,* ni más ni menos, cada uno/a en la misma medida ante Dios a través de Cristo Jesús. El peligro en ambas formas de desigualdad es que nuestra comunión se puede dividir. Una respuesta constructiva a estos desafíos divisorios es enfatizar el discipulado de iguales.

En la tradición cristiana los grandes signos de profunda igualdad ante Dios se pueden encontrar en nuestros santos sacramentos. El santo bautismo es el fundamento de nuestro testimonio común. Nuestra tendencia humana –en la iglesia como en las relaciones políticas– es enfatizar lo que nos divide en vez de lo que nos une. A través del agua y de la Palabra, somos incorporados a la iglesia, al cuerpo de Cristo. En el bautismo somos enviados juntos al mundo para la gloria de la misión holística de Dios con un propósito diaconal. En 1984, nuestra comunión mundial declaró la doctrina de comunión de púlpito y altar. El sacramento del altar nos envía al mundo como miembros bautizados incorporados al cuerpo de Cristo para proclamar las Buenas Nuevas del amor de Dios dado a través de la Palabra y las obras. Nuestra esperanza sacramental nos envía al mundo como discípulos de Cristo comprometidos en la diaconía profética por el bien de nuestros prójimos.

Debemos recordar que nuestros prójimos que sufren de vulnerabilidad y necesidad no siempre están en lugares lejanos. Los refugiados y migrantes empobrecidos pueden estar también en nuestras comunidades. A grandes rasgos, los problemas migratorios actuales tienen dos aspectos. Primero, los migrantes están escapando de problemas políticos causados a menudo por las experiencias poscoloniales de sus países de origen, y los problemas que enfrentan fueron causados por la colonización occidental. Las situaciones de las que huyen muchos migrantes –incluidos el extremismo, la ocupación, las amenazas para la vida y la dignidad y la falta de optimismo económico–muchas veces los/as conducen a los mismos países que causaron sus miserias.

Aunque muchas veces pueden quedarse en esos países, deben enfrentar un segundo problema: la falta de posibilidades para la integración normal dentro de las culturas de los países anfitriones. Especialmente en Europa vemos las dificultades en aceptar y recibir a las poblaciones migrantes. Muchos factores contribuyen a estas dificultades. Es un desafío para nuestra comunión mundial no solo buscar las causas originales de la migración económica, sino asistir a aquellos migrantes y refugiados que luchan para vivir en los países anfitriones. Un conflicto real relacionado con la falta de integración legal, económica y cultural es que los migrantes se están moviendo en todo el mundo sirviendo a la gente rica. Esta situación deriva en la explotación de mujeres y hombres que trabajan sin ninguna protección. Si los seres humanos no se venden deben ser respetados en todos los contextos. La explotación laboral es inaceptable a los ojos de nuestro Señor.

Somos enviados al servicio diacónico basados en el bautismo y fortalecidos a través de la eucaristía. Durante siglos los/as cristianos/as de todas las confesiones se han comprometido con el ministerio vital y holístico alrededor del mundo. Es tiempo de que consideremos formas prácticas de trabajar juntos/as. El llamado a servir y el llamado a la misión no pueden estar separados. Si estamos haciendo lo mismo juntos/as no debemos dudar en comprometernos juntos/as. Efesios dice «tengan paciencia y sopórtense unos a otros con amor; procuren mantener la unidad que proviene del Espíritu Santo, por medio de la paz que une a todos. Hay un solo cuerpo y un solo Espíritu, así como Dios los ha llamado a una sola esperanza. Hay un solo Señor, una sola fe, un solo bautismo; hay un solo Dios y Padre de todos, que está sobre todos, actúa por medio de todos y está en todos» (Ef 4:2-6).

El énfasis luterano, que compartimos con muchas otras iglesias y comuniones, es que la Gracia que recibimos en nuestros sacramentos es un regalo que nos fue dado por un Dios de amor y de Gracia. Como subraya otro de los temas de nuestra conmemoración de la Reforma, la salvación no se vende. El ofrecimiento gratuito de la Gracia de Dios en los sacramentos confirma nuestra igualdad fundamental ante Dios. Ninguna persona vale más que otra. No tenemos precio. Nunca se puede considerar que un ser humano puede estar a la venta.

TRABAJAR PARA LA JUSTICIA DE GÉNERO

Estoy muy orgulloso de que en la reunión del Consejo de la FLM en 2013 la "Política de la FLM para la Justicia de Género" fuera aceptada en forma unánime.[3] Este es un paso muy importante para nuestra comunión mundial. Esta política enfatiza las bases teológicas luteranas de que cada uno/a es creado/a igual y en redención. Cada uno/a tiene el derecho de sentir la igualdad y la justicia independiente de su género.

Aunque este es un documento importante, debemos de todos modos preguntarnos lo que significa en términos prácticos. La pregunta es cómo podemos introducir e implementar la Política para la Justicia de Género en todas las iglesias miembro. Así como está, la política brinda una excelente base. Puede ser un ejemplo para muchas otras iglesias y comuniones mundiales. Pero no debe permanecer como una declaración general sin contextualizar sus compromisos. Para conseguir su contextualización debe ser estudiada en cada contexto.

---

[3] En **https://www.lutheranworld.org/sites/default/files/DTPW-WICAS_Gender_Justice-ES.pdf**

Para poder conseguir la visión de justicia de género en cada contexto debemos comprometernos unos con otros a no ocultarnos detrás de la cultura, la tradición o determinadas interpretaciones de la Biblia para justificar la desigualdad continua basada en el género. Quienes utilizan esos argumentos para continuar con la discriminación, están reduciendo o aun tergiversando la tradición bíblica y la política de igualdad de Dios. Todas las culturas están compuestas por seres humanos, ninguna fue hecha solo por hombres. Quienes se ocultan detrás de la cultura en las conversaciones sobre la justicia de género y la ordenación de las mujeres, solo hacen más aparente su chovinismo. Para desafiar esas perspectivas, es mi esperanza que todas las iglesias dentro de nuestra comunión mundial estudien la Política de la FLM para la justicia de género y tomen medidas para adaptarla a sus contextos.

Nuestra preocupación por la dignidad e igual valor de todos los seres humanos ve nuestro trabajo de apoyo a la justicia de género como una expresión positiva. No solo debemos dar buenas conferencias, debemos implementar esos compromisos en nuestros cuerpos gobernantes y ejecutivos. Esperamos que cada una de nuestras iglesias miembro lo haga por el bien de la humanidad que compartimos. Este es un trabajo importante en el Medio Oriente donde la justicia de género será un paso muy importante hacia la sanación de la condición general de nuestras sociedades. En el Medio Oriente, el crecimiento del extremismo ha tenido efectos negativos inmediatos sobre las mujeres en todo el Medio Oriente.

La ELJTS tiene el compromiso de promover el papel de las mujeres en la iglesia y en la sociedad. La Oficina de la Mujer—administrada por mujeres y dirigida por un comité de mujeres líderes—ha logrado muchas cosas. Primero, tanto en Palestina como en Jordania, el comité realizó muchos talleres y encuentros sobre el tema de violencia doméstica. En nuestra sociedad ha habido un notorio crecimiento de la violencia doméstica, pero el tema muchas veces no se discute abiertamente. El grupo preguntó cómo podrían ayudar a empoderar a las mujeres para que se planteen el tema aun si ellas mismas están involucradas en violencia doméstica. Su objetivo es construir una comunidad de mujeres empoderadas que no se queden quietas y puedan vivir sus vidas sin temor. Pero también saben que buscar el empoderamiento de las mujeres no es un asunto solo para individuos. Por estas razones la Oficina de la Mujer está coordinando esfuerzos para incluir políticas para la justicia de género en las constituciones tanto en Jordania como en Palestina. Organizaron varios talleres con líderes de la sociedad civil y están liderando esos esfuerzos en ambos países.

Aprovechando estos logros, la Oficina de la Mujer ahora apunta a un tercer objetivo. En cooperación con la Secretaría para la Mujer en la Iglesia y la Sociedad de la FLM, están trabajando en la contextualización de la

Política de la FLM para la Justicia de Género en los contextos palestinos y jordanos. El primer paso es su traducción al árabe. Esta estrategia contextualizadora les permitirá introducir esta política para trabajar en nuestro contexto. Adhiero a este proceso de todas las iglesias miembro de la FLM. Si la Política de la FLM para la Justicia de Género no se contextualiza en Palestina, Brasil, Indonesia y otras regiones, solo será un documento más sobre un estante. Pero la justicia de género es demasiado importante como para que dejemos que eso pase.

En muchas culturas, la aceptación generalizada de los principios de justicia de género de la FLM demandará mucho tiempo. También es así para mi propio contexto, Palestina. Sin embargo, no evitará que la ELJTS y sus ministerios y programas relacionados construyan ahora esas estructuras. Estamos dando grandes pasos hacia la justicia de género. En nuestro contexto es difícil no reconocer que las voces más fuertes dirigidas a la obtención de una solución justa y perdurable vienen de las mujeres en política.

El tema de la justicia de género es un desafío vital para las iglesias de hoy. Todas las personas—hombres y mujeres, niños y niñas, sin importar su identidad sexual—son iguales ante Dios. Valen lo mismo. Los seres humanos no se venden. Deseo que cuando conmemoremos la Reforma en 2017 nos sentemos a la mesa con todas nuestras iglesias miembro habiendo contextualizado la Política de Justicia de Género para poder gritar juntos al mundo «¡Los seres humanos no se venden!»

Conclusión

Nuestro mundo de hoy está luchando para honrar la igualdad de cada ser humano ante Dios. Nuestra igualdad y nuestra dignidad dadas por Dios significan que no se puede aceptar que ningún ser humano esté a la venta. Ningún plan para la trata de personas, ninguna explotación sexual, ningún sistema de trabajo injusto escapa al juicio de Dios a través del compromiso crítico de la iglesia de Dios. Ninguna crisis de refugiados, ni las guerras que dan lugar a esas emergencias son aceptables a los ojos de Dios.

Vivimos en un mundo caído y quebrado donde los seres humanos y las condiciones en las que viven los seres humanos son compradas y vendidas diariamente. Nuestro futuro compartido ha sido vendido para beneficiar a las corporaciones que contaminan nuestra atmósfera y aceleran el cambio del clima que compartimos. La iglesia debe mantenerse fuerte y rechazar los cálculos desalmados de las ganancias.

Nuestra dignidad—y ciertamente la dignidad de la Creación misma—está en la imagen de Dios. Porque el Hijo de Dios, Jesucristo, se encarnó en la Virgen María, sabemos que la imagen de Dios no se encuentra solo en la fuerza sino también en la debilidad y la vulnerabilidad. Porque Jesús murió en la cruz, derramando su sangre, sabemos que nos hizo a todos—sin importar el género, la etnia, la raza, la religión, la capacidad o cualquier característica humana—libres e iguales. Por lo tanto debemos luchar por preservar la dignidad de cada uno de los seres humanos con los que nos encontramos. La Reforma aún no ha terminado. La iglesia aún necesita ser purificada y alineada con el regalo de Dios en Cristo Jesús.

Preguntas

¿En su comunidad hay refugiados? ¿De qué manera el gobierno o las agencias eclesiales responden a sus necesidades?

¿Qué significa para usted que el presidente de la comunión luterana mundial sea un refugiado?

La primera misión de la Federación Luterana Mundial fue cuidar de los refugiados afectados por las guerras en Europa. ¿Qué implicancias tiene esto para su comprensión de nuestra misión conjunta por el bien del mundo?

Liderazgos capaces de dar forma a los llamados que Dios nos hace

Gustavo Driau

Entre los años 2010 y 2013, el Programa Sustentabilidad de América Latina y el Caribe ha acompañado a varias iglesias luteranas de América Latina y el Caribe que solicitaron apoyo para sus propios procesos de sustentabilidad organizacional. En ese tiempo se realizaron alrededor de cuarenta experiencias de acompañamiento, entre las que se cuentan talleres, encuentros, reuniones grupales, reuniones individuales, elaboración de informes, elaboración de materiales, sistematizaciones de experiencias, etc.[1]

Este documento está basado en gran parte en la presentación hecha en el Encuentro/Seminario de Referentes en Gestión y Liderazgo en Iglesias Sustentables, que se realizó en agosto de 2014 en San Leopoldo, organizado conjuntamente por el Programa de Sustentabilidad de la FLM para América Latina y el Caribe y el Instituto de Sustentabilidad en América Latina y el Caribe.

Modelos y transformaciones

Permítanme empezar con una pregunta, ¿por qué algunas organizaciones, iglesias y comunidades de fe son capaces de sobreponerse a los desafíos del contexto y logran seguir adelante con su misión, en tanto que otras fallan en su respuesta a los cambios y ponen en riesgo su viabilidad?

Las iglesias y sus organizaciones eclesiales cuentan con liderazgos experimentados, tienen compañeros de camino que les asesoran y también reciben apoyo de organizaciones e iglesias hermanas. Aun así muchas

[1] En **http://issuu.com/programasustentabilidad/stacks.**

entran en períodos de deterioro y crisis. Vemos cómo algunas son capaces de recomponerse, mientras otras difícilmente se recuperan.

Uno de los componentes cruciales para poder dar respuesta a los cambios que demandan los contextos es la capacidad de percibir los problemas. Los contextos son cambiantes, inciertos, complejos, interconectados y diversos. Por ello los cambios que los contextos demandan requieren capacidad de discernir; como lo expresa el documento *Misión en Contexto* de la FLM, 2004.

> Para los efectos de una misión contextual e integral eficaz, la iglesia se ve desafiada a discernir y analizar los contextos locales y nacionales, teniendo presente el impacto que los factores mundiales y regionales ejercen sobre estos contextos locales.[2]

Es necesario, entonces, comprender, tomar nota e interpretar los cambios del contexto con el propósito de generar respuestas enfocadas a la misión contextual.

A la luz de los procesos de sustentabilidad de las iglesias, nos preguntamos si somos un liderazgo capaz de percibir los desafíos de los contextos o por el contrario, nuestros paradigmas, modelos mentales y juicios previos impiden o demoran la percepción y las posteriores acciones necesarias.

La grandeza de lo que nos rodea es inconmensurable tal como expresan los Salmos (es decir Sal 8, 96, 144), y los seres humanos tenemos una limitada capacidad de procesamiento de los datos que nos llegan desde el contexto. No podemos conocer todo, no podemos percibir todo y para poder darle un sentido a nuestro mundo necesitamos representaciones más simples de esa realidad. Esas representaciones simplificadas son lo que algunos llaman «modelos mentales»; son supuestos e imágenes muy arraigadas, que influyen en nuestra manera de entender el mundo y de tomar decisiones.

Esta representación de la realidad funciona como una retina que nos ayuda a ver ciertos datos de la realidad, pero que nos impide percibir otros.

Dadas nuestras limitaciones para percibir y procesar todo cuanto acontece a nuestro alrededor, estas representaciones nos permiten, a las personas y a las organizaciones, dar sentido al contexto (comprenderlo), lo que permite luego definir cómo actuar en ese entorno específico. Es así que algunas de estas «retinas» o modelos mentales nos ayudan a discernir, a lograr una visión panorámica y comprender nuestro contexto, mientras que otras lo impiden.

Una primera tarea al reflexionar sobre el liderazgo en iglesias sustentables es tomar conciencia crítica de esas retinas con las que leemos la realidad, y advertir que portamos determinados modelos mentales.

---

[2] *Misión en Contexto. Transformación, Reconciliación, Empoderamiento. Una contribución de la FLM a la comprensión y la práctica de la misión. FLM.* 2006, **https://www.lutheranworld.org/sites/default/files/dmd-mission-low-s.pdf**, 10.

Ciertamente, si percibimos que portamos una determinada retina para leer la realidad, podríamos elegir cambiarla.

En la experiencia bíblica del Pueblo de Dios los cambios se inician con una visión alentada por Dios. Moisés en su camino hacia la tierra prometida, Pablo en su tarea misionera y el mismo Jesús son guiados por visiones y estímulos no meramente humanos sino inspirados por Dios.

Tal como fue expresado en 2007:

> El sustento básico de la iglesia se asegura en la acción redentora y en la continuada acción creadora de Dios en el tiempo. Es a partir de esta confianza que hombres y mujeres de todas las edades se atreven a asumir su propio papel y responsabilidad en los diversos aspectos de la vida de la iglesia, respondiendo de esta forma al llamado de Dios de constituirse en nueva comunidad (Bautismo), de edificarla, y de participar como tal en la misión de Dios, ofreciendo sus propios dones para su obra.[3]

Como seres humanos nos encontramos ante la paradoja de ser simultáneamente totalmente dependientes y totalmente responsables. A veces solemos desentendernos de nuestra responsabilidad para que Dios haga todo por nosotros, y por lo tanto no tomar acción. En otras ocasiones tendemos a olvidar nuestra dependencia y asumir la responsabilidad alejándonos de Dios.

La acción de la iglesia cuando contribuye con la Misión de Dios está atravesada por la paradoja de enfatizar tanto nuestra dependencia humana de Dios y nuestra responsabilidad humana de ser implementadores de la tarea.

Los procesos de transformación, empoderamiento y reconciliación son experiencias vitales tanto en lo individual como también en la iglesia y en la sociedad. Es Dios quien inicia una visión para el cambio y quien dirige y empodera los procesos de transformación.

La Gracia de Dios, que faculta los procesos de transformación, empoderamiento y reconciliación es una Gracia común a todos, y no se limita solo a la iglesia. Al mismo tiempo, como personas bautizadas, también se nos ha dado la responsabilidad de ser mayordomos e implementadores de esas transformaciones. A lo largo de la Biblia, Dios a menudo encomienda a personas la tarea de lograr transformaciones que a veces llevan toda una vida o que requieren una o varias generaciones. La transformación, el empoderamiento y la reconciliación no son acontecimientos instantáneos, sino que suelen ser procesos largos y costosos.

---

[3] *Con Confianza en el Porvenir*, Documento preliminar del Programa de Sustentabilidad, COL 2007. Ver **www.est.edu.br/sustentabilidad/pdfs/Con-confianza-en-el-porvenir-extenso.pdf https://sustentabilidad.files.wordpress.com/2010/08/trusting-in-the-future-eng.doc**

Contextos

Las iglesias se asientan en un territorio y en sociedades que son cambiantes e incluyen mudanzas en la vida social, en la cultura, la economía, las ciencias, la política y también en las dimensiones de la fe y la espiritualidad. Habitamos una sociedad planetaria con escasa solidaridad con los sectores más pobres, quienes sufren explotación, opresión y guerra y peor aún, exclusión. Personas y grupos sociales enteros son considerados como desechables, descartables, no ciudadanos.

Estamos inmersos en un sistema mundial donde predomina el interés extremo de las finanzas y de los mercados, en tanto la vida humana, la justicia, la dignidad y los derechos difícilmente tienen cabida como temas prioritarios en la agenda mundial, donde las preguntas sobre el sentido de la vida humana encuentran poco o ningún espacio.

Habitamos en medio del abuso de la cultura de la inmediatez, del entretenimiento y del ocio desmedido que buscan ocupar todos los espacios de vida de las personas. Una cultura de lo exitoso y lo triunfante, aunque sea por medio de la corrupción y el delito, que exalta el prestigio, el poder y la figuración social. Predomina un individualismo que debilita los vínculos comunitarios, en tanto que en las ciudades conviven múltiples formas, valores y estilos de vida que no se relacionan entre sí. La urbanización y las migraciones producto de la pobreza generan la destrucción de la identidad, la solidaridad y las relaciones saludables.

Pero ante estos desafíos **Dios está en Misión**:

> Este Dios en misión, quien crea y sostiene el universo y, a la vez, se hace vulnerable en manos de su propia creación, es un Dios Trino. La Trinidad expresa a este «Dios en misión» como un Dios que siempre existe para otros/as; esto es, para la humanidad, el mundo y la creación entera.[4]

Ante estos desafíos **Dios no está quieto**:

> El Espíritu Santo transforma las palabras humanas que proclaman las Buenas Nuevas, el agua del bautismo, el pan y el vino de la eucaristía en signos de la presencia de Cristo en la iglesia, empoderando a la iglesia para la misión de Dios. El Espíritu Santo capacita a los/as cristianos/as y a la iglesia toda con una diversidad de dones (1 Corintios 12, Romanos 12, Efesios 4). Dotados/as de estos dones espirituales (carismas), se encuentran en condiciones de proclamar el Evangelio y compartir la vida descrita por el Evangelio con todos los pueblos en todos los lugares. Todos los dones del Espíritu –predicar, enseñar, sanar, profetizar, administrar, y otros dones dados a

[4] Op. cit. (nota 2), 24.

> mujeres y hombres— tienen la intención de fortalecer a las comunidades del pueblo de Dios reunido, las congregaciones, para el crecimiento interior y la misión integral.[5]

> A través del bautismo, las personas son incorporadas en el nuevo pacto del pueblo de Dios y son transformadas y empoderadas por los dones del Espíritu (los carismas) como instrumentos del propósito amoroso de Dios para toda la Creación. Con este énfasis, Lutero entrelaza con mucha fuerza su teología del Sacerdocio Universal de todos los y las Creyentes con la «missio Dei», la misión de Dios, tal como se expresa particularmente en la obra y los méritos de Cristo. A través del Bautismo y por medio de los dones del Espíritu, cada persona participa en aquella misión que toma su origen en Dios y se encarna en el mundo en Cristo.[6]

Una de las formas de contribuir a la Misión de Dios que se proponen las iglesias, es mejorar la sustentabilidad de sus comunidades de fe e iglesias. Esto lleva consigo la necesidad de contar con liderazgos capaces de percibir los desafíos del contexto dejando de lado las retinas que obstruyen y restringen nuestra visión. El llamado que Dios nos hace requiere de liderazgos capaces de prever futuros escenarios, analizar problemas y posibilidades de largo y mediano plazo, conectar redes, desarrollar recursos y facilitar procesos y no sólo lidiar con los problemas del día a día.

Los contextos cambiantes ponen a las comunidades e iglesias frente a nuevos problemas transversales y complejos. En este contexto, el liderazgo no puede evolucionar si los individuos o segmentos de la organización funcionan como si fueran silos, es decir, espacios cerrados sólo conectados consigo mismos. El liderazgo sustentable se desarrolla identificando, visibilizando y conectando los diferentes sectores y los niveles de las iglesias y sus organizaciones. Existe una incompatibilidad evidente entre el concepto de iglesia como cuerpo de Cristo (como expresa Pablo en 1º Corintios 12) y el desarrollo de liderazgo basado en individuos, segmentos o grupos como si fueran silos.

El término silo es una metáfora que sugiere una similitud con los contenedores de grano, que separan un tipo de grano de otro y del ambiente externo. Hay partes de la iglesia que hacen todo lo posible por permanecer separadas, apartadas y aisladas. En una organización que sufre del síndrome del silo, cada parte interactúa principalmente dentro de ese silo, y no con otros grupos de la misma organización o con el ambiente exterior, o su contexto.

El síndrome del silo imposibilita que las relaciones entre congregaciones, distritos, sínodos, programas, proyectos y la sociedad civil, etc. generen crecimiento saludable en la iglesia. Sin embargo, este es uno de

---

[5] Ibíd., 27.

[6] **https://americalatinacaribe.lutheranworld.org/sites/default/files/documents/bautismo_sacerdocio_universal_y_ministerio_ordenado-junge-2008.pdf**

los modelos mentales que sobrellevamos: las partes están aisladas y cada una de ellas se siente más importante que el todo.

Otro de los modelos mentales con los que cargamos es aquel que considera que el liderazgo se compone de los rasgos individuales de una persona en particular, o de las características de una función específica. Se trata de una retina que al pensar en liderazgo piensa en líderes individuales. Implica una idea de liderazgo que involucra a una persona que asume la dirección y coordinación de una actividad o ministerio de la iglesia y que ha sido designado para ese cargo por una persona o grupo. Esta persona cuenta con la aprobación de la iglesia, pero solo hasta que comienzan los problemas; entonces su trabajo es criticado y se inicia la competencia y el deseo de poder.

Ser iglesia en el desafiante contexto actual exige un liderazgo conjunto, un involucramiento asociativo y una tarea colaborativa con compromiso y participación de todos los grupos o partes que constituyen la iglesia y que contribuyen en procesos de transformación en los que se comparten la visión, la misión y los valores.

El liderazgo en iglesias sustentables es un conjunto de procesos que movilizan la acción de muchas personas hacia el logro de objetivos en cumplimiento del llamado que Dios hace en ese contexto. El liderazgo es, entonces, un proceso dinámico e interactivo que tiene lugar dentro de un grupo, de una organización o de una red de organizaciones. Por lo tanto es un liderazgo consciente de la amplia realidad de interrelaciones, perspectivas, límites, ánimos, desánimos, colaboraciones y conflictos en medio de los cuales es necesario trabajar.

El liderazgo de iglesias sustentables es un liderazgo principalmente conjunto y colectivo, con un repertorio de habilidades capaz de animar, ayudar y organizar, facilitar procesos, movilizar miembros bautizados y gestionar redes dentro y fuera de la iglesia.

En términos de sustentabilidad en la iglesia cuando pensamos en liderazgo, entonces, no lo hacemos exclusivamente en cuanto a individuos sino en términos de la efectividad del conjunto del liderazgo; es decir, prestando atención al desarrollo de grupos, equipos, cuerpos y colectivos; pensando en todos los bautizados que son parte de esa comunidad (sea congregación, parroquia, iglesia, o comunión mundial).

Existe una indudable necesidad de ayudar a los líderes o potenciales líderes a desarrollar sus capacidades, pero existe un peligro real de definir la formación de líderes exclusiva o principalmente como el desarrollo de aptitudes individuales. En el área de la sustentabilidad organizacional se hace necesario pensar en el desarrollo de las capacidades de liderazgo en los equipos de trabajo, en los consejos directivos, directorios, juntas, cuerpos pastorales y ministeriales, etc.

Jesús y los liderazgos

De modo que pensar en términos de desarrollo de liderazgo para una iglesia sustentable es mucho más amplio que pensar en la formación de ministros o de líderes. El liderazgo como un proceso en la vida de una comunidad implica compartir las responsabilidades y las decisiones y fomentar el compromiso entre los miembros bautizados.

La concepción de liderazgo jerárquico genera una estructura de cargos. Así es como el/la anciano/a, el/a obispo, el/la pastor/a, son títulos que constituyen cargos eclesiásticos. Sin embargo la visión que surge del texto del Nuevo Testamento tiene un enfoque funcional. La autoridad surge del Espíritu Santo y de los dones, de la madurez espiritual y del servicio de cada miembro. El liderazgo sustentable se enfoca en las funciones y no en los cargos, se orienta hacia las tareas y no a los títulos o responsabilidades. El acento está puesto en las actividades tales como catequizar, pastorear, predicar; y no en el cargo de catequista, pastor, predicador. La concepción de liderazgo jerárquico se basa en los sustantivos, en tanto que el liderazgo sustentable como función se sustenta en los verbos.

Después de que los discípulos Santiago y Juan le pidieron que les concediera los asientos más importantes al lado de su trono, Jesús respondió, «pero entre ustedes no será así».

> «Pero Jesús los llamó y les dijo: Como ustedes saben, entre los paganos los jefes gobiernan con tiranía a sus súbditos y los grandes hacen sentir su autoridad sobre ellos. Pero entre ustedes no debe ser así. Al contrario, el que entre ustedes quiera ser grande, deberá servir a los demás; y el que entre ustedes quiera ser el primero, deberá ser su esclavo. Porque, del mismo modo, el Hijo del hombre no vino para que le sirvan, sino para servir y para dar su vida en rescate por una multitud» (Mt 20:25-28).

> «Jesús les dijo: entre los paganos, los reyes gobiernan con tiranía a sus súbditos, y a los jefes se les da el título de benefactores. Pero ustedes no deben ser así. Al contrario, el más importante entre ustedes tiene que hacerse como el más joven y el que manda tiene que hacerse como el que sirve. Pues ¿quién es más importante, el que se sienta a la mesa a comer o el que sirve? ¿Acaso no lo es el que se sienta a la mesa? En cambio yo estoy entre ustedes como el que sirve» (Lc 22:25-27).

Las palabras de Jesús cuestionan no solo a los líderes de las naciones como tales, sino a la forma jerárquica de liderazgo en aquel contexto. Jesús reprobaba el liderazgo constituido a partir del poder y el ejercicio de autoridad desde arriba hacia abajo.

«Pero ustedes no deben ser así» subraya la responsabilidad de la comunidad.

La comunidad de fieles, la iglesia, está llamada a organizarse a sí misma. Hay una expresión que aparece muchas veces en el Nuevo Testamento: unos a otros. «Amaos unos a otros», «soportaos unos a otros», «orad unos por otros», «perdonaos unos a otros», «sobrellevándoos unos con otros». Esta expresión, unos a otros, es una imagen del Dios Trino, y es la imagen que Jesús usó para la constitución de la iglesia. La imagen que Jesús nos ha dejado acerca del modo de ejercer el liderazgo es de un relacionamiento mutuo, recíproco y de interdependencia de unos a otros.

El liderazgo en las iglesias sustentables yace en cada miembro bautizado de la iglesia, y no sobre una persona o un grupo diferenciado. El liderazgo en iglesias sustentables se apoya en una relación de mutualidad, de compañerismo, de participación, de pertenencia, de cumplimiento, de autoridad, de celebración y en la mutualidad de dar y recibir.

El liderazgo en iglesias sustentables implica que laicos, ministros, mujeres, jóvenes, adultos mayores, los que portan un solo talento y los que tienen muchos talentos, se relacionan unos con otros y comparten mutuamente y cooperan en las tareas que nunca serán perfectas. Logran acuerdos, planifican, realizan actividades conjuntas, se rinden cuentas mutuamente y celebran juntas, unos con otras.

Liderazgos dentro del marco del Programa de Sustentabilidad en América Latina y el Caribe

El liderazgo es una dimensión del desarrollo y la sustentabilidad de las iglesias que necesita mayor reflexión e investigación bíblica, teológica y organizacional. Mientras tanto, dentro del marco del Programa de Sustentabilidad en América Latina y el Caribe hemos identificado, de manera práctica, algunos de los atributos o características del liderazgo que contribuyen fuertemente a la sustentabilidad de las iglesias. Actualmente, lo que estamos en condiciones de comunicar es, básicamente, un conocimiento empírico, basado en nuestra experiencia durante los años 2010-2013 junto con aquellas iglesias luteranas de América Latina y el Caribe que pidieron algún tipo de acompañamiento como parte del Programa de Sustentabilidad en América Latina y el Caribe.

Aptitudes y capacidades

Dentro del marco del Programa de Sustentabilidad hemos podido identificar algunas características de los modos en que los liderazgos contribuyen a los procesos de sustentabilidad de las iglesias. Las hemos puesto en dos grupos:

- Aptitudes: una cierta inclinación, tendencia o predisposición espiritual y mental para ver, percibir, distinguir y relacionar diversos aspectos que hacen a la sustentabilidad organizacional de la iglesia propia.

- Capacidades: recursos con que cuentan las personas y la iglesia para llevar a cabo una tarea y para realizar algunas actividades.

Aptitudes

El liderazgo en iglesias que han experimentado procesos de transformación y de desarrollo de su sustentabilidad organizacional cuenta con una cierta habilidad, predisposición, inclinación y una cualidad proactiva en ciertos aspectos. Es capaz de

- **Interpretar y reflexionar sobre sus contextos (tanto los lejanos como los cercanos).** Esta forma de liderazgo no teme reflexionar y reconocer el contexto cambiante en el que hay una complejidad en aumento y una interdependencia entre los actores y los conflictos; reflexiona sobre estos desafíos junto con los otros, y no solo en contextos más amplios (y lejanos) sino también en los contextos locales y más cercanos, los de su propio vecindario y su comunidad de fe, por ejemplo, la vida congregacional. Lo opuesto a la aptitud para leer el contexto es bajar la vista, curvarse sobre sí mismo o sí misma, encerrarse como en un silo. La aptitud para leer el contexto contribuye a entender el llamado que Dios nos hace hoy y aquí, visualiza y analiza la situación de las comunidades frente a los desafíos de la realidad.

- **Discernir desde la conciencia de su identidad.** Esta forma de liderazgo busca discernir su contexto desde su identidad confesional, ecuménica, cultural y contribuye así a compartir la visión y los valores que mantienen la cohesión de las organizaciones y les da un sentido de dirección y discernimiento. Ubicará su identidad en el contexto con integridad moral e inspirará modelos sólidos y confiables en la organización. Piensa críticamente para reflexionar sobre su identidad con la conciencia del papel que desempeña en el presente y busca entender con claridad la contribución que la iglesia pueda hacer a la misión de Dios.

- **Contar con un sentido de continuidad a largo plazo y un sentido holístico del cuerpo eclesial.** Esta forma de liderazgo genera una visión a largo plazo y un sentido de continuidad. Considera el proceso histórico que ha vivido su comunidad de fe, su iglesia y la comunión (el pasado) y al mismo tiempo piensa en el largo plazo (el futuro). No queda atrapada en el día a día. Se puede caracterizar por tener un horizonte a largo plazo, un propósito en común, procesos de descentralización y la delegación de responsabilidades a los sucesores.

No piensa solo en los individuos o los grupos (mi congregación, mi trabajo pastoral, los ministerios) sino que alienta la esperanza de tener un impacto en el cuerpo de la iglesia. No piensa solo en las partes constitutivas de la iglesia sino también en el conjunto de la iglesia. Permite que los individuos trabajen juntos, intercambien información, combinen conocimientos y habilidades y tomen decisiones como un equipo para poder enfrentar desafíos estratégicos de trabajo y poder construir una resiliencia organizacional y mejorar la sustentabilidad. Se enfoca en el desarrollo de liderazgo de modo transversal en toda la iglesia (no solo en líderes ordenados/as o trabajadores/as asalariados/as), buscando desarrollar habilidades (entrenamiento y enseñanza) mutuas y recíprocas (unos con otros) Es consciente de que enfocar las transformaciones desde lo colectivo (el cuerpo según 1º Corintios 12) convierte los esfuerzos y los cambios en perdurables.

Estas capacidades funcionan como una tendencia, un conjunto de ideas y actitudes generalmente basadas en experiencias previas que los individuos traen a una situación para poder interpretarla. Son las retinas utilizadas por los liderazgos para dar significado a su situación.

Capacidades

Se destacan tres capacidades significativas que han sido identificadas por sus implicancias en el campo de la misión en contexto. Cuando están presentes en el liderazgo de las iglesias y actúan sinérgicamente generan adelantos manifiestos o saltos cualitativos. Son las capacidades para

- **Desarrollar conectividad, gestionar redes y facilitar procesos.** Implica identificar otros actores con objetivos similares, el diálogo y una colaboración efectiva para unir a las personas, mayormente sobre una base temporaria, para conseguir objetivos comunes; trabajar en relación con los trabajos en red y los sistemas en la comunidad luterana, el ecumenismo y la sociedad civil local y mundial.

  El liderazgo que es capaz de conectarse con otros es consciente de que las organizaciones sustentables están construidas con base en la colaboración en alianzas y redes y requiere de una visión formada y pensada por muchos actores, partidos y grupos de interés. Es capaz de ver la relación entre las partes del sistema y los subsistemas y cómo combinan para crear un sentido de pertenencia emergente de la totalidad. Facilita los procesos participativos que son instructivos, aumentan la comprensión y estimulan el empoderamiento. El desarrollo de la capacidad para trabajar con otros implica tomar conciencia del concepto de la misión de Dios y ponerla en práctica.

- **Trabajar con creatividad e iniciativa.** La creatividad e innovación se entienden como la capacidad de encontrar formas innovadoras y originales de resolver problemas, utilizando los dones y talentos, sabiduría, valor y prudencia que Dios nos ha dado para encontrar respuestas de una manera diferente. Un liderazgo creativo e innovador reformula la sustentabilidad de los servicios que la iglesia está llamada a dar: *diaconía, liturgia, kerygma.*

  Esta clase de liderazgo estimula el desarrollo de las capacidades y el pensamiento nuevo no solo en grupos con líderes tradicionales y ordenados sino también en equipos de liderazgo y entre los/as empleados/as. Toma iniciativas en la gestión local y al mismo tiempo, iniciativas para desarrollar sistemas que refuercen la sustentabilidad organizacional. Es capaz de mantener presente el cambio y se arriesga a tomar iniciativas y utilizar plenamente los recursos disponibles. Esta clase de liderazgo es capaz de adaptarse y ser resiliente.

- **Planificar, cumplir lo planificado y rendir cuentas.** Es importante anticipar qué necesidades atender y cómo llevarlo a cabo para poder cumplir con los objetivos fijados. La planificación estratégica y participativa, la producción de un plan de trabajo anual, el monitoreo, el seguimiento y la evaluación brindan orientación y multiplican los dones, habilidades y capacidades en las comunidades de fe, crean niveles más altos de participación, utilizan los recursos que son escasos de un mejor modo y dan lugar al seguimiento para que los planes tengan éxito. Por medio de la planificación, se tienen en cuenta tanto los factores internos como los externos que puedan afectar la concreción de los objetivos deseados. Los planes se implementan de forma realista y establecen metas sucesivas a corto plazo.

  Este tipo de liderazgo sabe que rendir cuentas significa la obligación de informar, justificar y responsabilizarse por el uso de los recursos dispuestos y por las decisiones y acciones que hayan tenido efectos tanto positivos como negativos.

  La rendición de cuentas implica la idea de responsabilidad, transparencia, legalidad, control de presupuesto y auditoría.

Síntesis

Dentro del marco del Programa de Sustentabilidad en América Latina y el Caribe hemos identificado, si bien solo de manera práctica, algunos de los atributos o características del liderazgo que contribuyen fuertemente a la sustentabilidad de las iglesias. Como resultado de este proceso, los hemos clasificado como (a) aptitudes, por ejemplo, una cierta retina que permite a las personas distinguir; y (b) capacidades o habilidades. Aunque está basado en la experiencia de América Latina y el Caribe creemos que estas mismas capacidades y habilidades desempeñan un papel crucial en otros contextos.

Las capacidades de liderazgo que contribuyen a la sustentabilidad de las iglesias incluyen recursos y actitudes para desempeñar las tareas necesarias en la gestión de las comunidades y organizaciones eclesiales. Las habilidades necesarias son muchas y variadas; sin embargo, tres de ellas desempeñan un papel crucial: la habilidad para desarrollar conectividad, manejar las redes y facilitar los procesos; trabajar de una forma creativa e innovadora; planificar, llevar a cabo los planes y rendir cuentas de las acciones. Las tres destacadas en este análisis son las que juntas configuran un salto de calidad significativo.

Presuponen ciertas aptitudes; hemos señalado tres: la capacidad de leer el contexto propio (tanto inmediato como más lejano) y reflexionar sobre él; discernir sobre la concientización de la identidad propia; tener un sentido de continuidad a largo plazo y un sentido de cuerpo eclesial completo.

Como fue mencionado anteriormente, las experiencias que hemos analizado solo nos permiten construir una lista de aprendizajes prácticos; es decir, un conocimiento basado en la experiencia y la práctica y por lo tanto en la percepción. No está basado en una investigación académica y será necesario realizar una mayor investigación para poder analizar las características de liderazgo en las iglesias involucradas en los procesos de sustentabilidad en América Latina y el Caribe.

El próximo objetivo de mediano plazo sería que las iglesias mismas pudieran considerar esas características como necesarias para desarrollar el liderazgo en sus organizaciones y contribuir a su sustentabilidad. Esto significa que las universidades, los centros de estudio y los seminarios que capacitan a los líderes eclesiales deben incluir cursos sobre estos aspectos del liderazgo y dirección en su currícula y programas.

Preguntas

¿Cómo describiría el papel del liderazgo de la iglesia en su contexto?

¿Cómo debería el laicado apoyar el liderazgo participativo en la iglesia? ¿Qué clase de capacidades y aptitudes deben tener con ese fin?

Según la concepción luterana, ¿por qué es importante tener una estructura dirigente en la iglesia que sea sinodal e incluya al laicado?

La convivencialidad: Un valor esencial para la diaconía

Ulla Siirto

Introducción

La globalización y el principio de la maximización de la ganancia constituyen un desafío mundial al que la iglesia luterana en todo el mundo está tratando de responder. A un nivel vivencial, todo—incluidos los seres humanos—parece estar a la venta. ¿Cómo podemos protestar contra esta cruda realidad?

Desde el principio la iglesia luterana ha sido una iglesia protestante. En otras palabras, la iglesia luterana es una que no se conforma con el «orden» establecido en un mundo defendido por los agentes del orden respectivo, que ordenan verbalmente o, si no es suficiente, a través del uso de la fuerza.

«Protestante» no implica solamente oponerse. Proviene del latín «protestare», que significa «dar testimonio a favor de algo o alguien». El Nuevo Testamento es un testimonio del amor de Dios por las personas que se manifiesta en las palabras de Jesucristo y sus acciones. En gran medida las obras de Cristo son obras de compasión. Todo su ser puede ser entendido en términos de *kenosis*; Cristo deja el Cielo para compartir, a partir de su misericordia, la existencia terrenal de las personas. Se vuelve un ser humano con todo lo que eso implica (Fil 2). En su resurrección empodera a las personas para una nueva existencia y relaciones renovadas con sus prójimos.

«La convivencialidad» es un concepto diaconal que expresa esta nueva forma cristiana y evangélica de vida. A continuación resumiré algunos aspectos de la convivencialidad, como son entendidos por las investigaciones hechas por la actual ciencia social y diaconal.

El proceso de la diaconía desde diferentes realidades

Los actores diaconales en toda Europa se están preparando para el 500 Aniversario de la Reforma. En un proceso participativo facilitado por la Federación Luterana Mundial, un grupo de trabajadores diaconales, el Grupo de la solidaridad, reflexionó sobre un trabajo diaconal en el cambiante contexto europeo bajo el lema «En busca de la convivencialidad, reforma de la diaconía comunitaria en Europa».[1]

Al mapear el cambiante contexto europeo, el Grupo de solidaridad reconoció que varios cambios sociales, económicos y políticos se han vuelto muy globalizados y por lo tanto, de una u otra manera, afectan a todos los países europeos. Algunos de estos cambios, por ejemplo, llevaron a países enteros al borde de la bancarrota, crearon nuevas corrientes de migración y derivaron en crecientes desigualdades en los ingresos. Al mismo tiempo, las comunidades locales y muchos vecindarios se convirtieron en los hogares de personas de contextos culturales muy diferentes.

Las historias de contextos de trabajo diferentes, lecturas contextuales y otras investigaciones posibilitaron al grupo de la solidaridad a ver las realidades cambiantes en Europa y desafiaron al grupo a la tarea de observar desde diferentes perspectivas. Primero, el grupo identificó los cambios económicos, sociales y políticos y aun las crisis como desafíos contextuales que afectan las vidas de las personas. Segundo, el grupo notó que tanto las personas mayores como las jóvenes eran quienes pagaban el precio más alto por estos cambios. Tercero, el grupo reconoció el impacto de la migración mundial y el hecho de que algunas personas se veían obligadas a padecer condiciones extremas. Y por último, pero no menos importante, crece el número de personas que son excluidas y se mantienen «ocultas» del flujo social y de las organizaciones que ofrecen apoyo social.

Después de examinar los diferentes contextos analíticamente y con más profundidad, el grupo de la solidaridad identificó algunos temas comunes visibles en diferentes realidades, de los cuales eligió cuatro temas esenciales: la vocación, la justicia, la dignidad y la convivencialidad. A la luz de ellos comenzó a estudiar la diaconía en una sociedad cambiante y en diferentes comunidades. Los primeros tres temas están conectados muchas veces a la diaconía, pero el último brinda una nueva perspectiva para ver la esencia de la diaconía. En inglés, el nombre de este tema es *conviviality*, cuyo significado es cercano a la palabra en español, *convivencialidad* y en alemán, *Konvivenz*.

---

[1] Tony Addy (ed.), *Seeking Conviviality–Reforming Community Diakonia in Europe* (Ginebra: Federación Luterana Mundial, 2013), en **www.lutheranworld.org/sites/default/files/DMD-Seeking_Conviviality_Diakonia_Europe.pdf**

La convivencialidad fue mencionada en primer lugar por Ivan Illich en su libro, *Tools for Conviviality [Herramientas para la convivencialidad].*[2] Illich destaca que el concepto describe la comunicación autónoma y creativa entre las personas y entre las personas y su medio ambiente. El grupo de la solidaridad desarrolló el concepto de alidad definiéndolo como el arte y la práctica de vivir juntos en solidaridad. El arte y la práctica de vivir juntos ha creado un nuevo desafío, especialmente a la luz del aumento de comunidades diversas.

De la hospitalidad a la convivencialidad

Mientras que el concepto de la hospitalidad ha sido mencionado repetidamente en las conversaciones sobre los extranjeros y la inmigración, también podemos entenderlo en relación con todas las relaciones con el «otro» —con las personas que son «extrañas» o «diferentes». Por ejemplo, la forma en la que entendemos la convivencialidad nos desafía en el uso del concepto de hospitalidad en el contexto de la migración. La hospitalidad desempeña un papel importante en la tradición bíblica y de acuerdo con ella los huéspedes o los extranjeros deben ser tratados mejor que nuestra propia gente o representantes familiares (por ejemplo, Gn 18–19; Hb 13:2). El concepto también nos da una base para entender la forma en que tratamos a otras personas.

En 1997, el filósofo Jacques Derrida, también un inmigrante, escribió sobre la hospitalidad en *De l'Hospitalité* (publicado en inglés en 2000, bajo el título *Of Hospitality,* y en español como *La hospitalidad).*[3] Para Derrida el concepto de hospitalidad es problemático. Dice por un lado, que una vez que los huéspedes han sido integrados al punto de volverse similares a la población dejan de ser huéspedes y desaparece la hospitalidad. Por otro lado, la hospitalidad también desaparece donde la población «nativa» no pone condiciones a los nuevos integrantes y los dejan vivir sus vidas como quieran.

El concepto de hospitalidad tiene otra connotación problemática. Incluye la presunción de que el invitado está solamente de visita y se irá algún día a otro lugar. Pero, ¿qué pasa cuando el invitado llegó para quedarse?

---

[2] Ivan Illich, *Tools for Conviviality* (Nueva York: Harper & Row, 1973).

[3] Jacques Derrida, Anne Dufourmantelle, *De l'hospitalité:Anne Dufourmantelle invite Jacques Derrida à répondre* © 1997 by Calmann-Lévy. *Of Hospitality,* trad. al inglés Rachel Bowlby (Stanford: Standford University Press, 2000), en **www.clas.ufl.edu/users/burt/shipwreck/derridahospitality.pdf.** Jacques Derrida, Anne Dufourmantelle *La Hospitalidad* (Buenos Aires: Ediciones de la Flor, 2006).

¿No se convertirá en co residente? En este caso, ¿la hospitalidad es aún un concepto válido?

En cambio, el concepto de convivencialidad implica que de una forma u otra todas las comunidades son diversas y los residentes deben aprender el arte y la práctica de vivir juntos respetando las diferencias de cada uno. En una sociedad que convive, las personas no solo deben tolerar sino aceptar las diferencias y respetarse mutuamente. La vida compartida diariamente nos permite aprender unos de otros y al exponer nuestra identidad a la de los otros podemos construir relaciones mutuas con quienes son diferentes a nosotros.[4]

Algunos estudios han mostrado que a las personas les gusta estar con quienes se parecen a ellas. Esto es evidente en la segregación de los vecindarios, la formación de amistades y en la manera en la que las personas pasan su tiempo libre. No obstante, el arte de vivir juntos requiere de un proceso consciente de aprendizaje. Los miembros de una comunidad deben trascender las barreras que se construyeron entre personas y visiones diferentes. A menudo esto incluye dejar nuestras propias zonas de confort.

La noción de que hay personas que son demasiado diferentes para vivir juntas también necesita cuestionarse. En las sociedades cambiantes de hoy, se debe aprender el arte y la práctica de vivir juntos. Las personas no pueden continuar levantando barreras; hemos visto que esto es una receta para el desastre. La convivencialidad es parte de la esencia de cada ser humano. Todas las personas están creadas en la completa diversidad de la propia imagen de Dios y al conocerse y actuar juntas, se unen a la obra creativa de Dios. Sin embargo, el arte y la práctica de vivir juntos requiere de la curiosidad y la voluntad de aprender el uno del otro. Las investigaciones han demostrado que las comunidades en las que se vive uno al lado del otro generalmente son más tolerantes que aquellas que no tienen esta experiencia. Esto sugiere que la convivencialidad se aprende con el tiempo.[5]

La convivencialidad: vivir juntos en solidaridad

La palabra «solidaridad» agrega una perspectiva más al concepto de convivencialidad. La solidaridad implica compartir y renunciar a nuestro propio egoísmo. Sin embargo esto no es caridad. La caridad puede implicar

---

[4] Cf. Theo Sundermeier, «Konvivenz als Grundstruktur ökumenischer Existenz heute», en *Missionswissenschaftliche Forschungen*, Neue Folge 3 (1995).

[5] Cf. Madeleine Bunting, «If you don't think multiculturalism is working, look at your street corner», en *The Guardian*, 16 de marzo de 2014, en **http://timeli.info/item/1227726/The_Guardian_Comments/If_you_don_t_think_multiculturalism_is_working__look_at_your_street_corner___Madeleine_Bunting___...**

fácilmente una dimensión de control. La solidaridad implica un esfuerzo mutuo para crear un mejor ambiente para vivir juntos y por extensión, crear un mundo mejor. La solidaridad implica actividades conjuntas para el bien común. Presupone que todos tratamos de entender mejor nuestros propios motivos y anhelos tanto como los de los demás. Esos procesos conjuntos de aprendizaje pueden ayudar a identificar los conceptos compartidos y las diferencias que, a su vez, ayudarán a construir comunidad y sensibilizar acerca de los temas de actualidad.

En *Why Can't we Live Together?*,[6] Miles Hewstone, un profesor ganador de un premio en sicología social, quien ha estudiado sobre áreas de conflicto, distingue entre las posibilidades de encuentros y encuentros significativos. Cree que las posibilidades de encuentro no constituyen algo que se comparte. En cambio son los encuentros significativos los que importan ya que evitan el prejuicio y crean empatía. Conocer a una persona «diferente» ayudará a aumentar el entendimiento y la aceptación de aquellos que son diferentes.

Por su parte, Paul Gilroy sugiere que el concepto de convivencialidad aporta un nuevo aspecto a la discusión sobre la diversidad. Según Gilroy, la convivencialidad está asociada a los procesos de vida interactivos. Declara que muchos problemas pueden ser resueltos a través de encuentros mutuos que ayuden a crear una sensación de «semejanza». Cuando las personas se unen por una causa común pueden superar sus diferencias. Es posible identificar esta clase de causas o problemas comunes dentro de las comunidades locales, por ejemplo, cuando las personas comienzan a trabajar y luchar juntas para mejorar su situación.

Al mismo tiempo, es importante notar que la convivencialidad se relaciona con el ambiente y los sentimientos entre las personas.[7] Compartir y aprender juntos nos lleva inevitablemente a celebraciones conjuntas en las comunidades.

Diaconía de la convivencialidad

A medida que las sociedades cambian, las iglesias se ven nuevamente desafiadas y los problemas sociales se agudizan. El trabajo diaconal (y la

[6] **www.thersa.org/large-text/events/video/vision-videos/why-cant-we-live-together**

[7] Amanda Wise, «Hope and Belonging in a Multicultural Suburb», en, *Journal of Intercultural Studies* 26(1) (2005), 171–86. Amanda Wise & Selvaraj Velayutham, *Conviviality in everyday multiculturalism: Singapore and Sydney compared, European Journal of Cultural Studies* (2013), en **www.academia.edu/4391937/Conviviality_in_everyday_multiculturalism_Singapore_and_Sydney_compared**,

obra más amplia de las iglesias) debe estar abierto a las realidades sociales tales como la pobreza y la marginación que afectan a muchas personas y en algunos casos, a comunidades y regiones enteras. Los miembros de las iglesias deberían vivir como una iglesia en el medio de la gente y trabajar con ella para la concreción de cambios sociales.

El cambio puede implementarse en la iglesia diaconal que construye puentes entre las comunidades locales y las personas de formas de vida muy diferentes. Una iglesia diaconal puede crear el espacio y los procesos para el aprendizaje. Además puede comprometer a quienes no tienen trabajo a ser constructores de comunidad y a participar en trabajo voluntario comunitario. La iglesia diaconal está basada en la motivación, la asistencia y la participación que viene desde la experiencia, las relaciones y la fe.

El grupo de solidaridad notó que la reflexión y la acción diacónicas están basadas en los cuatro temas mencionados anteriormente: la vocación, la justicia, la dignidad y la convivencialidad. Por un lado, el llamado viene de Dios y por el otro de quienes sufren. Reconocer las otras y diversas realidades requiere el reconocimiento que nos permite comenzar a estudiar junto con los grupos locales para poder motivar el cambio. Vivir juntos en solidaridad está basado en una acción respetuosa y en la reciprocidad.

A través de las actividades diaconales, los/as trabajadores/as y voluntarios/as de la iglesia se encuentran con personas que están pagando el precio de la injusticia social. Uno de los objetivos de la diaconía es luchar por la igualdad y la justicia. También implica que los trabajadores y las trabajadoras diaconales practiquen la no discriminación al relacionarse con las personas necesitadas y que sean cuidadosos de no usar su poder en forma indebida, ni en las relaciones ni en la toma de decisiones. Seguir los valores diaconales implica que una vida decente significa aplicar los derechos humanos básicos en las relaciones y en las estructuras. La diaconía en la práctica se sitúa en riguroso contraste a la sociedad de consumo y la economía de mercado al expresar sus valores en acción y promover formas alternativas de atender las necesidades. Siempre se sitúa del lado de los más vulnerables. Al practicar esta diaconía se subraya que nadie se vende.

En relación con el 500 Aniversario de la Reforma

El punto inicial para poder reformular la diaconía basada en la comunidad es la situación local. La vocación diaconal está basada en la iglesia local y en la vida comunitaria. Se pueden crear comunidades que incluyan a quienes han sido excluidos a través del trabajo con quienes están involucrados en la identificación de actividades diaconales, dentro del marco que se desarrolló como resultado del proceso de «Buscar la convivencialidad». El arte y la práctica de vivir juntos solidariamente es la base de la congregación diaconal y la práctica diaconal local. La búsqueda de la justicia se basa en la comunidad diaconal donde toda la comunidad busca la justicia. Los seres humanos en su diversidad fueron creados a imagen de Dios y por eso poseen la dignidad dada por Dios. Además, la existencia de Cristo que encarnó en las condiciones de la *kenosis*, nos alienta a ser más humanos y luchar contra la comercialización de nuestros congéneres humanos. «Cristo nos dio libertad para que seamos libres. Por lo tanto, manténganse ustedes firmes en esa libertad y no se sometan otra vez al yugo de la esclavitud» (Gál 5:1). Por lo tanto todos los seres humanos son valiosos. La reforma de la diaconía también requiere apoyar las acciones locales. Es importante que las personas se capaciten para la práctica en este nuevo contexto y en el futuro también poder defender las causas por sí mismas.

El proceso de reformar la diaconía continúa. Se adapta bien al tema central del Aniversario de la Reforma, «Libres por la Gracia de Dios». La convivencialidad solo describe un aspecto de esta liberación. El grupo de solidaridad europeo fue dividido en tres áreas temáticas que reflejan su trabajo sobre la salvación, el ser humano y la Creación, todos los subtemas del Aniversario, subrayando que ninguno de ellos –ni la salvación ni los seres humanos ni la Creación– se vende. Uno de los grupos temáticos está considerando cómo dar pasos concretos hacia la convivencialidad; otro está explorando el concepto de lo que se necesita para una economía de convivencialidad; el tercero está trabajando sobre la teología de la convivencialidad desarrollada por la *kenosis* de Cristo y la libertad que dio a las personas. En los años que nos faltan para el Aniversario de la Reforma el grupo de solidaridad trabajará en estas tres áreas concretas que ayudarán a las actividades diaconales de las iglesias.

Preguntas

¿Qué significa la convivencialidad en su contexto local y qué puede hacer junto con otras personas para fortalecerla?

¿Cuáles son los problemas que pueden amenazar la convivencialidad en su contexto?

¿Qué valor agregado le brinda el concepto de convivencialidad a la teología y la espiritualidad?

El arrepentimiento de Dios, los seres humanos no son productos intercambiables

Douwe Visser

Entonces el Señor le dijo a Moisés, «Anda, baja, porque tu pueblo, el que sacaste de Egipto, se ha echado a perder. Muy pronto se han apartado del camino que yo les ordené seguir. Se han hecho un becerro de oro fundido, y lo están adorando y presentándole ofrendas; y dicen "¡Israel, este es tu dios, que te sacó de Egipto!" Además, el Señor le dijo a Moisés: «Me he fijado en esta gente, y me he dado cuenta de que son muy tercos. ¡Ahora déjame en paz, que estoy ardiendo de enojo y voy a acabar con ellos! Pero de ti voy a hacer una gran nación». Moisés, sin embargo, trató de calmar al Señor su Dios con estas palabras: «Señor, ¿por qué vas a arder de enojo contra tu pueblo, el que tú mismo sacaste de Egipto con gran despliegue de poder? ¿Cómo vas a dejar que digan los egipcios: "Dios los sacó con la mala intención de matarlos en las montañas, para borrarlos de la superficie de la tierra"? Deja ya de arder de enojo; renuncia a la idea de hacer daño a tu pueblo. Acuérdate de tus siervos Abraham, Isaac e Israel, a quienes juraste por ti mismo y les dijiste: «Haré que los descendientes de ustedes sean tan numerosos como las estrellas del cielo, y toda esta tierra que les he prometido a ustedes se lo daré como su herencia para siempre». El Señor renunció a la idea que había expresado de hacer daño a su pueblo. (Éx 32:7-14)

Moisés dialoga con Dios

En este pasaje leemos sobre un intercambio entre Dios y Moisés que está dentro de los límites de lo que puede ser dicho sobre Dios y a Él. La traducción lo suaviza considerablemente, pero Dios dice algo de lo que Él mismo se arrepiente y retira lo que dijo en ese mismo pasaje. La frase «Dios renunció a la idea» es una débil traducción del hebreo original, que claramente implica que Dios se arrepintió de lo que había dicho. Está muy lejos del pensamiento teológico sobre Dios según el cual es imposible que Dios se arrepienta de algo porque Dios es omnipotente y omnisciente. Por eso muchas personas afirman que este pasaje es una forma antropomórfica algo primitiva de hablar sobre Dios. Es una manera de mantener el pensamiento teológico separado, pero como otros, prefiero leer el pasaje a la luz de este concepto duro y «primitivo». Lo que leemos es que Dios dice algo terrible y que Moisés quiere de todas maneras evitar que Dios sea infiel a su promesa de salvación. Para Dios el pueblo de Israel parece ser intercambiable. Los israelitas no solo serán destruidos (excepto Moisés) sino que Dios creará una nación nueva y aun mejor. Las palabras «se vende» quizás no son aplicables en un sentido literal pero el aspecto de ser un material de intercambio ciertamente lo es. Dios puede existir sin Israel.

Dios se arrepiente

Desde la perspectiva de la alianza, lo que hizo Israel es inaceptable. Los israelitas vieron a Dios como una mercancía; para ellos Dios se vende. Vieron al becerro de oro como algo mejor. Entonces ¿a Dios no se le permite este *quid pro quo*? La respuesta es no, a Dios no. En Mateo 7:11 Jesús dice sobre Dios, «Si ustedes que son malos, saben dar cosas buenas a sus hijos, ¡cuánto más su Padre que está en el cielo dará cosas buenas a quienes se las pidan!» ¿Habrá algún padre o madre que quiera destruir a su hijo/a? Puede ser y sucede, pero ¿no es cierto que destruir al/a propio/a hijo/a es lo más terrible que puede suceder? Los hijos y las hijas algunas veces dificultan mucho las vidas de sus padres, pero su destrucción no forma parte del vocabulario de los padres cuando hablan de sus hijos o hijas. Los padres son la fuente de vida de sus hijos e hijas. ¿Cómo podrían voluntariamente quitarles la vida? Esto no está permitido, haga lo que haga el hijo o la hija. Un hijo o una hija no es un producto que se pueda descartar simplemente.

Dios es la fuente de la vida para el pueblo de la Alianza, Israel. Dios es de hecho la fuente de la vida para la tierra y quienes la habitan. Para Dios cada persona es un ser único. Y las palabras de Isaías son totalmente aplicables: «Yo te llamé por tu nombre, tú eres mío» (Is 43:1). Al ser la fuente de vida Dios no puede abandonarlos. Eso sería totalmente contrario a la esencia de Dios.

Moisés debe «corregir» a Dios aunque parecería que corregir a Dios no les estaría permitido a los seres humanos. En la Biblia generalmente es al revés, en congruencia con el concepto general de la relación entre Dios y los seres humanos. Sin embargo, en este pasaje está claro que Dios debe ser corregido, y es lo que hace Moisés. Y a este pedido le sigue la reacción descrita en el versículo 14: «El Señor renunció a la idea que había expresado de hacer daño a su pueblo.»

Por supuesto que la palabra renunciar, una traducción literal de la palabra hebrea, es más fuerte que las palabras «cambió de idea.» Pero aun así, eso va contra el concepto del Dios de perfección, de un ser sacrosanto. El Artículo 1 de la Confesión Belga, un documento confesional del siglo XVI, establece claramente que Dios es «inalterable». Dios no puede cambiar de idea. Sin embargo, el conflicto entre un concepto teológico de la «inalterabilidad» de Dios y este pasaje donde Dios claramente «cambia de idea» es al final menos importante que el conflicto entre la promesa de Dios a Israel de ser su Dios eternamente y el cambio de idea de destruirlos y crear un nuevo pueblo. Por lo que siempre hay un conflicto entre la variabilidad y la inalterabilidad de Dios. Pablo dice sobre Dios: «[...] si no somos fieles, él sigue siendo fiel, porque no puede negarse a sí mismo» (2 Tim 2:13). Con la destrucción de los israelitas Dios hubiera sido infiel y eso no puede ser.

El significado del arrepentimiento de Dios

A menos que este pasaje sea desestimado y considerado, como dice Nietzsche «Menschliches, Allzumenschliches» (humanos, todos muy humanos), el mensaje del arrepentimiento de Dios es muy fuerte y extremadamente significativo. Nadie puede negar que aunque este arrepentimiento es difícil de entender, casi hunde a Dios y es único en apariencia, significa que al final aquí se ha dicho algo muy especial. La palabra «arrepentimiento» en relación con Dios solo puede significar que algo es imposible.

Palabras como «arrepentimiento» o «remordimiento» no son las más populares en una sociedad que prefiere a las personas seguras de sí mismas. A los gerentes no se les permite arrepentirse públicamente. Por ejemplo, cuando los peores efectos de la crisis crediticia se hicieron públicos, no se escuchó a ningún banquero arrepentirse públicamente por el mal que habían causado. Como dijo el anterior arzobispo de Canterbury, Rowan Williams, «No ha habido lo que como cristiano yo llamaría arrepentimiento. No hemos oído a nadie decir, "'bueno, en realidad nos equivocamos y el principio fundamental sobre el que trabajamos era irreal, vacío"».[1]

Tampoco es fácil el arrepentimiento en ámbitos menos públicos. Es difícil «arrepentirse» abiertamente frente a la esposa, esposo y sobre todo

---

[1] **www.telegraph.co.uk** .

frente a nuestros hijos o nuestras hijas. Pero no nos equivocamos cuando nos arrepentimos. Nos equivocamos cuando no nos arrepentimos de los errores. Cuando el mal no es visto como mal y no identificamos más como pecado lo que no puede ser llamado de otra manera. Por eso no debemos dejar de pensar en el pecado y sus consecuencias. La consecuencia bíblica es el arrepentimiento, pero también el perdón. Y sobre todo: un nuevo camino hacia adelante. Así como hubo un nuevo camino para Dios con el pueblo de Israel y ese nuevo camino debía venir. Porque también para Dios los humanos no son desechables. ¡No se venden! Nunca están prontos para la destrucción; no son bienes intercambiables. Lo que hizo Moisés hubiera sido al final la tarea de toda persona que ora: ¡mantener a Dios fiel a Su promesa! Nuestras oraciones a Dios deben ser fuertes. Debemos acercarnos a Dios. Cuando nuestras oraciones están dirigidas con el deseo de salvar al mundo y a quienes lo habitan, no debemos ser modestos. El Libro de Salmos nos inspira a ser radicalmente directos en nuestras oraciones.

Basados en la firme convicción de que para Dios nunca somos un producto desechable, podemos afirmar que Dios tampoco se vende. Que Dios nos ame no significa que el mal no aparezca. Dios es «corregido» por Moisés cuando Dios amenaza con destruir al pueblo de Israel. La ira misma de Dios no se corrige porque los israelitas no puedan ser perdonados por lo que han hecho.

Este pasaje afirma firmemente que Dios no puede ser cambiado. Podemos decir esto dada la reacción de Dios de querer destruir a Israel, a pesar del hecho de que Dios se va a arrepentir por lo que Él dijo. Acá se muestra que los israelitas fueron demasiado lejos, pero también se sostiene que los humanos no se venden, porque Dios se arrepiente de lo que amenazó con hacer. Es cierto que puede ser una forma muy antropomórfica de hablar de Dios, pero el mensaje es muy claro: para Dios los seres humanos no son un producto; no se venden. Este fuerte mensaje es el resultado del conflicto de Dios.

El arrepentimiento y la soberanía de Dios

Las palabras con las que Dios mostró arrepentimiento han sido motivo de muchas discusiones exegéticas. Para aquellos que leen la Biblia de una forma más tradicional; es decir, de manera literal y también desde una perspectiva dogmática cuando piensan en Dios, es verdaderamente difícil entender que Dios se arrepienta. ¡No se parece en nada a Dios! Por otro lado, en la misma tradición, el hecho de que Dios se haya arrepentido no podía simplemente ser ignorado. En la tradición reformada, la concepción tradicional fue por mucho tiempo la concepción estándar. Después de luchar con este pasaje, al final se entendía como una señal muy significativa del amor de Dios para con el pueblo de la Alianza. Dios no podía deshacerse de ellos y cuando parecía que lo iba a hacer, se pudo corregir a Dios y hacer que se arrepintiera por el mal que Dios había dicho. Pero por otro lado, ¿esto no contradice lo que para la teología reformada es fundamental; concretamente, la soberanía de Dios sobre toda la vida? ¿No significa que Dios es libre de hacer lo que Él quiera?

En el pensamiento reformado el principio de la soberanía de Dios iba junto con la elección de Dios y junto con el concepto de la Gracia irresistible. Sin duda estos conceptos fueron objeto de grandes malentendidos y usos incorrectos. Han derivado en cierto grado de fatalismo y el sentimiento de que nosotros los humanos no desempeñamos ningún papel. Dios como soberano está muy por encima de nosotros y hace lo que Él quiere. Pero acorde con el diálogo entre Dios y Moisés, la soberanía es ante todo la fidelidad incambiada de Dios para mantener Su promesa de salvación. Dios no va a renunciar a ello y por lo tanto no podemos perder la fe en Dios como la máxima fuente de vida para la tierra y quienes la habitamos. Eso no se vende.

La tierra y todo lo que en ella habita pertenece a Dios. Dios no quiere ni puede deshacerse de ellos. Para los cristianos reformados es crucial enfatizar este mensaje. Es vital para las situaciones en las que los seres humanos son ofrecidos a la venta. Si ni siquiera Dios puede hacer eso, mucho menos nosotros–este es el mensaje que debemos proclamar. No podemos callarnos ante ese mal. Es una situación de gran injusticia. Niega la soberanía de Dios sobre toda la vida. Es por eso que los cristianos reformados se sienten tan comprometidos a abogar por la justicia. El compromiso con la justicia está en la genética de los cristianos reformados, por decirlo así. Sin embargo, es necesario agregar que por supuesto esto no es exclusivo de los cristianos reformados y no siempre se ha hecho lo mejor dentro de la tradición reformada.

LA SANTIFICACIÓN DE LA VIDA POR DIOS

Este compromiso con la justicia debe ser asimilado con la conciencia de la justificación de Dios, el fundamento de nuestra vida ante Dios, que la vida es santificada y que esa santificación solo se hace visible en una vida de justicia. La justicia humana–*iustitia humana*–es un asunto sagrado. Cuando una iglesia o una organización eclesial claman por justicia, solo se puede transmitir con la certeza de que ese clamor por la justicia es un asunto sagrado. En un documento que trata el clamor por la justicia, se debería comenzar siempre con el fundamento bíblico y teológico de este clamor por la justicia para poner en claro que es parte de la obra de Dios. Dios nos ha santificado para que clamemos por justicia. Para una organización de iglesias, solo estos fundamentos bíblicos y teológicos pueden dar valor al clamor por la justicia. No debería empezar con un análisis económico o político de la situación o, peor, no debería limitarse solo a ese análisis. Una declaración de la iglesia no adquiere importancia desde un análisis «secular» sino a través de un sólido fundamento bíblico y teológico. Si los cristianos reformados, con respecto a sus compromisos, se sienten inspirados por Calvino, solo pueden referirse a él si trabajan sobre la base de esta perspectiva abierta. Si no, tienen un concepto muy limitado de Calvino.

No hay mucho para decir con referencia a las opiniones frecuentemente críticas y negativas sobre Calvino y su teología. En muchos aspectos no podemos seguir a Calvino sin criticarlo y ciertamente no hay necesidad de hacer de él un santo. Pero eso está lejos de ver a Calvino como un pensador negativo. El objetivo final de la teología de Calvino es servir la vida en su totalidad.

Compromiso con la justicia

La Comunión Mundial de Iglesias Reformadas (CMIR) ha levantado su voz profética contra situaciones de injusticia. No se puede cuestionar su legitimidad. Pero el riesgo es que se vuelva un proceso repetitivo y necesitamos buscar alternativas y soluciones. El tema del Consejo General de 2004 de la predecesora de la CMIR, la Alianza Mundial de Iglesias Reformadas, era «Que tengamos vida en abundancia». Este tema viene de Juan 10 cuando Jesús se llama a sí mismo el buen pastor. Es bien claro que la vida abundante que el buen pastor da a sus ovejas es que encontrarán una buena pastura. No vivirán una vida sin dificultades. El ladrón, el asalariado, el lobo –todos ellos vendrán. Pueden ser vistos como un símbolo de injusticia que debe ser resistido. Pero la pastura simboliza la vida. Al seguir sus huellas, la comunidad de Jesús buscará resistir la injusticia. Pero también buscarán las pasturas. Ambas son parte de la vida ministerial de la iglesia. También aquí debemos ver que todo comienza con la Gracia. Dios es el dador de vida. No necesitamos preocuparnos por buscar la vida. La Gracia de Dios nos libera pero «la Gracia que libera también es una Gracia que nos forma».[2] Es importante desarrollar prácticas que sean fundacionales para lo que ya se conoce como un ministerio de vida. Muchas de estas prácticas

[2] Ver de Dorothy C. Bass, «Ways of Life Abundant», en Dorothy C. Bass (ed.), *For Life Abundant: Practical Theology, Theological Education, and Christian Ministry* (Grand Rapids: Wm. B. Eerdmans Publishing Co., 2008), 28.

no solo se encuentran en la comunidad cristiana. Sin embargo, dentro de esa comunidad no pueden desarrollarse sin un discernimiento teológico: «La práctica debe perseguir el bien más allá de sí misma respondiendo y encarnando las dinámicas dadoras de la propia Creación, redención y Gracia sustentadora de Dios».[3] Por otro lado, esto no debería significar que las prácticas cristianas deben estar apartadas de otras prácticas humanas o que la comunidad cristiana debe apartarse de las comunidades no cristianas. Dios está presente en el mundo y no solamente en la iglesia. Es obvio que la comunidad cristiana jamás puede participar en el ministerio de vida sin Dios. El ministerio de vida de la comunidad cristiana no es solo un programa político sino uno que tiene grandes consecuencias políticas.

No se puede negar que es injusto que lo seres humanos estén a la venta. La voz profética debe levantarse contra eso. El conflicto singular en Dios, quien quiso deshacerse de Su pueblo, y el arrepentimiento de Dios, solo puede conducir a la firme convicción de que los humanos no son un recurso desechable. Debemos hablar contra este mal con el mismo compromiso con el que Moisés le suplicó a Dios para que no pusiera al pueblo de Israel en venta, porque ese fue un mal del que Dios se arrepintió.

Preguntas

¿Es posible decir que «Dios se arrepiente de lo que Él amenazó con hacer?»

Palabras como «pecado, arrepentimiento y perdón» ¿deben ser usadas más seguido?

¿Es ante todo, tarea de la iglesia dar un fundamento teológico y bíblico al compromiso con la justicia?

[3] Ibíd., 30.

Estudio bíblico: Gálatas 3:25-29

Susan Johnson

Oración de apertura

Comencemos orando:

> Dios de Gracia, mientras nos preparamos para leer y estudiar Tu Palabra, abre nuestros ojos para ver, nuestros oídos para escuchar, nuestras mentes para pensar y nuestros corazones para sentir. Ayúdanos a escuchar lo que nos dices a través del texto y a través de unos y otros. En el nombre de Jesús. Amén.

Texto

Leer en voz alta Gálatas 3:25-29:

> Pero ahora que ha llegado la fe, ya no estamos a cargo de ese esclavo que era la ley, pues por la fe en Cristo Jesús todos ustedes son hijos de Dios, ya que al unirse a Cristo en el bautismo, han quedado revestidos de Cristo. Ya no importa el ser judío o griego, esclavo o libre, hombre o mujer; porque unidos a Cristo Jesús, todos ustedes son uno solo. Y si son de Cristo, entonces son descendientes de Abraham y herederos de las promesas que Dios le hizo.

Análisis: ¿Cuáles son nuestros primeros pensamientos después de leer este texto? ¿Qué palabras o ideas nos surgen a través del texto?

La Federación Luterana Mundial y el 500 Aniversario de la Reforma Luterana

Toda la Federación Luterana Mundial—sus 72 millones de miembros y 144 iglesias miembro—estamos preparando la conmemoración del 500 Aniversario de la Reforma Luterana. Lo estamos haciendo juntos y con nuestros compañeros ecuménicos bajo el lema «Libres por la Gracia de Dios». En este estudio bíblico nos vamos a enfocar en uno de los subtemas, «Los seres humanos no se venden».

Cuando pensamos en «Los seres humanos no se venden», lo primero que nos viene a la mente es la esclavitud. Hay quienes pueden pensar que la esclavitud ya no existe en nuestro mundo, pero es un error. La esclavitud todavía existe y toma diferentes formas en diferentes partes del mundo.

Según la Organización Internacional del Trabajo (OIT), 20,9 millones de hombres, mujeres y niños y niñas alrededor del mundo están esclavizados. Una persona está esclavizada si es forzada a trabajar bajo amenaza mental o física; es poseída o controlada por un «empleador/a», deshumanizada, tratada como un artículo o comprada y vendida como «propiedad»; padece limitaciones físicas o su libertad de movimientos se ve restringida. La esclavitud hoy existe a pesar de que es ilegal en todos los países donde se practica.[1]

Las formas de esclavitud incluyen trabajo en servidumbre, esclavitud infantil, matrimonios prematuros y forzados, trabajo forzoso, esclavitud por descendencia y trata de personas.

Análisis: Piense en su contexto ¿Qué formas de esclavitud aparecen en su región?

Leer Gálatas 3:2-29 otra vez.

> Pero ahora que ha llegado la fe, ya no estamos a cargo de ese esclavo que era la ley, pues por la fe en Cristo Jesús todos ustedes son hijos de Dios, ya que al unirse a Cristo en el bautismo, han quedado revestidos de Cristo. Ya no importa el ser judío o griego, esclavo o libre, hombre o mujer; porque unidos a Cristo Jesús, todos ustedes son uno solo. Y si son de Cristo, entonces son descendientes de Abraham y herederos de las promesas que Dios le hizo.

Análisis: ¿Qué le dice el texto para su contexto dadas las formas de esclavitud existentes?

---

[1] www.antislavery.org/english/slavery_today/what_is_modern_slavery.aspx

Nuestro bautismo nos define

Martín Lutero dio conferencias sobre Gálatas en 1519 y en 1535. Al analizar los versículos de nuestro texto se centró en cómo nuestro bautismo en Cristo nos define. Nuestros bautismos nos hacen iguales, no importa como otras personas nos intenten definir o degradar. Estas son algunas de sus palabras:

> Por lo tanto Pablo nos enseña que el bautismo no es una señal sino una vestidura de Cristo, de hecho, que Cristo mismo es nuestra vestidura. Así que el bautismo es algo muy poderoso y efectivo. Porque cuando nos hemos puesto a Cristo, las vestiduras de justicia y salvación, también nos ponemos a Cristo, las vestiduras de imitación.[2]

> Es característica de los justificacionismos humanos y legalistas el dividirse en sectas y hacer distinciones conforme a las obras. Los unos confiesan, promueven y siguen una cosa, los otros otra. En Cristo, en cambio, todas las cosas son comunes y todo es uno y uno es todo....No hay por ende, ni rico ni pobre, ni bien formado ni deforme, ni hombre de ciudad ni hombre del campo, ni benedictinos, ni cartujo, ni minorista ni agustino.[3]

Análisis: Si somos uno en Cristo, iguales a los ojos de Dios por la justicia de Cristo que revestimos, ¿qué diferencia hace en nosotros cuando nos vemos unos a otros y cuando nos tratamos entre nosotros?

Defensa de causas mundiales

En su «Catecismo Menor (1535)», Martín Lutero explica la cuarta petición del Padre Nuestro y amplía la definición del «pan de cada día» para incluir todo lo que se requiere para las «necesidades y alimento de nuestros cuerpos».

De la misma manera, nuestra concepción de «Los Seres Humanos no se venden» puede ampliarse e incluir todo lo que nos prive de cubrir las necesidades y el alimento de nuestros cuerpos. Según nuestro contexto, esto puede incluir la pobreza, la guerra, ser una persona refugiada o desplazada internamente, la mutilación genital femenina, la violencia doméstica, la violación, el crimen de honor, enfermedades no controladas, así como el trabajo en servidumbre, la esclavitud infantil, los matrimonios precoces

---

[2] Obras de Martín Lutero, «Conferencias sobre Gálatas, 1535», en Jaroslav Pelikan (ed.), *Obras de Lutero*, vol. 26 (Saint Louis: Concordia Publishing House, 1963), 353.
[3] Obras de Martín Lutero. "Comentario de la Carta a los Gálatas, 1519". Volumen VIII. (Ediciones La Aurora. Buenos Aires, 1982), 168-69.

y forzados, el trabajo forzoso, la esclavitud por descendencia y la trata de personas.

Estas son algunas de las acciones realizadas por la FLM para cuidar las necesidades de las personas. Los temas prioritarios para la defensa mundial de causas en la Estrategia de la FLM 2012-2017 incluyen: libertad religiosa y relaciones interconfesionales; cambio climático y protección ambiental; justicia de género; refugiados; personas desplazadas internamente y otros migrantes forzosos; poblaciones minoritarias oprimidas y pueblos indígenas; justicia económica; VIH y sida.

Análisis: ¿Cómo se relacionan estos temas prioritarios con el texto de Gálatas 3:25-29 y con el tema «Los seres humanos no se venden»?

Justicia de género

La FLM adoptó una Política para la Justicia de Género y está alentando su implementación en toda la comunión y todas las iglesias miembro. Declara que:

> En cuanto comunidad de iguales por medio del bautismo, la iglesia está llamada proféticamente a anunciar y practicar la inclusión. Tal y como leemos en Gálatas 3:27-28: pues todos los que habéis sido bautizados en Cristo, de Cristo estáis revestidos. Ya no hay judío ni griego; no hay esclavo ni libre; no hay hombre ni mujer, porque todos vosotros sois uno en Cristo Jesús.[4]

y,

> La humanidad, independientemente del género, la biología u otras condiciones, es transformada en la gracia, el perdón y la nueva vida de Jesús. Mediante el bautismo se cambian y transforman las diferencias de poder basadas en la etnicidad, la clase y el género. Todos/as somos uno en Cristo.[5]

En un documento previo de la FLM, «Las iglesias dicen NO a la violencia contra la mujer» estamos llamados/as a «Destacar el elogio de Pablo hacia las mujeres como colaboradoras y Gálatas 3:28, que enfatiza el fin de las diferencias y nuestro ser uno en Cristo».[6]

---

[4] En **https://www.lutheranworld.org/sites/default/files/DTPW-WICAS_Gender_Justice-ES.pdf**, 4-5.

[5] Ibíd., 26.

[6] **https://www.lutheranworld.org/sites/default/files/Las%20Iglesias%20dicen%20No%20a%20la%20violencia%20contra%20la%20mujer.pdf**, 39

Lea nuevamente el texto. ¿De qué manera le puede estar llamando para actuar por la justicia y la dignidad humana en su contexto? Analice el tema.

ORACIÓN DE CLAUSURA

Concluya su estudio bíblico con la siguiente oración de los EE. UU. o cualquier otra oración que usted elija.

Sánanos Jesús[7]

Oficiante: Jesús, que amas a la humanidad, sanaste a la hija de la mujer sirofenicia, una extranjera que se acercó a Ti, una maestra judía. A través de tu don de vida nos mostraste que somos uno y todos/as merecedores/as de ser amados/as. Ahora venimos a Ti como madres en espíritu orando por la sanación del mundo diciendo:

Asamblea: Sánanos Jesús.

Por este país, que sufre por las heridas autoimpuestas del racismo, la codicia, el genocidio de sus pueblos nativos y la opresión de los pobres, enséñanos la grandeza que solo se puede encontrar en la justicia, la generosidad y la compasión. Oremos:

Asamblea: Sánanos Jesús.

Por la paz entre todas las naciones, que los huesos secos que se encuentran en los campos de batalla y las tumbas colectivas cavadas por tiranos se levanten como humanidad resucitada, comprometida con la paz y el bienestar de quienes habitan la tierra. Oremos:

Asamblea: Sánanos Jesús.

Por Tu iglesia dividida, torpe, muchas veces intolerante, frotamos nuestros ojos para poder aclarar nuestra visión y mantenerla en Ti. Pero nos perdemos en el medio de los engaños, los temores y las dudas. Envíanos la luz que viene de tu sabio espíritu para que nos guíe y la sanación de Tu amor. Oremos:

Asamblea: Sánanos Jesús.

[7] Irene St Onge, San Francisco, California, EE. UU., en ibíd., 56-57.

Por todas las personas que necesitan sanación y oraciones y que nombramos ahora: *(se pueden dar nombres).* Y mientras hoy celebramos la fiesta de la redención, pedimos por tu misericordia y te agradecemos por las vidas de todos nuestros seres queridos que ahora celebran Tu Gloria en el Cielo.

Asamblea: Amén.

Lista de colaboradores y colaboradoras

Ajyana, Ebise, M.A., Conferencista en Teología, Seminario Mekane Yesus de la Iglesia Evangélica Etíope Mekane Yesus, Etiopía

Driau, Gustavo, Facilitador del Programa de Sustentabilidad en Latinoamérica y el Caribe, Iglesia Evangélica Luterana Unida (IELU) de Argentina y Uruguay

Fabiny, Tamás, Rev. Dr., Obispo de la Diócesis del Norte de la Iglesia Evangélica Luterana en Hungría, Vicepresidente de la FLM para Europa Central y Oriental, Hungría

Johnson, Susan, Rev., Obispa Nacional, Iglesia Evangélica Luterana en Canadá, Canadá

Nüssel, Friederike, Prof. Dra., Directora del Instituto Ecuménico, Universidad de Heidelberg, Alemania

Siirto, Ulla, Conferencista Principal, Universidad Diaconia de Ciencias Aplicadas, Järvenpää, Finlandia

Visser, Douwe, Rev. Dr., Secretario Ejecutivo para Teología y Comunión, Comunión Mundial de Iglesias Reformadas, Alemania

Younan, Munib, A., Rev. Dr., Obispo, Iglesia Evangélica Luterana en Jordania y Tierra Santa, Presidente de la FLM, Jordania

La creación no se vende

Editado por
Anne Burghardt

EVANGELISCHE VERLAGSANSTALT
Leipzig

Información bibliográfica publicada por la Biblioteca Nacional Alemana

La *Deutsche Nationalbibliothek* incluye este trabajo en la *Deutsche Nationalbibliografie.* La bibliografía completa está disponible en internet: http://dnd.dnd.de

Impreso en Alemania

Este trabajo fue impreso en papel certificado FSC
Asistencia editorial: FLM, Departamento de Teología y Testimonio Público
Diseño gráfico: FLM, Departamento de Teología y Testimonio Público
Diseño: FLM, Oficina para Servicios de Comunicación
Impresión y Encuadernación: druckhaus köthen GmbH & Co. KG
Publicado por la Evangelische Verlangsanstalt GmbH, Leipzig, Alemania, con el auspicio de
Federación Luterana Mundial
150, Route de Ferney, CP 2100
CH-1211 Ginebra 2, Suiza

ISBN 978-3-374-04279-1

También editado en alemán, francés e inglés

Indice

Introducción

Anne Burghardt

Esta publicación es parte de una pequeña colección publicada por la Federación Luterana Mundial con ocasión de la celebración del 500 Aniversario de la Reforma en 2017. «La creación no se vende» es uno de los tres subtemas del tema central de este Aniversario: «Libres por la gracia de Dios». Los artículos de esta publicación fueron escritos por autores de todas las regiones de la Federación Luterana Mundial; la voz ecuménica está representada por un teólogo ortodoxo griego.

A la luz de la actual explotación masiva de los recursos naturales, es imprescindible que atendamos la creación de Dios más allá de los seres humanos. Leemos en el libro de Génesis que Dios vio que su creación era «buena» y que la confió al cuidado de la humanidad. El concepto de «potestad» en Génesis 1:26, muchas veces ha sido malinterpretado, sin tener en cuenta que Dios dice que toda su creación es «buena», lejos de la utilidad que pueda tener para los seres humanos. Por lo tanto, la nueva relación entre Dios y los seres humanos también tiene implicancias en cómo los seres humanos se relacionan con el resto de la creación, ya que la creación es de Dios y solo nos fue confiada. Los artículos en esta publicación exploran diferentes aspectos del tema «La creación no se vende», que van desde asuntos tan variados como la ingeniería química y el cuestionar más el «de quién» en lugar de «quién» somos, a los efectos de los cambios climáticos y la justicia climática, usurpación de tierras, etc. La lista de temas en estos artículos está lejos de ser exhaustiva. No obstante, esperamos poder ofrecer algunos impulsos iniciales para las discusiones teológicas sobre el concepto de haber sido creados por Dios y sobre la integridad de la creación.

Y vio Dios que era bueno: Reflexiones sobre la teología de la creación

Barbara R. Rossing

Lo sagrado y lo bueno de la creación es una convicción basada en las Escrituras y en la esencia de los principios teológicos luteranos.

La frase poética «Y vio Dios que era bueno» sustenta la historia de la creación en Génesis 1. La frase se repite seis veces con algunas variaciones y culmina el sexto día cuando afirma que era «bueno en gran manera» (Gen 1:31). La conjunción hebrea *ki* también puede ser traducida al inglés a la forma adverbial «how» (o «cuan» en español). De modo que en inglés se podría decir: «God saw *how* (*ki*) good it was» (Common English Bible). Y en español: « Y vio Dios todo cuanto había hecho, y era bueno en gran manera.». «...y era bueno en gran manera» evoca el regocijo de Dios al descubrir que cada elemento del mundo es bueno. Dios se alegra en la creación.

«Bueno» es la palabra clave, la bondad de todo cuando Dios observa cada aspecto del mundo. *Tov* en hebreo expresa el gozo y las relaciones al igual que la belleza. Un comentario rabínico traduce *tov* como «hermoso».[1]

Génesis 1 es litúrgicamente una poesía que nos muestra la belleza de cada elemento de la creación. El sol, la tierra, la atmósfera (el firmamento), los océanos y todos los organismos biológicos incluidos los seres humanos y todas las especies de plantas y animales: cada uno tiene su nicho ecológico y cada uno es calificado de hermoso y bueno a los ojos de Dios.

---

[1] Ellen Bernstein, «Creation Theology: A Jewish Perspective», en *The Green Bible* (Nueva York: HarperCollins, 2008),1-53.

Ver la tierra

La primera respuesta de Dios—ver—también puede servir como un punto de partida para nosotros hoy. Génesis 1 nos ubica como humanos dentro de la enormidad del cosmos. Gracias a las fotos que podemos ver de la tierra desde el espacio podemos apreciarla como nunca antes. En 1972 una imagen icónica de la tierra que fue tomada por la tripulación de la nave espacial estadounidense Apolo, la foto más divulgada de todos los tiempos, revela la belleza de la tierra como un planeta azul veteado con océanos vivos y continentes. Podemos ver lo que vieron los astronautas: la belleza pura de la tierra, su vulnerabilidad como también un nuevo sentido del lugar que la humanidad ocupa sobre el planeta, todo cubierto con una abrumadora sensación de asombro. El astronauta Michael Collins lo describe así:

> Recuerdo tan vivamente lo que vi cuando miré hacia atrás a mi frágil hogar; un faro brillante y seductor, delicadamente azul y blanco, un pequeño punto suspendido en el negro infinito. La tierra debe ser atesorada y nutrida, algo precioso que *debe* perdurar.[2]

Como dijo el astronauta Bill Anders sobre la circunnavegación de la luna en 1968, «Llegamos hasta aquí a explorar la luna y lo más importante fue que descubrimos la tierra».

Ver la tierra hoy, significa abrir nuestros ojos para observar su belleza y también su vulnerabilidad y la devastación que los humanos están causando en la creación buena de Dios. Los astronautas informaron sobre su conmoción al ver los cambios en la tierra, como la disminución de la capa de hielo en los polos. La Comandante Ellen Collins, la primera mujer que dirigió una misión del transbordador espacial estadounidense, relató cómo vio la isla de Madagascar: «Vimos la deforestación [..}. Los ríos y arroyos que normalmente deberían ser de un color celeste grisáceo, ahora son marrones por la erosión de la tierra que fluye hacia el océano».[3]

Los astronautas también ven la flaqueza y vulnerabilidad de la atmósfera de la Tierra en relación al resto del planeta. Desde el espacio, la atmósfera terrestre parece una «delgada línea azul», más fina que la cáscara de una manzana en relación con la manzana. Génesis describe esta capa protectora como el «firmamento».

El dióxido de carbono es incoloro, por lo que la aglomeración del dióxido de carbono y otros gases de efecto invernadero en la atmósfera no pueden ser

---

[2] Michael Collins, «Foreword», en Roy A. Gallant, *Our Universe* (Washington, D.C.: National Geographic Society, 1980), 6.

[3] Citado en Wangari Maathai, *Repleneshing the Earth: Spiritual Values for Healing Ourselves and the World* (Nueva York: Doubleday, 2010), 57.

vistos directamente desde el espacio. Lo que sí podemos ver son los efectos de la creciente concentración de dióxido de carbono sobre el planeta; la desaparición de grandes lagos como el Lago Chad en África; las inundaciones catastróficas en Asia; la deforestación en las cuencas del Amazonas y el Río Congo; la reducción de los glaciares en todas las montañas del mundo; el humo de los fuegos forestales sin precedentes; y las tierras desérticas como consecuencia de las sequías. El calor excesivo a causa de los gases de efecto invernadero (sobre todo el dióxido de carbono) está matando los sistemas ecológicos que los humanos necesitamos para sobrevivir.

Bueno, muy bueno

Dios ve a cada criatura como «buena». Al calificar a cada criatura como buena, Dios inicia una relación de amor con la Tierra y con cada una de sus criaturas. Dios «está *conmovido* con lo que ve».[4] Como dijo Norman Habel, una exclamación similar a «bueno» es usada para describir la respuesta de la madre de Moisés cuando nació su hijo. La madre de Moisés «ve que él es bueno» (Éx 2:1). De igual manera en Génesis 1, «Dios observa cómo la tierra surge de las aguas debajo y "vio que era bueno"».[5] La Tierra es el hijo viviente de Dios.

Para Dios, la permanente capacidad creativa de la Tierra, el proceso evolutivo que los biólogos describen como la capacidad de desarrollar nuevas especies, es «buena». Con una visión científica asombrosa, Génesis describe a la Tierra como una aliada de Dios al crear nuevas formas de vida. Escrito antes de nuestra visión científica del mundo, el Génesis difiere de nuestra cosmología moderna. Aun así su apreciación de la creciente creatividad de la Tierra es coherente con nuestra percepción de los procesos biológicos de la evolución y las especies. Si comenzamos con la creación de las plantas durante el tercer día, la Tierra misma se vuelve cocreadora con Dios, desarrollando sus propias criaturas: «Produjo, pues, la tierra hierba verde, hierba que da semilla según su naturaleza, y árbol que da fruto, cuya semilla está en él, según su especie.» (Gn 1:12). Esto se repite al sexto día con la aparición de los animales, «Produzca la tierra seres vivientes según su especie, ...» (Gn 1:24). La creación es un principio desde la nada, donde las criaturas también se tornan cocreadoras produciendo más y más criaturas propias en la abundancia de la vida y la creación. Dios califica todo este proceso como bueno.

---

[4] Terrence Fretheim, *God and World in the Old Testament:: A Relational Theology of Creation* (Nashville: Abingdon Press, 2005), 40.

[5] Norman Habel, *The Birth, the Curse and the Greening of Earth An Ecological Reading of Genesis 1-11* (Sheffield Phoenix Press, 2011), 42.

¿Qué significa la bondad o la belleza de la creación para nosotros hoy? Puede significar muchas cosas. Las criaturas son buenas como alimento para que las personas coman, como Martín Lutero enfatiza en su comentario de Génesis. La alimentación que Dios da a la gente hambrienta con los buenos regalos de la creación se vuelve cada vez más importante en un tiempo de hambre.

Sin embargo, la utilidad para los humanos no es el significado principal de «bueno». «Bueno para los humanos» no es lo que Dios dice. Esto es importante porque el destrozo de los recursos de la Tierra a través de la extracción de minerales, las perforaciones, la agricultura y las industrias se justifica sobre la base de que Dios le dio a los seres humanos «potestad» sobre la creación en Génesis 1:26. Pero si miramos atentamente a la creación de cada día, vemos que Dios declara a las criaturas buenas por sí mismas lejos de cualquier utilidad que puedan tener para los humanos. Es una perspectiva compartida en lo que Dios dice en el torbellino, en Job 38-41.

Quizás lo más importante es que lo bueno también significa interconexión, un principio ecológico. Dios dice que toda la creación es «buena en gran manera» (*tov ma'ov*, Gn 1:31). Este superlativo al sexto día no está reservado solo para los humanos como han proclamado algunas interpretaciones antropocéntricas. En cambio, es cuando Dios ve todo y cómo toda la creación funciona junta como un sistema de vida ecológico interconectado, que la declara como muy, muy buena.

El bien como bien común

Lo «bueno», o lo que está bien en la creación, hoy nos plantea cuestiones éticas.

El «bien», puede convertirse en un sustantivo que nos indica nuestra propiedad privada o nuestras posesiones, «mis bienes», en español, similar al griego *ta agatha*. La historia de Jesús sobre el hombre que construye graneros más grandes para poder almacenar todos sus «bienes» (Lc 12:18, 19) tiene una advertencia urgente sobre los peligros de almacenar bienes para nuestra propia y exclusiva ganancia. En su retorcida visión el hombre cree que él mismo ha producido sus propios bienes. No se da cuenta de que fue la Tierra la que produjo sus abundantes cosechas. El hombre pierde su alma. Martín Lutero llama a este acaparador «Mammón».[6]

Si «bien» es entendido básicamente en términos de una ganancia privada, sin considerar las consecuencias para nuestro prójimo, para las generaciones

---

[6] Margot Kassmann, «Covenant, Praise and Justice in Creation: Five Bible Studies» en David G. Hallman (ed.), *Ecotheology: Voices from South and North* (Ginebra/Maryknoll: WCC/Orbis, 1994), 42.

futuras o los ecosistemas, estamos todos en riesgo. Dios nos llama a ver lo bueno de la creación valorando nuestras interrelaciones por sobre todas las cosas.

El 500 Aniversario de la Reforma en 2017 llega en un momento de muchas urgencias para la creación. Es tiempo de una nueva reforma. El eticista Larry Rasmussen y otros teólogos plantean: Lo que necesitamos es una reforma ecológica que vuelva la atención de las iglesias hacia la sanación de la tierra y los bienes comunes.[7] Al desplegar los mapas que muestran cómo se vería una ecoreforma, Rasmussen señala la necesidad de una economía que promueva el bien común para que «los bienes elementales comunes—tierra, aire, fuego, agua, luz—sean condiciones cuidadas de los bienes compartidos, un bien para las generaciones tanto presentes como futuras de la humanidad y otras especies».[8]

Vivimos en un momento en el que los bienes son mercantilizados, pero la naturaleza y la atmósfera son todavía tratadas muy a menudo como una cloaca o un recurso sin ningún valor. La mayoría de los países del mundo todavía no le han puesto precio a la contaminación por dióxido de carbono. Las industrias tienen permitido quemar los combustibles fósiles sin pagar por las consecuencias de su contaminación. La subsistencia de las personas pobres se ve amenazada por el desarrollo insostenible La Biblia nos enseña una economía política de «suficiente para todos», basada en compartir lo que nos es dado para el bien común de todos (Éx 16). El amor al prójimo, que incluye a las generaciones futuras como nuestros prójimos, es la esencia tanto de la Biblia como de la teología luterana.

La teología de la creación y la cruz

La gracia de Dios no se vende, insistió Martín Lutero hace quinientos años. La crítica económica audaz que Lutero hizo pedía reformar no solo la iglesia sino el sistema de deudas de una sociedad que empobrecía a las personas.[9] Hoy en día podemos extender la visión reformadora de Lutero sobre la imposibilidad de ponerle precio a la gracia y a la vida misma, incluida la misma creación. La creación y las futuras generaciones son mis prójimos a quienes debo amar. No están a la venta.

---

[7] Larry Rasmussen, «Waiting for the Lutherans» en *Currents in Theology and Mission* 37 (2010), 86-98.

[8] Ibíd., 78

[9] Guillermo Hansen, «Money, Religion, and Tyranny: God and the Demonic in Luther's Antifragile Theology» en Wanda Deifelt (ed.), *Market and Margins: Lutheran Perspectives* (Minneapolis: Lutheran University Press, 2014), 31-68.

Podemos formular una teología encarnada y sacramental que percibe a Dios en todo lo relacionado con la vida. En sus escritos sobre la Santa Cena contra los calvinistas, Lutero insistió que la finitud puede realmente contener el infinito: *finitum capax infiniti*. «La profunda encarnación» es una frase acuñada por el luterano danés Nils Gregerson para expresar la idea de la encarnación radical de Dios en todo la materia. La teología encarnada y sacramental insiste en que Dios está presente, como dice Lutero, «en cada pequeña semilla, total y entera [...] Cristo está presente en todas las criaturas y puedo encontrarlo [Cristo] en la piedra, el fuego, el agua o aun en una cuerda porque [Cristo] está ahí».[10] Rasmussen y otros llaman a esta afirmación el «feliz panteísmo» de Lutero. Hoy, aunque la creación está degradada, podemos compartir la feliz insistencia de Lutero de que Dios está presente.

> en cada criatura en su ser más íntimo y en su exterior, en todos los lugares, a través de todo, debajo y arriba, delante y detrás, para que nada pueda estar más presente y dentro de todas las criaturas, que Dios mismo con su poder.[11]

La teología luterana de la cruz—la insistencia de que Dios está presente también y aún más en la angustia y el dolor—también puede ayudarnos a enfrentar el pecado de la devastación ecológica, la injusticia de los efectos del cambio climático en los más pobres de los pobres; y formular un análisis tanto del pecado como de la redención, que sea capaz de hablar sobre la crisis ecológica.[12]

Las perspectivas espirituales de las comunidades indígenas también nos pueden ayudar a recuperar el énfasis en la bondad de la creación. El teólogo luterano sami Tore Johnson subraya la naturaleza comunitaria de la creación en donde todos los seres vivientes son vistos como interrelacionados en un círculo de vida. «La tradición sami refleja la idea de que la creación tiene una voz que debe ser escuchada». [13] Johnson llama a comenzar desde un punto ecoteológico que se inicia con la creación, haciendo una «teología desde el círculo de la vida».[14]

---

[10] Citado por Larry Rasmussen, op. cit. (nota 7).

[11] Martin Lutero, «That These Words of Christ, "This Is My Body" etc., Still Stand Firm Against the Fanatics, 1527» en Helmut T. Lehmann (ed.), *Luther's Works*, vol. 37 (Filadelfia Muhlenberg Press, 1961), 58.

[12] Wanda Deifelt, «From Cross to Tree of Life: Creation as God's Mask» en Karla Bombach y Shauna Hannan (eds.), *Eco-Lutheranism: Lutheran Perspectives on Ecology* (Minneapolis: Lutheran University Press, 2013), 169-76.

[13] Tore Johnson, «Listen to the Voice of Nature: Indigenous Perspectives» en Karen Bloomquist (ed.), *God, Creation and Climate Change: Spiritual and Ethical Perspectives*, LWF Studies 02/09 (Minneapolis/Ginebra: Lutheran University Press/The Lutheran World Federation, 2009), 101.

[14] Ibíd., 106

¿Los combustibles fósiles son «buenos»? Energía y el bien común

Para hablar teológicamente de la crisis climática debemos abordar la pregunta sobre la bondad y los riesgos de los combustibles fósiles como parte de la creación de Dios. La energía representa un problema de recursos conflictivos. La primera creación de Dios según relata Génesis 1 es la luz, la energía que potencia nuestra vida. La luz del sol da energía en abundancia para sustentar todo lo que existe sobre la Tierra. Cada hora del día el sol emite más energía a la Tierra que la que los humanos pueden consumir durante un año entero.[15] Los humanos han descubierto recientemente cómo explotar la luz solar que recibimos desde la antigüedad, quemando la energía solar almacenada en lo profundo de la tierra en la forma de carbón, combustible y gas natural, enterrados durante millones de años debajo de la superficie.

La energía es esencial para el crecimiento humano. Pero, ¿cómo equilibramos la necesidad de desarrollar los combustibles fósiles baratos con los riesgos de la contaminación por dióxido de carbono? Los científicos expertos en el clima dicen que necesitamos dejar las tres cuartas partes de los recursos petrolíferos conocidos en el suelo para prevenir cambios que pueden ser peligrosos para el planeta. El compromiso con el bien común y las generaciones futuras necesita que dejemos de usar los combustibles fósiles y los reemplacemos por la energía renovable.

El obispo Mark Narum de Dakota del Norte sugiere que la pregunta formulada por Lutero en su Catecismo, ¿Esto qué significa? es una pregunta que nos podemos hacer sobre las políticas energéticas. Muchos residentes del Sínodo Occidental de Dakota del Norte de la Iglesia Evangélica Luterana en América (IELA) donde él sirve, se han visto beneficiados por el auge del esquisto bituminoso, posibilitado por la fracturación hidráulica y la tecnología de la perforación horizontal. El Obispo Narum subraya los beneficios que el petróleo ha traído a los propietarios de esas tierras y al empleo regional. El petróleo plantea temas pastorales complejos en las congregaciones, que requieren ser escuchados de diferentes formas. Narum se pregunta, «Si Dios es el Creador de todo y Dios dice, 'esto es bueno,' ¿qué pasa con el petróleo?»[16]

Como parte de la buena creación de Dios, el petróleo ciertamente es «bueno». ¿Pero eso significa que debemos extraerlo y quemarlo todo como combustible fósil? ¿O sería aún mejor hoy en día que el petróleo se dejara

[15] James B. Martin-Schramm, *Climate Justice. Ethics, Energy, and Public Policy* (Minneapolis: Fortress Press, 2010), 3.

[16] Mark Narum, «Prairie, Petroleum, Pondering: What Does this Mean?» en Bombach y Hannan, op. cit. (nota 12), 150.

dentro del suelo? Quizás Dios aisló de forma segura el carbono en las capas sedimentarias de roca durante millones de años para mantener la temperatura de la atmósfera de la Tierra a un nivel ideal para la vida. Mientras que en los siglos XIX y XX las formaciones rocosas ricas en petróleo fueron vistas como «buenas» por la energía con la que abastecían a los humanos para el crecimiento económico, ahora pueden ser un bien mayor como forma de almacenar y aislar el carbono en el suelo.

El amor de Dios por la creación en Génesis 1 nos invita a entrar en cuestionamientos éticos complejos, escucharnos unos a otros y tomar acciones audaces y proféticas para cuidar toda la creación como a nuestro prójimo. La creación está en peligro por el pecado humano, tal como vieron los astronautas. «¡Qué bueno!» expresa el amor de Dios por cada elemento de la creación. Ese amor que ve a la Tierra en todo su sufrimiento y su belleza, es el mismo amor que hoy nos convoca a actuar. La visión de Lutero de encarnación profunda nos llama a cuidar la Tierra y todas sus comunidades de vida.

Preguntas

¿Qué significa decir que la creación de Dios es «buena, muy buena» en un tiempo donde todo se vende? ¿Hay algo que no tenga valor comercial?

¿Qué pasos necesitamos dar que sean posibles en nuestro contexto para una reforma ecológica?

¿Necesitamos poner precio a la creación y a los ecosistemas para valorarlos?

En respuesta a la Palabra de Dios y la creación. Reflexiones éticas sobre la ingeniería genética y la respuesta responsable de la ciencia

Ulrik Becker Nissen

Al conmemorar el 500 Aniversario de la Reforma, emergen dos lecciones significativas e inmediatas. Nos asombran las maravillas que no cambian. Por un lado hay una visión central de la Reforma de que la salvación es solo por la fe y que la rectitud nos llega solo por la gracia de Dios. Eso no ha cambiado en los últimos 500 años y es algo que debemos recordar hoy. Por otro lado, cuando leemos los escritos de Martín Lutero y los otros reformadores, nos impacta inmediatamente el gran cambio en algunos de los desafíos que necesitamos enfrentar. Mientras que algunos temas sociales y éticos son parecidos a los del siglo XVII, hoy estamos enfrentados a problemas radicalmente nuevos, por ejemplo, la ingeniería genética; sería en vano buscar reflexiones concretas sobre ella en los escritos de Lutero. Aunque estos problemas nos plantean nuevos cuestionamientos morales, necesitamos apelar a los recursos de nuestras tradiciones vivas cuando los enfrentamos. Para que la tradición luterana se mantenga vital y vibrante, necesitamos volver a nuestras fuentes. De esta manera, la Reforma seguirá viva en medio de nuevos desafíos, y debemos reflexionar sobre lo que nuestra herencia luterana implica para los nuevos problemas políticos, ideológicos, culturales y científicos. En este artículo me enfocaré en las siguientes preguntas: A la luz de la Reforma luterana, ¿qué implica la teología de la creación para la teología luterana contemporánea? Consideraremos esta pregunta en relación con las visiones centrales de la teología de la creación de Lutero y lo que significa que el mundo esté creado por la palabra de Dios. En segundo lugar, ¿qué implica una teología luterana de la creación para comprender de «de quién» somos? Cuando examinamos temas como la ingeniería genética la pregunta más crucial es «quiénes» somos o más bien «de quién» somos. Tercero, terminaremos nuestras reflexiones enfocándonos en la ingeniería genética. A la luz de lo dicho anteriormente, ¿cómo debemos evaluar la ingeniería genética? ¿Cuáles serían las implicancias si pensáramos que la ciencia debe ser un concepto adaptable a la cultura?

La teología luterana de la creación y la palabra de Dios

Cuando ponemos en consideración las preocupaciones contemporáneas como por ejemplo la ingeniería genética, nos enfrentamos a un desafío que no difiere de otras cuestiones fundamentales que la teología siempre ha enfrentado. Entonces, ¿a dónde recurrimos cuando buscamos respuestas a estos temas difíciles? Un enfoque es recurrir a las ciencias naturales, o encarar un pensamiento filosófico más amplio. Ciertamente podemos aprender mucho de todo esto pero, ¿nos lleva a un concepto teológico apropiado? Para que sea teología en el sentido habitual del término, debemos recalcar los recursos teológicos genuinos. Debemos situar el comienzo de nuestras reflexiones dentro de una hermenéutica formada e informada a través de la iglesia y las Escrituras. Esto no significa descuidar otros recursos, sino que mantiene una conciencia apropiada acerca del origen de la teología. La teología es una visión que viene de algún lado.

Las reflexiones sobre los fundamentos de la teología son particularmente pertinentes si consideramos el énfasis que Lutero hizo en la centralidad de las Escrituras para la fe y la teología cristianas. *Sola scriptura* implica que una teología luterana nunca puede ignorar el papel normativo de las Escrituras. Si una iglesia luterana se olvida del papel normativo de las Escrituras, renuncia a ser una iglesia en el sentido protestante del término. Cuando tomamos esta visión luterana como punto de partida, entonces resulta obvio que debemos acudir a las «Conferencias sobre el Génesis» de Lutero para reflexionar sobre cómo debemos entender la creación hoy. En estas conferencias inmediatamente se nos recuerdan dos cosas: (1) la creación está llamada a existir a través de la Palabra de Dios; y (2) la creación en su origen es una expresión de la bondad de Dios.

En sus comentarios sobre los primeros versículos del Génesis, Lutero enfatiza que Dios crea el cielo y la tierra a través de su palabra. «El Padre crea el cielo y la tierra de la nada a través de su hijo, a quien Moisés llama la Palabra».[1] El mundo es creado por la Palabra de Dios que es Cristo

[1] Martin Lutero, «Lectures on Genesis Chapter 1-5» en Jarolsav Pelikan (ed.), *Luther's Works*, vol. 1 (St Louis: Concordia Publishing House, 1958), 9.

mismo. Para Lutero, Cristo está presente y trabajando en la obra creadora de Dios desde el principio. Sigue con esta idea en su exégesis de Génesis 1:3, donde la Palabra es enfatizada como medio e instrumento de la obra creativa de Dios y cómo esto apunta a la concepción juanina (Jn 1:1) de Cristo como Palabra de Dios.[2] Este vínculo íntimo entre la creación por la Palabra de Dios y Cristo como la Palabra misma es primordial para el significado teológico de la creación. Dios llama al mundo a existir a través de su Palabra, involucra al ser humano en una relación de respuesta y de vida y nutre espiritualmente al ser humano a través de la Palabra de Dios. Es por eso que Oswald Bayer puede decir que para Lutero, la creación es básicamente el establecimiento y la preservación de la comunidad.[3] La creación apunta hacia la justificación por la fe y así como el pecador justificado responde con gratitud, Lutero entiende a la creación como una expresión de la bondad de Dios que nos impulsa al bien definitivo que es la justificación por la fe en Cristo.

El otro tema central en la teología de la creación de Lutero es su expresión de la diligencia y bondad de Dios. Nos encontramos con esta visión en las reflexiones de Lutero cuando dice que a Dios le parece que la creación es buena (Gn 1:10). Lutero resalta que el significado de este versículo es que Dios ha creado un buen lugar para que el ser humano habite (aun si todavía no había sido creado) y que desea que el ser humano responda con gratitud.[4] La misma lectura continúa en relación con los siguientes versículos de Génesis 1:11 donde Lutero plantea que cuando los seres humanos fueron creados encontraron un lugar para vivir completamente provisto y maravilloso donde les fue dado todo lo que necesitaban. Es importante notar que también aquí Lutero hace un paralelo con la bondad de Dios respecto a los dones espirituales, donde Dios también nos da todo lo que necesitamos. Esto es «[...] preocupación, cuidado, generosidad y bondad de Dios que encontramos en las primeras páginas del Génesis y que debemos considerar como la importante lección de estos versos».[5]

Por eso cuando tratamos de identificar algunos puntos teológicos clave en la teología de la creación de Lutero, podemos decir con certeza que para Lutero la creación no es solo el origen de la materia. En cambio se trata de la relación y la comunión con Dios y las otras criaturas. El énfasis de Lutero sobre la Palabra y la bondad de Dios, es una expresión del llamado de Dios a tener una comunión de vida y de respuesta con la creación.

---

[2] Ibíd., 16s.

[3] Oswald Bayer, *Martin Luthers Theologie: Eine Vergegenwärtigung* (Tübingen: Mohr Siebeck, 2003), 88ss.

[4] *LW*, op. cit. (nota 1), 35.

[5] Ibíd., 39.

Desde esta perspectiva podemos coincidir con Dietrich Bonhoeffer que dice que el significado de la creación solo puede ser reconocido desde la perspectiva de la iglesia. Nunca podemos reflexionar sobre el significado de la creación desde un punto de vista neutral sino que solo podemos meditar sobre el significado de la creación desde un lugar en particular donde nos encontramos con la bondad de Dios. Es por eso que Bonhoeffer plantea que no tiene sentido formular hipótesis acerca de los orígenes sin ser conscientes de dónde venimos. Solo podemos conocer los orígenes como quienes vivimos en Cristo.

> El intento –teniendo presente el origen y la naturaleza de la humanidad– de dar un paso gigante hacia atrás, al comienzo perdido del mundo, para saber cómo era la humanidad en su estado original e identificar nuestro propio ideal de humanidad con lo que Dios realmente creó, no tiene sentido [...]. Solo en el medio, como quienes vivimos por Cristo, conocemos el comienzo.[6]

¿De quién somos? En respuesta a la creación y la voluntad de Dios

El énfasis hecho tanto por Lutero como por Bonhoeffer sobre la Palabra de Dios y la respuesta a Su Palabra nos lleva a enfocarnos en la comprensión del ser humano no como «**quiénes** somos» sino «**de quién** somos». No estamos solos. En cambio estamos y vivimos en una comunidad que responde al Dios Trino como nuestro Creador, Redentor y Santificador. Es en esta comunidad que vive con Dios que estamos llamados a responder y obedecer la Palabra y la voluntad de Dios.

La respuesta como una característica definitoria de lo que significa ser un ser humano también implica que no estamos solos. No es suficiente perseguir un valor modernista del individuo como un ser autónomo. Más bien debemos sostener que nuestra esencia nos trasciende y que en ese sentido somos «seres excéntricos». Vivimos nuestras vidas con un «aliento prestado», no somos nuestros propios creadores. David Kelsey plantea un largo argumento sobre esto en su antropología teológica donde sostiene que el ser humano se entiende correctamente como un ser creado, consumado y reconciliado. Como seres creados estamos viviendo con un «aliento prestado», como consumados estamos viviendo un «tiempo prestado», anticipándonos a la esperanza escatológica, y como reconciliados estamos viviendo por la

[6] Dietrich Bonhoeffer, «Creation and Fall: A Theological Exposition of Genesis 1-3» en Martin Rüter, Ilse Tödt, y John W. De Gruchy (eds), *Dietrich Bonhoeffer Works*, vol. 3, trad. Douglas Stephen Bax (Minneapolis, MN: Fortress Press, 1997), 62.

muerte de Cristo.[7] El argumento de Kelsey es amplio, pero la idea central de su trabajo es el concepto de que la antropología teológica cristiana debe ser entendida a la luz de las tradiciones cristianas para brindar una contribución sustancial dentro de este contexto. Este enraizamiento en una comunidad en particular no descarta la discusión con otros abordajes, pero identifica más claramente cómo entender estos temas desde una perspectiva teológica cristiana.

Si entendemos al ser humano fundamentalmente como un ser excéntrico, movemos el eje fuera de nosotros mismos hacia la búsqueda y realización de la voluntad de Dios. Cuando Bonhoeffer nos recuerda que no podemos entender la creación separada de Cristo, al mismo tiempo nos recuerda la realidad de nuestras vidas. No hay una realidad apartada de Cristo y por lo tanto el verdadero entendimiento de la realidad es revelado solo en Cristo. Para el/la cristiano/a esto significa que somos llamados/as a vivir nuestras vidas en el discipulado. No estamos llamados/as a ser dueños o dueñas de nuestras propias vidas ni de las vidas ajenas sino a vivir nuestras vidas siguiendo a Cristo y buscando la voluntad de Dios en todo lo que hacemos. Cuando centramos nuestra atención en **de quién** somos, estamos al mismo tiempo asumiendo que somos sus siervos/as. Estamos viviendo nuestras vidas con un llamado al cual debemos responder con fe. Como cristianos y cristianas tenemos un Señor y somos llamados a ser obedientes a la voluntad de Dios. Bonhoeffer lo formula sucintamente cuando declara que toda persona seguidora de Cristo es llamada a ser obediente pero al mismo tiempo es una obediencia íntimamente relacionada con la responsabilidad como un concepto consciente que une la obediencia y la libertad.

> La obediencia sin libertad es esclavitud, la libertad sin obediencia es arbitrariedad. La obediencia vincula la criatura al creador, la libertad sitúa a la criatura en su perspectiva de imagen de Dios, frente al creador [...] al responsabilizarnos la obediencia y la libertad se vuelven reales [realisieren sich].[8]

La obediencia a la voluntad de Dios surge de la respuesta en la fe y gratitud a Dios. Como Lutero muestra de forma excelente, esta es una respuesta que es integral a la vida como seres creados, rodeados de todas las cosas buenas que Dios nos dio en la creación y con los dones espirituales que nos fueron concedidos en Cristo. Entonces cuando abordamos un tema como la ingeniería genética no nos estamos involucrando simplemente con este tema desde una perspectiva de qué tan lejos podemos ir. Más bien,

---

[7] David H. Kelsey, *Eccentric Existence: A Theological Anthropology*, vol. 1 y 2 (Louisville, Ky.: Westminster John Knox Press, 2009).

[8] Dietrich Bonhoeffer, "Ética" Editorial Estela. Barcelona. 1968. 176.

el enfoque cristiano debe ser cuál es el enfoque responsable (entendido como un concepto receptivo) a esta tecnología. El enfoque responsable nos recuerda que en definitiva no estamos solos. En última instancia, estamos llamados a vivir nuestras vidas como una comunidad responsable con Dios y nuestros semejantes. Esta respuesta nos recuerda que somos criaturas así como nos previene para vivir nuestras vidas buscando la voluntad de Nuestro Señor y lo mejor de las otras criaturas.

La ingeniería genética a la luz de una ciencia responsable

El concepto de un ser humano responsable va junto con una preocupación por la conservación en el concepto de la cocreación. En *The Human Factor* [«El factor humano»], de Philip Hefner,[9] el ser humano es entendido como «[...] creado como cocreador cuyo objetivo es ser un agente, actuar libremente, dar lugar al futuro más saludable posible para la naturaleza que nos dio la vida».[10] Hefner apoya su tesis señalando tres elementos básicos: (1) El ser humano creado por Dios para ser cocreador; (2) el proceso evolutivo como una matriz condicionante; y (3) la libertad como la clave del propósito de Dios. Hefner busca mantener un concepto de Dios como Creador y del ser humano como creado, equilibrando estos tres elementos y entendido a la luz de las visiones científicas contemporáneas y evolutivas.[11]

La postura de Hefner ha sido muy debatida. Una de las críticas que surgen es que va demasiado lejos con su concepto del ser humano como «cocreador» y que en cambio se debe utilizar el término «criaturas creativas». Hefner rechaza esta propuesta por el marco insuficiente de la naturaleza dual del ser humano—«[...] una criatura que ha sido traída a la vida por los procesos de la naturaleza y a quien le ha sido dado el papel de libre cocreador dentro de esos mismos procesos».[12] Ciertamente la naturaleza dual del ser humano como condicionado y libre a la vez es una visión compartida por la mayoría de los teólogos y filósofos, ya que lo podemos afirmar tanto desde la tradición como desde nuestras experiencias. El problema más sustancial con la propuesta de Hefner radica en su concepto de Dios, el ser humano y la relación entre ambos. Para poder argumentar en defensa de su postura, reduce el tono de sus implicancias respecto al concepto de

[9] Philip Hefner, *The Human Factor: Evolution, Culture, and Religion* (Minneapolis, MN: Fortress Press, 1993).
[10] Ibíd., 27.
[11] Ibíd., 31ss.
[12] Ibíd., 39.

Dios,[13] limita el papel de la tradición en la construcción de su propuesta,[14] y sitúa su teoría en una metodología tomada de las ciencias naturales.[15]

Aun cuando se puede decir que el concepto de ser humano creado como cocreador expresa parte de la responsabilidad científica, que como seres humanos tenemos en el continuo desarrollo de las ciencias y las posibilidades de las nuevas tecnologías científicas, el problema fundamental con el concepto es que supone demasiado en relación con el ser humano. Tiende a mover el eje de la vida humana al ser humano mismo y erradicar por lo tanto la dimensión receptiva de la condición humana. Este peligro es particularmente pertinente cuando abordamos el tema de la ingeniería genética, sobre todo cuando toma la forma de manipulación o la mejora genética de los seres humanos.

Cuando nos planteamos el tema de la ingeniería genética debemos ser conscientes de que es un concepto muy amplio que cubre muchos temas científicos y éticos diferentes. Básicamente, la ingeniería genética es un intento de reemplazar un elemento del ADN en la célula de un organismo vivo con la intención de producir un nuevo rasgo o característica. Esto puede ser utilizado con fines médicos, como en el tratamiento de los desórdenes genéticos en las terapias genéticas; los animales pueden ser modificados para la investigación; las cosechas pueden mejorarse ya sea para su crecimiento como para mejorar las condiciones de los niños que sufren de desnutrición, etc. Son muchas las razones buenas y nobles para la ingeniería genética; no utilizarla en algunos casos sería éticamente cuestionable. Cuando la ingeniería genética es utilizada para construir células T para el tratamiento del cáncer, hay un argumento moral que respalda el desarrollo de esta nueva técnica. Cuando utilizamos la ingeniería genética para avanzar en las posibilidades de un tratamiento para varias clases de enfermedades, podría ser moralmente equivocado discutir en contra de ello si no tenemos muy buenas razones para hacerlo. Sin embargo, y al mismo tiempo, hay ciertos usos de la ingeniería genética donde debemos ser muy cautos y probablemente advertir contra el uso de esta tecnología en estos contextos. Particularmente cuando se dice que la ingeniería genética se puede utilizar como una tecnología para diseñar o mejorar algunos rasgos hereditarios en los seres humanos. Generalmente debemos ser extremadamente cuidadosos al usar una tecnología tan radical para hacer cambios permanentes en el perfil genético de un organismo en particular. En relación con las plantas, el tema ha causado preocupación en cuanto a los cultivos genéticamente modificados por cómo los nuevos

[13] Ibíd., 32ss.
[14] Ibíd., 17ss.
[15] Ibíd., 23ss.

genes heredados en las semillas de una planta se pueden diseminar de una forma impredecible a las plantas silvestres. En relación con los seres humanos, hay una gran preocupación sobre los cambios hereditarios y la investigación sobre los gametos que derivan en cambios permanentes en el genoma humano. Una vez más, la preocupación es si realmente podemos ver las implicancias futuras de los profundos y fundamentales cambios que estamos realizando.

En lugar de ver al ser humano como un ser creado cocreador, considero que debemos entender al ser humano como un ser receptivo. El concepto de receptividad se encuentra muy enraizado en el concepto de la tradición luterana y enfatiza al ser humano viviendo en una comunidad sensible a Dios y a las criaturas que lo rodean. Como criaturas creadas no somos semidioses sino criaturas creadas viviendo nuestras vidas a la luz de la voluntad de Dios. Pero al mismo tiempo tenemos una responsabilidad y un llamado. Somos llamados a hacer lo mejor que podamos al desarrollar nuevas biotecnologías y mejorar los actuales abordajes científicos y médicos. Nuestra tarea es encontrar el camino entre Escila y Caribdis, siendo Escila una sobreestimación de nuestro rol como seres creados y Caribdis una subordinación a las actuales fuerzas de la depravación que están en marcha dentro de la creación. Aquí es donde podemos tener tanto una visión positiva de la biotecnología, y al mismo tiempo mantener que somos seres finitos viviendo nuestras vidas con un aliento prestado.

Preguntas

¿Qué papel pueden desempeñar los textos luteranos de hace 500 años en la evaluación contemporánea de los actuales desafíos científicos y tecnológicos?

El concepto del ser humano como «un ser receptivo», ¿tiene más peso teológico que el alternativo de «creado cocreador»?

¿Qué clase de ingeniería genética podemos avalar teológicamente y con cuáles deberíamos ser cautos?

Los desastres naturales y la buena creación de Dios

Naoki Asano

La naturaleza de Dios

¿Quién es Dios? ¿Qué es Dios? ¿Dónde está Dios? Cuando comenzamos a pensar en Dios nos planteamos muchos interrogantes. Las respuestas difieren según sea nuestra fe y nuestra cultura y aun entre las personas que profesan la misma fe se pueden escuchar diferentes puntos de vista. Los seres humanos tienden a «crear» a Dios a su propia imagen. Aunque es cierto que las personas tienen su propia opinión de Dios, generalmente comparten una visión común sobre la naturaleza de Dios, básicamente que Dios es bueno. Dios es lo que es bueno. Todo lo bueno viene de Dios. Dios es la fuente de todo lo bueno. Aunque en términos etimológicos no hay una relación clara entre Dios y lo bueno, en términos teológicos podemos establecer que todo lo bueno viene de Dios.

La creación de Dios

La creación tuvo lugar cuando Dios dijo, «Sea la luz» (Gn 1:3), «Vio Dios que la luz era buena» (Gn 1:4). Dios creó el cielo, el agua y la tierra. Dios los vio y dijo que «era bueno». Dios creó las plantas, las estrellas y las criaturas vivientes diciendo que «era bueno». Y finalmente Dios creó a los seres humanos. Entonces «Dios vio que todo lo que había hecho estaba muy bien» (Gn 1:31). Y la creación se completó.

La humanidad fue creada con una atención y un cuidado muy especial. «Dios creó al hombre, lo creó a su imagen; varón y mujer los creó. (Gn 1:27). Y les dio su bendición» (Gn 1:28). Los seres humanos son únicos por estar incorporados a la imagen de Dios y por las bendiciones concedidas sobre ellos que Dios no impartió a las otras criaturas. No hay duda de que en referencia a los seres humanos Dios dijo, «Dios vio que todo lo que había hecho estaba muy bien» (Gn 1:31). Dios estaba satisfecho con su obra de la creación.

Debemos notar que Dios hizo al ser humano único por una razón en particular: Dios quería crear un compañero para Sí mismo. Dios dijo al hombre y a la mujer, Los bendijo Dios y les dijo: «Fructificad y multiplicaos; llenad la tierra y sometedla; ejerced potestad sobre los peces del mar, las aves de los cielos y todas las bestias que se mueven sobre la tierra» (Gn 1:28). Dios les encomendó cuidar la vida sobre el planeta. A los seres humanos les fue encomendado controlar todas las criaturas y la naturaleza para poder tener vida en abundancia. Habiendo sido creados a imagen de Dios y con las bendiciones recibidas, los seres humanos podrían haber cumplido con la ordenanza de Dios y haber cultivado las plantas y criado a los animales a la vez que salvaguardaban el ambiente natural sobre la tierra, bajo el mar y en el aire. Pero lamentablemente, después de 4,6 mil millones de años constatamos que esto no fue lo que sucedió. ¿Qué fue lo que salió mal? Al ver el creciente deterioro ambiental, ¿cuáles son las implicancias del pecado original cometido por Adán y Eva al comer la fruta del árbol de la sabiduría y conocer el bien y el mal?

Hay dos términos clave en Génesis «someter» y «ejercer potestad», que describen con precisión lo que Dios esperaba de los seres humanos. En términos humanos, ambos términos pueden ser fácilmente malinterpretados porque implican tener una autoridad poderosa sobre algo o alguien. Cuando debatimos sobre temas como la destrucción de la naturaleza y la explotación de los recursos naturales, los ambientalistas no cristianos algunas veces acusan a los cristianos de la interpretación bíblica de la creación según la cual Dios pide que los seres humanos «sometan» y «ejerzan potestad» sobre la creación. ¿Podemos culpar a la fe cristiana por nuestros problemas globales? Si no, ¿es la Biblia la que nos lleva a ese deterioro? O en definitiva, es Dios a quien hay que culpar por lo que está pasando porque Dios ordenó a sus criaturas benditas que «sometieran» y «ejercieran potestad» sobre la naturaleza? Teniendo en cuenta que Dios es eternamente bueno, no tendría sentido culpar a Dios por esto. Nada malo puede venir de la fuente de la bondad.

Antes y después de la caída

A continuación observaré la historia de la creación desde una perspectiva más amplia. Dios vio que la creación era muy buena. La creación demostró ser perfecta. Todo marchaba bien. «Someter» y «ejercer potestad», los dos términos molestos usados por Dios mientras «entregaba» la creación a Adán y Eva pueden sonar diferentes cuando reconocemos que bajo la soberanía de Dios, incluso someter y ejercer potestad pueden tener una connotación sana. De acuerdo con la narración bíblica, la caída de los ancestros de la humanidad no solo afectó sus propias vidas sino a la creación en su totalidad, ya que la creación había sido entregada en sus manos. La Caída cambió todo el escenario de la creación de Dios. Los seres humanos cambiaron el significado de los dos términos y la manera en que fueron implementados. El reino y el dominio de Dios son diferentes a los de los humanos, que siempre están en peligro de ser corrompidos por el poder.

Dios elige libremente crear el mundo y permitir que los humanos lo controlen. Los seres humanos también son bendecidos con la libertad de elegir. Intentamos elegir lo que creemos que es correcto usando el libre albedrío dado por Dios, pero desafortunadamente muchas veces fallamos. La voluntad humana, aunque es un regalo de Dios, está unida al pecado como Lutero expuso en «Esclavitud de la voluntad».[1]

Los desastres naturales

Los desastres naturales constituyen uno de los problemas teológicos más desafiantes. Es algo difícil de manejar porque cuando realmente sucede no podemos evitar preguntar por qué Dios permite que pase la tragedia. No hay una respuesta satisfactoria para este dilema y por ende a la cuestión de la teodicea.

Muchas veces nos referimos al Libro de Job en relación con los temas de la teodicea. Los amigos de Job trataron de explicarle por qué debía sufrir tal calamidad a pesar de su fe y su rectitud ante Dios. Elifaz le dijo, «Si pecas» (Job 35:6); Bildad le aconsejó que se arrepintiera; y Zofar le advirtió a Job que era un merecido castigo. Ninguno pudo consolar su pena y su agonía. Job no entendió por qué debía sufrir la pérdida y la pena a pesar de su vida de fe ante Dios. Finalmente Dios le habla en medio de una tempestad, «¿Dónde estabas cuando yo afirmé la tierra? ¡Dímelo, si de veras sabes tanto!» (Job 38:4). La Palabra de Dios lo abrumó con la autoridad suprema del Creador y la soberanía del Todopoderoso. Job le contestó al Señor, «¿Qué puedo responder yo, que soy tan poca cosa? Prefiero guardar silencio» (Job 40:4). Job vio a Dios como el Ser Supremo, ante quien no tenía nada que decir, no necesitaba encontrar razones para explicar su sufrimiento.

---

[1] Obras de Martín Lutero, Tomo IV. «De servo arbitrio (La voluntad determinada)». Editorial Paidós. Buenos Aires. 1976.

Dios estaba allí como la bondad máxima. La bondad de Dios no puede ser medida por el razonamiento humano. El sufrimiento no puede ser un indicador de cuánto merece o cuánto ha pecado un ser humano. Se niega la justicia retributiva, una visión convencional del juicio de Dios que ve el sufrimiento humano como un castigo.

Los terremotos y los tsunamis, las inundaciones, los huracanes y los tornados generalmente involucran a personas y causan muertes. Los llamamos desastres naturales. Son acciones de la naturaleza de la que somos parte.

La experiencia de Job nos muestra formas de ver las calamidades y los sufrimientos causados por los desastres naturales. Por sobre todas las cosas no es una justicia retributiva que Dios aplica para castigar a las malas personas. Pueden afectar a cualquiera en cualquier momento, no importa de quién se trate. Jesús lo dijo muy claro cuando encontró al hombre ciego de nacimiento y sus discípulos le preguntaron quién había pecado para que ese hombre fuera ciego. Jesús les dijo, «No es que pecó éste, ni sus padres, sino para que las obras de Dios se manifiesten en él.» (Jn 9:3). Recordemos lo que hemos aprendido del Libro de Job. Dios se reveló a sí mismo y reveló sus obras cuando Job sufrió tanto. Este hombre ciego es otro Job en el Nuevo Testamento. La justicia retributiva no es bíblica de ninguna manera.

11 de marzo de 2011, 2:46 PM

Un terremoto masivo de 9,0 grados en la escala de Richter sacudió el este de Japón. Disparó un poderoso **tsunami** con olas que alcanzaron una altura de más de 40,5 metros y que golpearon las costas de Tohoku al noreste de Japón. Este fue el momento que cambió la historia de Japón. En Tokio, a trescientos kilómetros del epicentro, provocó grandes explosiones de tanques de gas y la licuación de suelos, sumergiendo a la ciudad en un caos. El 12 y el 14 de marzo, dos reactores nucleares de la planta nuclear de Fukushima explotaron y desparramaron sustancias radioactivas sobre grandes áreas del este de Japón. El mayor terremoto que se haya registrado en Japón dejó muchas víctimas y causó la muerte de 18.000 personas.

«Dios mío, Dios mío, ¿por qué me has abandonado?» Takashi Yoshida, un pastor de la Iglesia Reformada de servicio en el área afectada, declaró que el grito de Jesús resonó entre las comunidades cristianas del distrito de Tohoku. No pudieron evitar preguntarse, ¿por qué Tohoku? Takashi Yoshida había escuchado decir a las personas que era Dios que estaba castigando al codicioso pueblo japonés. Su respuesta a esta afirmación fue: «En ese mismo momento pensé que este no era un castigo para quienes habían muerto sino que Dios me estaba castigando por haber dado por sentado mi vida cómoda y de prosperidad económica obtenida del trabajo duro de muchas víctimas». Su respuesta me recuerda a Job cuando al final le dijo al Señor, « De oídas te conocía, mas ahora mis ojos te ven. Por eso me aborrezco y me arrepiento en polvo y ceniza» (Job 42:5-6). Habiendo dicho anteriormente que teológicamente la justicia retributiva no nos ayuda a entender la tragedia y aliviar el dolor de las víctimas, todavía sucede que aquellos que sufren grandes catástrofes naturales, tienden a interpretar de esa manera sus sufrimientos.

Era viernes cuando ocurrió el terremoto, dos días después del Miércoles de Cenizas de 2011. Al día siguiente había cenizas mortales por la lluvia radioactiva. Cuando la planta nuclear explotó y la sustancia radioactiva se infiltró en el aire de Fukushima, el pastor Yoshida pensó que su mundo había cambiado completamente, de ser la tierra hermosamente creada por Dios a un lugar de dolor y pena donde ningún ser humano o criatura debería vivir. El terremoto tiene que ser visto desde otra perspectiva. El terremoto y el tsunami son, sin duda, naturales pero no debemos olvidar el hecho de que la explosión de la planta nuclear es un desastre provocado por los seres humanos. Este monstruo creado por los seres humanos dañó irrevocablemente la tierra, la contaminó y la dejó infecunda y le robó a las personas locales sus casas y propiedades.

Dios nos creó a su imagen y esta imagen está dentro de nosotros de diferentes maneras. Una de las facetas en las cuales la bendita imagen de Dios se ve reflejada en la creación humana, es la forma en que produce en los campos de las artes, el diseño, la música, la manufactura, los edificios, la cocina y más. Esa creación humana enriquece la vida y la hace más feliz. Después de la caída de Adán y Eva, sin embargo, esa creatividad humana no siempre ha sido exitosamente reveladora de la imagen de Dios. Comenzó a «caminar» por sí misma sin saber dónde ir y muchas veces volviendo la espalda a Dios. La energía nuclear fue un producto de la creación humana, primordialmente con el fin de ganar la Segunda Guerra Mundial.

Inmediatamente después del terremoto, las cuatro iglesias luteranas en Japón juntas iniciaron un programa de rescate. La Comisión de Socorro de la Iglesia Luterana en Japón (JLER, por su sigla en inglés) envió un grupo de personas para realizar el trabajo de ayuda. Su ministerio está estrechamente relacionado con las víctimas del desastre que sufrieron daños espirituales, sicológicos y físicos y su misión incluye escuchar y cuidar mucho a las víctimas, proveyéndoles el apoyo necesario para que puedan encontrar una vida futura de esperanza y felicidad. En marzo de 2014 el programa de tres años de la JLER finalizó. Aunque el programa había terminado, la JLER decidió continuar el trabajo enfocándose lo más posible en las víctimas de las emisiones radioactivas de Fukushima, escuchando sus historias y apoyándolas en sus necesidades diarias. Sabemos que no es un apoyo «definitivo» sino un apoyo continuo y a largo plazo que debe continuar durante varias décadas. Otro desafío misional para el futuro, será servir como iglesia a nuestros prójimos que sufren. Este ministerio se ha vuelto otra misión que Dios nos ha confiado como parte de la continua obra creativa de Dios.

El teólogo australiano Frank Rees experimentó el terremoto y el tsunami que golpeó la parte sur de Samoa Occidental el 29 de setiembre de 2009. Más tarde escribió una reflexión teológica sobre la catástrofe donde mencionó a dos teólogos históricos, Jürgen Moltmann y Dietrich Bonhoeffer. Ambos tenían un concepto teológico común sobre la obra de Dios en un mundo que sufre. Moltmann escribe sobre «la actividad de acompañamiento de Dios»[2] quien también sufre la dolorosa realidad del mundo moderno junto a las personas que sufren. Dios no es solo quien creó todo el universo sino quien continuamente acompaña a las personas que sufren a través de la nueva creación.

Dietrich Bonhoeffer escribió desde la prisión, «solo un Dios que sufre puede ayudar». Al mencionar a Bonhoeffer, Rees afirma que solo Dios, quien está comprometido activa y amorosamente con el sufrimiento, nos puede ayudar.

> Dios participa plenamente en la vida del mundo. Sufrir significa estar sujeto a las elecciones de otros. Sufrir significa poder recibir y aceptar lo que otros deciden así como tener la capacidad, los deseos y los fines propios.[3]

Estas dos declaraciones teológicas sobre Dios son alentadoras e inspiradoras mientras llevamos a cabo nuestra misión cristiana de servir a las personas necesitadas y que sufren. Ambos teólogos afirman un Dios que sufre y que acompaña a las personas que sufren. Dios acompaña a quienes luchan por servir tanto como a quienes sufren. Al mismo tiempo debemos notar que el sufrimiento y el dolor no son algo maldito o que Dios niega. Dios acepta y voluntariamente sufre con nosotros mientras sigue creando nueva vida a pesar de la confusión y la oscuridad, muchas veces causadas por la creación humana. Este ministerio de conectarse y estar cerca de las personas afectadas es nuestra participación en la *missio Dei.*

---

[2] Jürgen Moltmann, *Dios en la Creación.* Ediciones Sígueme. Salamanca 1987.

[3] Frank Rees, «God of the tsunami: A theological reflection on the experience of disaster and some implications for how we live in the world», en **www.ttgst.ac.kr/upload/ttgst_resources13/20124-270.pdf**

La imagen de la oración

«Y creó Dios al hombre a su imagen, a imagen de Dios lo creó; varón y hembra los creó.» (Gn 1:27). Según Génesis, ser creados a imagen de Dios es algo que solo les fue concedido a los seres humanos. Presupone nuestra capacidad de pensar, recordar y creer en nuestro Creador. Esto le da a los seres humanos la capacidad de responder al llamado de Dios y crear una relación con Dios. La respuesta al llamado de Dios se puede ver expresada en el testimonio y la oración. La oración puede ser vista como una señal de que los seres humanos fueron creados a imagen de Dios. Esta imagen solo les fue concedida a los seres humanos. En consecuencia, la oración como una herramienta para que nos comuniquemos y nos relacionemos con Dios, es algo que nos distingue como humanos. Ninguna otra criatura está bendecida con la posibilidad de orar. Sabemos que hay otras capacidades que caracterizan a la naturaleza humana, como hablar en lenguas o utilizar herramientas. Pero sabemos que los simios son lo suficientemente inteligentes como para entender algunas palabras sencillas y comunicarse con sus criadores. Saben cómo usar palos para recoger bananas de los árboles. Hablar en diferentes lenguas y usar herramientas no prueba que los seres humanos están excepcionalmente dotados con la imagen de Dios.

La oración también puede significar un lamento; en los salmos del Antiguo Testamento muchas veces encontramos expresiones de lamento (Sal 1: «Dios mío, Dios mío, ¿por qué me has desamparado?», las palabras que Cristo gritó en la cruz según Marcos 15:34), son preguntas desesperadas que le preguntan a Dios, ¿por qué me está pasando esto? A menudo no hay respuestas directas y rápidas a estas preguntas, aunque traerlas ante Dios puede ser el comienzo de un proceso sanador. Y un día podemos recibir una respuesta a nuestros lamentos.

Algunas veces puede ser difícil llevar esas preguntas y lamentos ante Dios personalmente. Después de los resultados del terrible tsunami, algunas familias no cristianas vinieron a visitar las iglesias en busca de ayuda. En muchos casos vinieron porque habían perdido a algún familiar. Un día un pastor recibió una llamada telefónica de una madre que le preguntó, ¿dónde está mi hijo ahora? ¿Por qué tenía que ser mi hijo? ¿Es porque hizo algo malo? Dígame pastor, ¿dónde está, en el cielo o en el infierno? El pastor al principio no pudo responder. La conversación duró alrededor de una hora y al final él le dijo, «puedo orarle a Dios y esto es lo mejor que puedo hacer por usted por ahora. ¿No tiene inconveniente que ore por usted y su hijo?» Esta solicitud de poder orar, calmó su mente conflictuada. Ella respondió entre lágrimas, «Sí, por favor hágalo, ore por nosotros». No hay nada especial en que un pastor ore por otras personas. Pero el pastor recordó esta conversación más adelante y dijo,

> Nunca se me había ocurrido que la oración fuera un método de cuidado pastoral tan efectivo. Pensé que mi llamado principal en el ministerio sería predicar y enseñar la Biblia a la congregación. Pero ahora sé que la oración de intercesión pastoral es muy poderosa para la sanación espiritual.

La oración de intercesión no es solo para pastores o pastoras entrenados profesional y teológicamente para el consuelo de quienes sufren. No debería ser exclusiva de los pastores o pastoras, debería ser practicada por todos los cristianos y cristianas que tienen personas que están sufriendo a su alrededor. Somos todos y todas privilegiados de tener el don de la oración y estamos comisionados para usarlo con nuestros prójimos. Es Dios quien creó su imagen en nosotros. Esta imagen fue creada para que pudiéramos conectarnos con nuestro Creador quien quiere que usemos esa imagen a través de la oración para su propósito, para su misión.

Preguntas

¿Piensa que el concepto convencional de la teodicea (explicación de por qué un Dios bueno, todopoderoso y sabio permite el mal) es significativo para ser testigo de Dios en el mundo actual? De ser así, ¿por qué y cómo?

Además de la oración, ¿hay otras formas en que la imagen de Dios se expresa en los seres humanos?

¿Por qué es importante para nosotros como ciudadanos del mundo cuidar de la buena creación de Dios?

Mayordomía responsable de la creación de Dios: Defensa de la justicia climática

Martin Kopp[1]

Antes de seguir leyendo, por favor respiren profundamente. En serio, por favor háganlo. Han sentido que el aire llena sus pulmones y es expelido de vuelta a la atmósfera. Quizás no hay otra acción que nos sea más común. Respirar es tan normal que generalmente ni siquiera lo pensamos. En realidad nos olvidamos que respiramos, porque es tan perfectamente normal.

Sin embargo hace un minuto pasó algo excepcional. Quizás no sean conscientes de ello, pero pertenecemos a la primera generación de seres humanos que inhala 400 partes por millón (ppm) de CO_2 por cada inspiración que hacemos. Esto significa que 400 del millón de moléculas que han entrado en nuestros pulmones son de CO_2. Es la primera vez que sucede en la historia de la humanidad. De hecho, desde que nació el primer *homo sapiens*, la concentración de CO_2 ha oscilado entre 180 y 280 ppm.

Este no es un acontecimiento digno para celebrar. El último informe del Grupo Intergubernamental de Expertos sobre el Cambio Climático (GIECC) destaca que la realidad del cambio climático es «inequívoca». Declara que hay entre el 95 % y el 100 % de probabilidades de que desde mediados del siglo XX, la actividad humana haya derivado en el cambio climático por su aumento exponencial de la emisión de gases de efecto invernadero (GEI). Las sociedades humanas emiten GEI básicamente quemando combustibles fósiles que son o eran carbono almacenado en la tierra hasta que los seres

[1] Martín Kopp es el delegado de la FLM para las conferencias sobre el clima de las Naciones Unidas.

humanos lo pusieron en los autos, centrales eléctricas, aviones.. y los sueltan nuevamente a la atmósfera.

Esto no es insignificante. El aumento de los niveles de GEI en la atmósfera aumenta el efecto invernadero de los gases. Es cierto que este efecto normalmente es muy positivo: permite la vida sobre la tierra como la conocemos. Puede compararse con una sábana colocada sobre el planeta y si no fuera por ella la temperatura sobre la superficie sería de -18°C en lugar de +15°C. El problema es que estamos agrandando la sábana. La atmósfera ya se ha calentado 0,85°C y si no transformamos nuestras sociedades para que consuman menos carbono, para la mitad de este siglo las temperaturas en la superficie aumentarán entre 4°C y 8°C.

Esto no es inofensivo. Estos aumentos tendrían consecuencias tremendas, incluidos el aumento en la intensidad y frecuencia de los eventos climáticos extremos (olas de calor, inundaciones, sequías, huracanes y tifones, grandes incendios forestales); el aumento del nivel de los mares; la acidificación de los océanos; cambios en los registros pluviales; la pérdida de biodiversidad. En otras palabras, un completo trastorno de nuestros ecosistemas que podría provocar la destrucción de los medios de sustento (casas, campos, ganado); hambrunas; escasez de agua; grandes crisis y costes económicos; miles si no millones de muertes; migración masiva social además de conflictos internacionales. El cambio climático puede ser la amenaza más seria que el ser humano enfrenta hoy.

Después de conocer estos datos, ¿por qué el clima es un asunto de «justicia»? ¿Y por qué los cristianos deberían preocuparse? ¿Hay un fundamento teológico fuerte para la acción de los creyentes y las iglesias? Si es así, ¿cómo podemos abogar por la justicia climática?

Cambio climático: un tema de justicia

El cambio climático constituye un tema de justicia en varios aspectos: es un asunto de justicia internacional, intergeneracional y social. Exploremos estos tres puntos de vista.

Justicia internacional

La segunda parte del informe del GIECC está dedicada al impacto del cambio climático sobre la sociedad humana, la adaptación necesaria y la vulnerabilidad que muestran. El último informe del GIECC subraya el hecho de que aunque todos los países serán afectados por el cambio climático, el daño mayor se verá en los llamados países «en desarrollo» como también en los llamados países «menos desarrollados».

Históricamente, son los países desarrollados los que han emitido las mayores cantidades de GEI. Es por eso que el cambio climático es un asunto de justicia internacional: los países que han emitido menos carbono serán los más afectados. Esto plantea preguntas obvias sobre la justicia distributiva y restauradora entre las naciones; es decir, no solo justicia ecológica sino también económica. No deberíamos olvidar, por ejemplo, que algunos países pueden desaparecer completamente bajo las aguas. El presidente de las Maldivas, Mohamed Nasheed, ya está buscando comprar tierras para la población de su país.

Pero es necesario señalar que los niveles de GEI emitidos por el Sur Global desde 1850 están por alcanzar los niveles emitidos por el norte.[2] En 2010, el Sur Global fue responsable del 48 % de todas las emisiones y esta cifra puede alcanzar el 51 % para alrededor de 2020. China por ejemplo, se ha vuelto el primer emisor mundial.

Se plantea así la interrogante de si esto resuelve el asunto de la justicia internacional. Yo no pienso así porque, primero, en el Sur Global muchos países que ahora tienen emisiones bajas son las principales víctimas del cambio climático. Segundo y más importante, los países del Norte Global consumen una porción considerable de lo que produce el sur y las industrias contaminantes solo han sido reubicadas. Parecería que la pregunta pronto deberá ser reformulada: no serán más los países «desarrollados» en contraposición a los países «en desarrollo» o el Norte Global en contraposición al Sur Global, sino emisores frente a víctimas.

Justicia intergeneracional

Los datos en este caso son clarísimos: las generaciones anteriores y las actuales han emitido grandes cantidades de GEI y las generaciones futuras serán las que más sufren. Aunque los modelos y situaciones hipotéticas del futuro generalmente se detienen en 2100, Andrew Dessler dice que «muchos escenarios presentan emisiones significativas y calentamiento, que se extienden hasta el siglo XXII y más allá».[3] Si nuestra generación no corta a tiempo esas emisiones, el cambio climático inducido por los humanos durará por siglos y afectará la vida de muchas generaciones futuras. El uso actual de los combustibles fósiles y de la tierra nos plantea serios interrogantes de justicia intergeneracional.

---

[2] Den Elzen, Olivier, Höhne y Janssens Maenhout, «Countries' Contributions to Climate Change: Effect of Accounting for all Greenhouse Gases, Recent Trends, Basic Needs and Technological Progress», en *Climatic Change* 121/2 (2013).

[3] Ver Andrew Dessler, *Introduction to Modern Climate Change* (Cambridge: Cambridge University Press, 2011), 123.

Justicia social

El cambio climático plantea problemas de justicia social: quienes sufren primero y ante todo son las personas pobres y las más vulnerables; por ejemplo, las personas desempleadas, migrantes, las mujeres, los niños y las niñas, las personas mayores y las personas discapacitadas. Por lo general, ni siquiera han tenido acceso a las actividades que producen muchas de las emisiones de GEI.

Hay dos razones para explicarlo: Como ya fue señalado, por un lado son los países «en desarrollo» y «menos desarrollados» que están ubicados en áreas geográficas que estarán expuestas a las consecuencias más graves del cambio climático. Por otro lado, es fácilmente entendible que los países y las poblaciones pobres sean menos capaces de enfrentar los desafíos del cambio climático. Por ejemplo, en los Países Bajos hay suficiente riqueza como para intentar proteger la costa de los crecientes niveles del mar. Pero lo mismo no sucede en Bangladés, donde los niveles del mar desplazarán a millones de personas, que se convertirán en «refugiados climáticos».

Aunque esto es sumamente obvio en el Sur Global, también se aplica en todo el mundo. Cuando los huracanes Rita y Katrina golpearon a Nueva Orleans, una ciudad en uno de los países más ricos del mundo, los pobres fueron los que más sufrieron. Las personas ricas no vivían en los barrios que podían inundarse con facilidad, tenían suficiente dinero para huir del desastre y los recursos necesarios para comenzar nuevamente en otro lugar. La gente pobre vio cómo sus casas eran destruidas y debieron quedarse en una ciudad desierta sin poder pagar una casa nueva. Trabajé en Nueva Orleans con el Departamento de Respuesta a los Desastres de la Iglesia Evangélica Luterana en América. A un grupo de veinticinco jóvenes franceses les llevó dos semanas limpiar tres casas. Recuerdo claramente que la familia a la que ayudamos había vivido durante varios meses en una casa rodante estacionada en el jardín al lado de la casa que se podría. Esta experiencia quedará impresa en mi memoria como prueba de la vulnerabilidad de los países que generalmente juzgamos como «demasiado ricos para equivocarse». No debemos olvidar las desigualdades entre sus poblaciones.

Hoy no podemos separar los campos de la justicia social y ecológica. Fue muy oportuno que en el vigésimo aniversario de la GIECC, el Secretario General de las Naciones Unidas, Ban Ki-moon, identificara el cambio climático como una seria amenaza para alcanzar los Objetivos de desarrollo del milenio.

Verde y justo: un fundamento teológico para abordar el cambio climático

A nivel teológico la relación con la creación y la importancia máxima atribuida a la justicia son las dos columnas de una postura cristiana sobre el cambio climático. Ambas perspectivas pueden ser incluidas en un clima espiritual más amplio de reconocimiento, la gracia y el amor.

Un concepto renovado de la Teología de la creación

Durante las últimas décadas las investigaciones académicas han revisado los textos bíblicos más famosos y han formulado una nueva Teología de la creación. Además, los teólogos han redescubierto la riqueza de la teología de los reformadores y la subestimada tradición del diálogo entre la fe y las ciencias naturales.

El mundo es la creación de Dios (Gn 1:1-2:25). El primer artículo del Credo Apostólico dice, «Creo en Dios, Todopoderoso, creador del cielo y de la tierra».[4] Todas las formas de vida son declaradas criaturas. No somos dioses. No podemos fundamentar nuestra relación con el resto de la creación como si fuéramos sus dueños. Dios es el verdadero dueño de la creación. Y esta creación fue declarada como «buena en gran manera» (Gn 1: 31).

Somos responsables de la creación de Dios. Nuestra relación con las otras criaturas está definida por cuatro verbos en Génesis 1 y 2: «someter» y «ejercer potestad» (Gn 1:28); «labrar» y «cuidar» (Gn 2:15). Los dos primeros verbos han sido malinterpretados; como si nos ordenaran explotar la naturaleza. Por ejemplo, el filosofo francés, René Descartes habló sobre el ser humano como si fuera amo y dueño de la naturaleza. En su artículo «The Historical Roots of Our Ecological Crisis»,[5] el historiador norteamericano Lynn White Jr. identificó la tradición occidental judeocristiana como una de las raíces de la actual crisis ecológica. Lo que a menudo olvidamos es que al final de su artículo también identificó los recursos en esta tradición que podrían ayudar a vencer este modelo de dominación.

Con los verbos utilizados en Génesis para ilustrar nuestra relación con las otras criaturas, hoy en día reconocemos que esos términos en realidad expresan nuestra responsabilidad cuando se trata del destino de la creación. En particular el verbo «gobernar» es utilizado en el hebreo para describir la relación de un rey con sus súbditos y la perspectiva del Antiguo Testamento es de un cuidado responsable. Los otros dos verbos expresan claramente el hecho de que debemos ser buenos mayordomos y mayordomas de la creación de Dios.

---

[4] Editor Dr. Andrés A. Meléndez. "Libro de Concordia" Las Confesiones de la Iglesia Evangélica Luterana. Concordia. Publishing House. St. Louis. 1960. Robert Kolb y Timothy Wengert (eds), *The Book of Concord. The Confessions of the Evangelical Lutheran Church* (Minneapolis: Fortress Press, 2000), 21.

[5] *Science* 3767, vol. 155 (1967).

Por eso la Biblia ofrece un antropocentrismo claro y limitado por la dignidad de las otras criaturas. No abre un espacio para la libertad total sino de responsabilidad.

La teología de la justicia

La justicia empapa la totalidad de las Escrituras desde la esencia de la Ley a la esencia del Evangelio. Es lo más importante a los ojos de Dios. Guillermo Kerber cita algunos versículos relevantes en su artículo *La Justice Climatique.*[6] En el mundo del Antiguo Testamento, la viuda, el huérfano y el extranjero representan la figura de la persona vulnerable, objeto de un amor y un cuidado especiales por parte de Dios: «Jehová guarda a los extranjeros; al huérfano y a la viuda sostiene, y el camino de los impíos trastorna » (Sal 146:9). Solo a través de la justicia puede haber una paz verdadera y sostenible:

> La verdad brotará de la tierra y la justicia mirará desde los cielos. Jehová dará también el bien y nuestra tierra dará su fruto. La justicia irá delante de él y sus pasos nos pondrá por camino. (Sal 85:11-13).

En el Nuevo Testamento, el ministerio de Jesucristo es entendido como un cumplimiento de la justicia. En el Evangelio de Mateo, Jesús dice al comienzo de su Sermón de la Montaña: «Bienaventurados los que tienen hambre y sed de justicia, porque serán saciados» (Mt 5:6). Al terminar su ministerio, Jesús comparte una parábola que es un llamado a actuar a favor de los vulnerables de este mundo (Mt 25:31-46).

Desde el reconocimiento a la gracia y al amor

Estas consideraciones teológicas determinan una clara instancia ética para encarar el cambio climático. El cambio climático es el resultado de una relación corrupta con toda la creación, incluidos nuestros congéneres. Al considerar a la creación como un almacén de recursos para ser extraídos, explotados y quemados hasta la última molécula accesible, sin importar el costo en términos humanos y de creación, una minoría se ha puesto a sí misma en una situación de pecado. Si tomamos la metáfora de Martín Lutero, los grandes lores se han vuelto hacia sí mismos (*incurvatus in se*). Cualquiera que haya intentado caminar en una ciudad mirando solo su ombligo sabe que si solo miramos hacia nosotros mismos, no podemos evitar chocar contra otra persona: no podemos ver a los demás ni lo que

[6] Guillermo Kerber, «La justice climatique», en *Sources* (enero/febrero 2011).

nos rodea, y podemos causar daños fatales. El último presidente de la FLM, Mark S. Hanson, se expresó en forma rotunda cuando identificó esta situación general como una blasfemia espiritual.

Esta posición antropológica es peligrosa, si no letal. Muchos de nuestros hermanos y hermanas ya han muerto a consecuencia de las condiciones climáticas extremas y la vida futura está amenazada. Esta realidad también incluye a muchos animales y especies de plantas. La pérdida de biodiversidad aumenta constantemente y como señaló Robert Barbault,[7] se estima que estamos al borde de la sexta gran extinción de especies, en la que el cambio climático desempeña un papel significativo.

Como cristianos y cristianas sabemos lo vital que es reconocer nuestro pecado y arrepentirnos. Esto nos puede ayudar a comprometernos: Dios nos perdona y al ser libres por la gracia de Dios podemos volvernos al mundo y comenzar un camino de acción valiente. Somos el corazón de la visión de Lutero como cristianos comprometidos. Esto se aplica hoy y nuestras acciones surgen de la reconciliación y la paz que nos fue concedida por la gracia de Dios y su misericordia.

Sin embargo, me temo que no sea suficiente para llevar a las sociedades y formas de vida que utilizan altos niveles de carbono hacia el camino de la sostenibilidad. Quienes vivimos en los llamados países desarrollados necesitamos cambiar nuestra forma de ver el mundo y quienes viven en otros lugares deberían ser precavidos y no adoptar el imaginario social occidental.[8] Deberíamos aprender a detenernos, contemplar, ser agradecidos por lo que nos fue dado y amar. Sí, debemos amar a la creación, incluidos nuestros prójimos. Protegemos lo que amamos, pero descuidamos las cosas que nos son indiferentes. Si la creación se reduce a videos en una pantalla plana o cifras en un informe del WWF, no puede haber una verdadera conversión y en consecuencia, no habrá acciones personales ni políticas públicas. El amor necesita tiempo. Creo que habría un avance significativo si pudiéramos pasar más tiempo afuera en contacto directo y asombrándonos con la buena creación de Dios. Sería lo más apropiado para una humanidad cuyas vidas se desarrollan cada vez más en áreas urbanas. Necesitamos estar en una relación real con la creación. Este cambio es la condición previa para cambiar nuestro paradigma económico hacia una sociedad más frugal y más justa. Aquí llegamos a la verdadera esencia del

---

[7] Ver Robert Barbault, «Loss of Biodiversity. Overview», en *Encyclopedia of Biodiversity* (Amsterdam: Elsevier, 2013), 656–66.

[8] El término «imaginario» proviene del filósofo Cornelius Castoriadis. Las teorías del imaginario colectivo buscan explicar la manera en que la imaginación, y no simplemente la razón, asume la construcción de instituciones, representaciones y prácticas sociales fundamentales.

tema: en relación con el cambio climático, son nuestros valores y nuestras visiones del mundo las que están en juego.

La creación, ¿no se vende?

Lamentablemente el imaginario colectivo dominante solo reconoce el valor a través del precio. Los incentivos utilizados para luchar contra el cambio climático que parecen funcionar mejor son los económicos. Hoy en día el dinero es el verdadero bien. La prueba de esto es que una de las principales herramientas políticas para abordar el cambio climático es poner precio a las emisiones de carbono a través de una estrategia mercantil de emisiones. Y una señal de la hegemonía de la economía es el hecho de que la sociedad civil está permanentemente cambiando su narrativa de defensa de causas. De hecho, hasta ahora se ha insistido en las obligaciones morales de los emisores hacia quienes sufren las consecuencias de sus emisiones. Esta estrategia falló. La tendencia es cambiar el discurso y decirle a los estados y las compañías que detener el cambio climático es en su propio interés económico, estrategia que es utilizada a nivel individual. Por ejemplo, las personas están más dispuestas a aislar sus casas porque de esta forma reducen sus facturas eléctricas y no porque de esa manera previenen el desplazamiento de alguien que vive lejos y en el futuro.

Entonces, la creación ¿no se vende? Pero ¿qué pasaría si la mejor manera de salvar a la creación de los graves cambios climáticos y sus efectos fuera destacar las ventajas financieras de tomar acciones audaces sobre el tema? ¿Deberíamos como cristianos/as usar un argumento económico para que las personas y los gobiernos tomen la opción moralmente correcta? ¿Sería una opción que nos identifica como comunión de iglesias? Es una pregunta dura. Al momento de escribir estas líneas el tema no se ha debatido todavía dentro de la FLM y yo todavía no he podido llegar a una conclusión personal. No obstante, como la sociedad civil está cambiando su narrativa, será necesario analizar la pregunta y la FLM deberá tomar su propia posición.

Personalmente, me doy cuenta de que por un lado el tiempo es extremadamente corto: se espera el nuevo tratado para 2015 y se anticipa que las emisiones a nivel mundial alcancen su máximo punto en 2020, antes de comenzar un declive que reduzca las emisiones mundiales en un 80-95 % para 2050. Esta meta es muy ambiciosa. Tanto la urgencia de la necesidad de acción como las conocidas consecuencias catastróficas del cambio climático nos inclinarían por el argumento de la eficiencia: no tenemos tiempo para derribar el imaginario colectivo y hacerlo más sensible a los argumentos morales que a los económicos, incluso si esto fuera posible. Por eso es que debemos usar lo que actualmente moviliza a la población objetivo.

Por otro lado veo claramente que una defensa cristiana basada en los incentivos financieros puede ser vista como contradictoria: ¿no estamos usando como herramienta exactamente lo mismo que creó la crisis en la que estamos? Una comunión de iglesias, ¿puede depender de la economía cuando Jesús mismo habló sobre la riqueza severamente y fue un ejemplo de vida frugal? Esta comunión, ¿puede usar un desencadenante egoísta cuando su misión es ser la voz de quienes no tienen voz, de la gente pobre y vulnerable?

En esta parte nos hemos movido desde el por qué debemos abordar el cambio climático al cómo debemos defender la acción, planteando una pregunta general desafiante. Una de las iniciativas actuales de defensa de causas es el ayuno por el clima,[9] en la que la FLM está plenamente comprometida. Desde la conferencia sobre el clima COP19 de las Naciones Unidas, que tuvo lugar en Varsovia, Polonia, miles de personas alrededor del mundo ayunan el primer día de cada mes en solidaridad con las víctimas del cambio climático, y para presionar a los gobiernos para que firmen un ambicioso tratado en París, Francia, a fines de 2015.

El ayuno ha cambiado la forma en la que veo el mundo. Vivo en un país «desarrollado» y nunca me había ido a dormir con hambre; ahora lo hago una vez al mes. Sé que esa es la experiencia diaria de cientos de millones de personas, muchas veces a causa de eventos climáticos extremos, otras veces por el cambio de los patrones climáticos década a década. El ayuno ha hecho que el cambio climático se volviera real para mí, me abrió los ojos y me acercó a mis prójimos. Es una de las razones por las que es interesante ayunar una vez al mes: el cambio climático es una realidad lejana para quienes vivimos en el Norte Global, tanto en el espacio como en el tiempo. A través del sentimiento concreto de hambre, desaparece la distancia que me separa de esas víctimas. Mi estómago vacío me hace recordarlos todo el día y experimentar una compasión real.

Pero también, al volver al tema económico y al ángulo de nuestra defensa, el ayuno establece un gesto simbólico de moderación. En los países llamados «desarrollados» vivimos en sociedades que necesitan seguir creciendo por estar basadas en una producción y un consumo que debe crecer permanentemente. A través del ayuno, simbólicamente podemos mostrar que el camino hacia una futuro sostenible y justo necesita que cambiemos los paradigmas sociales, «¡cambio de sistema, no cambio climático!», dice un eslogan famoso. En resumen, como Gandhi expresó muy certeramente: necesitamos aprender a vivir con más simpleza para que los otros puedan simplemente vivir. En la tierra hay suficiente para cubrir las necesidades de toda la gente, pero no para la codicia de toda la gente.

---

[9] Ver **www.fastfortheclimate.org**

Preguntas

¿Su país ya está sufriendo las consecuencias del cambio climático?

¿Su iglesia está comprometida con el tema? ¿Cómo podrían encarar el cambio climático?

¿Cuál sería su posición sobre el problema planteado en esta última parte del artículo? Digamos que usted va a reunirse con gobiernos o empresas, como luterano o luterana, ¿su defensa estaría basada en argumentos económicos o morales?

La creación no se vende: cómo compartir la tierra, los problemas en torno a la propiedad de la tierra en Tanzania

Stephen I. Munga

Introducción

Es obvio que la creación no está ni nunca estará en venta. Si estuviera a la venta habría un vendedor y un comprador. ¿Quién es dueño de la creación? ¿Quién querría apropiarse de ella y comprarla? La creación es un regalo de Dios para todos. La creación incluye la tierra donde la mayoría de la población mundial se gana la vida. Somos conscientes de que la mayoría de las personas, en particular en el Sur Global, depende de la tierra para su existencia. Vivimos sobre la tierra y es aquí donde sentimos que pertenecemos en este mundo y somos parte de la creación. También sabemos que hay muchas personas que quieren ser propietarias de tierra, por lo menos poseer la mayor cantidad posible. Eso le niega a otras personas un lugar donde vivir y los recursos para ganar su sustento. Dios le confió la creación a toda la humanidad y los 148.940.000 km^2 de tierra sobre este planeta son un lugar donde todos los seres humanos podemos vivir.

La importancia de la tierra

En la historia de la creación bíblica nos encontramos con Dios quien confía su creación a la humanidad. Dios lo hace para beneficiar a todos los seres humanos para que puedan cuidar la creación al mismo tiempo que la pueden usar para sustentar sus vidas. Aquí vemos la interdependencia entre la humanidad y la creación. No somos propietarios de la creación sino sus mayordomos. Dios Creador sigue siendo el autor y propietario de la creación hasta el fin de los tiempos. Nuestra relación con Dios en lo que se refiere a la creación es a través de un acuerdo entre partes desiguales. Dios Creador siempre llevará la voz cantante y nosotros debemos cuidar la creación de acuerdo con los mandamientos de Dios.

Además de la historia de la creación, otro texto bíblico (Levíticos 25) se refiere a los temas relacionados con las tierras y habla sobre el año sabático, el año de descanso. El año sabático cincuenta es el año del jubileo. Este capítulo es altamente relevante ya que la Federación Luterana Mundial (FLM) conmemora el 500 Aniversario de la Reforma en 2017. La FLM celebrará este evento histórico con la declaración de que somos «Libres por la gracia de Dios». El texto de Levítico nos da una idea no solo de cómo se relaciona el jubileo con la libertad sino también de cómo la tierra está en el centro de lo que es ser libre en el año del jubileo. La tierra significa que es posible la existencia y esto se aplica particularmente a los pobres. La tierra les fue dada por el Creador y cualquier transacción debe ser justa para agradar a Dios, quien es nuestra justicia. El año de jubileo está claramente marcado por la liberación de las personas y las propiedades como también como punto de referencia para establecer los precios o para regular la venta y la compra de tierras y propiedades. La ley preveía que la tierra no fuera vendida sino solamente arrendada hasta el año de jubileo, cuando era devuelta a la familia propietaria o a sus herederos.

> Cuando vendáis algo a vuestro prójimo o compréis de manos de vuestro prójimo, no engañe ninguno a su hermano. Conforme al número de los años transcurridos después del jubileo comprarás de tu prójimo; conforme al número de los años de cosecha te venderá él a ti. Cuanto mayor sea el número de los años, aumentarás el precio, y cuanto menor sea el número, disminuirás el precio, porque según el número de las cosechas te venderá él. No engañe ninguno a su prójimo, sino temed a vuestro Dios, porque yo soy Jehová, vuestro Dios. (Lv 25:14-17)

En el año del jubileo las personas vuelven a sus propiedades y es por lo tanto el año de la liberación y expiación cuando la propiedad, incluida la tierra, es liberada y se desatan los lazos de la esclavitud y la pobreza. Las propiedades y sus propietarios se reúnen otra vez. Esta ley permitía que las personas conservaran sus tribus y sus familias mientras esperaban la llegada del Mesías. La libertad con que cada persona nació, si fue vendida o se perdió, debe retornar durante el año del jubileo. Esta era una analogía típica con la redención de Cristo de la esclavitud del pecado y ser devueltos a la libertad de los hijos de Dios. La declaración de libertad hecha por la

FLM concuerda con estos mismos parámetros. Debe ser así para poder concretarse, de lo contrario la declaración de la FLM se convierte en un eslogan vacío.

Los problemas que afectan la propiedad de la tierra en Tanzania

En un país donde el eje de la economía es la agricultura, la tierra es fundamental para la supervivencia de millones de personas. Tanzania es uno de los países africanos cuyos pobladores son mayoritariamente pequeños granjeros que producen tanto alimentos como cultivos comerciales. Más del ochenta por ciento de la población de Tanzania vive en áreas rurales y depende únicamente de la agricultura de subsistencia y del pastoreo como principales recursos para la supervivencia. Por lo tanto la tierra es el recurso más importante. Debemos recordar que la tierra es el recurso más escaso de todos. Esto es así porque no podemos aumentar su tamaño y se están perdiendo franjas de tierra productiva debido a diversas formas de destrucción. Esto significa que la tierra debe ser distribuida de forma justa y utilizada productivamente para sustentar la vida de las personas.

La apropiación de tierras, *poraji ardhi* en Kiswahili, es una práctica muy difundida en Tanzania. Sea cierto o no, no es un fenómeno nuevo en Tanzania y en otras partes del Sur Global. La explotación de la tierra y sus recursos naturales ha tenido un profundo impacto sobre la tenencia de tierras. Durante el siglo XIX los colonizadores europeos fueron al África, fraccionaron el continente y saquearon sus tierras y sus recursos naturales. Las políticas de los colonizadores dejaron una terrible herencia como secuela, caracterizada por una serie de conflictos sobre la tierra y sus recursos, litigios territoriales, pérdida del control de las personas sobre la tierra y sus recursos naturales, exposición a sistemas extranjeros de tenencia y manejo de la tierra y los recursos naturales. Las continuas disputas sobre las tierras en Tanzania han creado y apoyado un sistema neocolonial moderno que sustenta el poder de unas pocas personas y compañías ricas al igual que de corporaciones transnacionales, a expensas de los pequeños campesinos y las comunidades indígenas que fueron desplazados y desposeídos. La escala, la magnitud y el discurso alrededor de la urgencia por la tierra de Tanzania hace este momento único e importante en la historia y nos llama a una acción inmediata.

Entre los acuerdos que están emergiendo con rapidez en el mundo están las «transacciones de tierras» que son consideradas buenas por algunos investigadores humanitarios, limpias por algunos políticos y rentables/beneficiosas por algunos economistas e inversores. En consecuencia, estas transacciones de tierras son consideradas buenas por los gobiernos de los países destinatarios, aunque violen los derechos consuetudinarios de los ciudadanos pobres; derechos que les garantizaban la protección de su patrimonio natural y su supervivencia. Es paradójico que en un país como Tanzania la tierra sea propiedad del Estado y a las personas les sea dada su parte para mantener y usar de acuerdo con las leyes. Si le quitamos la tierra a una persona por una cuestión de interés público, entonces esa persona debe ser justamente compensada. Sin embargo, esto no parece haber sucedido hasta ahora.

Abundan las pruebas basadas en estudios empíricos sobre transacciones internacionales de tierras y sus impactos positivos y negativos, y el informe del Banco Mundial de 2008-2009 brinda información esclarecedora sobre el tema. Se firmaron transacciones de tierras que alcanzan los 60 millones de hectáreas a nivel mundial; dos tercios de ellas situadas en África. Además, hay algunas transacciones individuales de grandes áreas de tierra. Por ejemplo, Liberia firmó recientemente una concesión de 220.000 hectáreas, mientras que se dice que en 2010, Tanzania realizó transacciones de tierras por más de 1,8 millones de hectáreas. Es una cantidad impresionante de tierra cedida por un solo país. Una de las preguntas que necesitamos formularnos es acerca del nivel de transparencia de estas transacciones. ¿Qué grado de involucramiento tienen las personas que viven en esas áreas donde la tierra es cedida en forma masiva? ¿Cuán participativo es todo el proceso? El público en general, ¿tiene acceso a la información sobre estas transacciones? Estas preguntas relacionadas con temas de justicia y transparencia nos llevan a revisar las reglamentaciones legales y su aplicación real.

En 1923, el estado colonial británico en Tanganica emitió la Ordenanza sobre Tenencia de Tierras de 1923 (más adelante denominada la Ordenanza sobre Tierras, 1923) según la cual todo el territorio, estuviera ocupado o desocupado al momento de la ordenanza, era declarado público. La tierra fue confiada al gobernador para ser retenida para el beneficio de las comunidades nativas. Basada en la Ordenanza sobre Tierras, la nación independiente de Tanzania formuló sus propias leyes territoriales, en más detalle que las coloniales y encomendó toda la tierra al presidente del país. Debemos considerar que no estamos hablando solo de las leyes sino también de las instituciones responsables de ejecutarlas. Por ejemplo, las nuevas leyes sobre la tierra introducidas en 1999 intentaban resolver los conflictos territoriales y manejar las situaciones que no fueron cubiertas por las antiguas leyes. No se puede negar que las nuevas leyes territoriales hicieron cambios significativos en relación con los problemas territoriales anteriores. Sin embargo, se sigue cuestionando si estas nuevas leyes realmente se ajustan a la realidad y si han respondido a los fines deseados.

La importancia de tener buenas leyes (es decir, justas) no se puede discutir. La necesidad de instituciones buenas y eficientes que las ejecuten es igualmente crucial. ¿Por qué tenemos las leyes pero más y más conflictos territoriales? ¿Estos conflictos son nuevos, en el sentido de que no está prevista la situación en la actual legislación? ¿Son realmente situaciones nuevas o hay algo que no está funcionando bien en algún lugar? Finalmente, ¿con cuánto conocimiento sobre estas leyes cuentan las comunidades locales? Si pensamos en estos interrogantes podemos abrir un debate que nos lleve a soluciones comunes para garantizar la justicia y la paz sustentable. Esta es la razón por la que la Iglesia Evangélica Luterana en Tanzania (IELT), en colaboración con la universidad Sebastian Kolowa Memorial University, preparó una encuesta consultiva sobre la justicia territorial.

Además de visualizar los desafíos desde una perspectiva de instrumentación legal, es necesario dar seguimiento a lo que sucede sobre el terreno; es decir, las situaciones existenciales. En los últimos años ha aumentado el debate, tanto a nivel nacional como internacional, sobre los asuntos relacionados con las tierras. Los medios de comunicación y los diferentes foros sobre la tierra han alertado al mundo sobre la escala de las transacciones territoriales en muchas partes del hemisferio sur. Se han hecho investigaciones sobre el uso y la cubierta terrestre que resultaron en informes sobre la apropiación de tierras o la adquisición de tierras. El desafío relacionado con este tema es la división entre los inversores y las comunidades. Existe una marcada diferencia en la percepción acerca de los efectos positivos y negativos de las transacciones territoriales, que ahora son vistas más a menudo como apropiación de tierras, y sus consecuencias. Las áreas propuestas son las forestales y otras áreas reservadas, como también las zonas en las que los habitantes dependen de la tierra para su alimentación, la minería artesanal y el pastoreo, todos recursos fundamentales de subsistencia.

A pesar de que la Ley de Tierras de Aldeas de 1999 establece que las personas deben ser compensadas por cualquier pérdida de tierra, el proceso de la consulta y la definición de la forma y nivel de pago compensatorio han sido muy conflictivos. Gran parte de las compensaciones son pagadas por el inversor a través de las autoridades estatales y no directamente a las personas locales. También lleva un tiempo demasiado largo desde que se termina la evaluación hasta que se paga la compensación. Además, las compensaciones no consideran los flujos dinámicos futuros de ingreso sino solo el valor estático en el momento de la evaluación. Cuando los habitantes locales no son compensados de manera adecuada, hay frustración y es causa de una pobreza miserable. Estas complicaciones surgen básicamente por la falta de transparencia en los acuerdos. Estos problemas son amenazas potencialmente críticas para la paz sustentable, que necesitan una atención urgente.

En este contexto, la Iglesia Evangélica Luterana en Tanzania (IELT) designó a la Sebastian Kolowa Memorial University (SEKOMU) a través del Instituto de Paz y Justicia (IJP, en inglés) para organizar y dirigir una conferencia de tres días sobre justicia territorial y paz sustentable. Esta conferencia tuvo lugar en Dar es-Salam, Tanzania, del 10 al 13 de setiembre de 2013. Esta consulta internacional involucró al gobierno, organizaciones confesionales (OC), organizaciones de la sociedad civil (OSC), la comunidad diplomática, organizaciones internacionales, la comunidad empresarial, miembros del parlamento, comunidades académicas y de investigación y a los medios. El objetivo principal era abordar el tema examinando varias investigaciones en esta área y sugerir caminos para seguir avanzando y ver la forma de manejar la situación.

Basada en este objetivo, la nota conceptual de la conferencia tuvo en cuenta varios puntos de partida, incluidas las leyes territoriales en Tanzania y los conflictos que enfrentan las comunidades. Hay varios informes de investigaciones sobre instrumentos legales, algunos de los cuales están basados en estudios empíricos ya que hay varias fuentes que informan sobre los conflictos. En el contexto de la buena gobernanza, tanto las leyes como las instituciones que las ponen en práctica deben señalar los beneficios para la sociedad. En otras palabras, se espera que las nuevas leyes sean mejores en cuanto a la distribución de los beneficios y la justicia que las leyes que las precedieron.

Después de tres días de debates serios, la conferencia territorial creó un Foro para la Tierra de Tanzania como plataforma para los grupos de interés clave. El objetivo se relacionaba con el hecho de que después de reconocer la magnitud del problema, los asistentes a la conferencia decidieron enfrentar la situación de una manera estratégica. Por esa razón, quienes estaban presentes en la conferencia fueron los fundadores del foro. Hay mucho para hacer para asegurar que el foro empiece a trabajar. Entre otras acciones, se debe definir la estructura organizativa y los lineamientos clave y al mismo tiempo atender los problemas más urgentes sobre el terreno a través del Instituto de Paz y Justicia de la Universidad Sebastian Kolowa.

Comentarios finales

El mundo ha luchado muchas veces contra las prácticas deshumanizantes. Durante el apartheid en Sudáfrica muchos países se solidarizaron con quienes estaban oprimidos y dijeron a quienes los oprimían que era malo oprimir a otras personas sobre la base del color de la piel. Actualmente escuchamos muchos gritos por la injusticia económica, las guerras civiles, el terrorismo, el hambre, la segregación, la corrupción y las nuevas formas de esclavitud en el mundo en general. En este contexto nos preguntamos: ¿de dónde proviene esa injusticia? Hay diversas maneras en las que los gobiernos victimizan a las personas. Hay quienes fueron desplazados porque les quitaron sus tierras para dar lugar a la inversión, a menudo extranjera. A otros se les destruyó su medio ambiente y los recursos de agua fueron contaminados en nombre de las inversiones. Escuchamos historias de personas que padecen enfermedades incurables causadas por sustancias químicas venenosas en las áreas mineras. Sus gritos de dolor y agonía caen en oídos sordos porque sus gobiernos y quienes tienen el poder se preocupan más por los beneficios personales que por las vidas de quienes los colocan en su posición de poder. Estas personas gritan por el tratamiento injusto y porque están sometidas a pérdidas: la pérdida de su propiedad, de su tierra, de sus vidas, de la dignidad y la humanidad. Están gritando porque se les quitó su libertad y fueron esclavizadas en sus propias tierras. Estas personas están esperando el jubileo como el momento en que Dios (*kairos*) las libere. Su grito es Dios pidiendo su libertad y la restauración de sus propiedades y su dignidad. Permitamos que sus gritos sean el llamado de Dios a la FLM para que atienda sus sufrimientos y pida por su liberación y restauración. Si la FLM declara que somos «Libres», entonces deberíamos atender a quienes sufren como comunidad de iglesias. Permitamos que este sea el llamado de Dios y el envío a la misión de jubileo, liberando a quienes están sometidos a los sufrimientos de la injusticia.

Preguntas

¿Usted piensa que hay tantas tierras en los países en desarrollo que pueden ser cedidas libremente?

¿Necesitamos instrumentos legales internacionales que regulen de forma transparente la cesión mundial de las tierras, particularmente a la luz de la explosión de inversiones territoriales?

¿Puede la FLM desempeñar un papel en la lucha desordenada por tierras que se lleva a cabo en diferentes partes del mundo, particularmente en los países en desarrollo?

La creación no se vende, pero ¿qué pasa con nuestra conciencia teológica?

Cibele Kuss

> ¡Huesos secos, oíd palabra de Jehová! Así ha dicho Jehová, el Señor, a estos huesos: Yo hago entrar espíritu en vosotros, y viviréis. Pondré tendones en vosotros, haré que la carne suba sobre vosotros, os cubriré de piel y pondré en vosotros espíritu, y viviréis. [...] (Ez 37:4-7)

Me gusta mucho el simbolismo de los huesos secos que tienen la esperanza de ser cambiados. Esta sequedad afecta toda la creación de Dios. Según la visión cristiana de unidad y diversidad, toda la creación espera la resurrección del cuerpo, que trae vida abundante y dignidad para todas las criaturas. Somos parte de los lugares y las tierras donde nacimos y vivimos. Estoy escribiendo este artículo en mi *oikos* en Brasil. Y aquí en Brasil, como en muchos otros países, somos testigos de la destrucción descarada de los bosques y la difusión de los efectos devastadores de la agroindustria.

A la luz de nuestra interdependencia con el medio ambiente, si destruimos los huesos de los bosques aumentando el efecto invernadero de las emisiones de gas que disparan los cambios climáticos como las inundaciones, las sequías y las tormentas, que afectan los ciclos terrestres, estamos contribuyendo a la violación de nuestros derechos humanos. ¿Cómo debemos encararlo? ¿Y de qué forma? La pregunta más estratégica es, ¿qué estamos haciendo para enfrentar la sequedad continua de los huesos de la creación? No nos podemos olvidar de que hay huesos que no están ni desean estar poseídos por el Espíritu de Dios, el aliento divino *ruach*. Esos son los huesos poseídos por el lado oscuro del espíritu capitalista, representado por la industria del armamento, las agroindustrias y la sociedad consumista, misógina, homofóbica y depredadora de todas las buenas cosas de la tierra.

En el contexto de los quinientos años desde la Reforma, ¿qué nos dice la teología? La teóloga feminista brasileña Nancy Cardoso formuló una pregunta oportuna y provocativa en relación con el papel de la teología:

> ¿Y qué pensamos de la teología? Bien [...]. Presenta una vacilación entre la paz en la iglesia, la zona de confort de la universidad y la inquietud de las personas en sus conflictos. ¡Es hora de recordar! Y no debemos olvidar de dónde hemos venido y con quién queremos seguir. Son tiempos difíciles y una teología que solo observa las protestas desde lejos o que solo vive con los conflictos del pasado, que todavía subsisten, pero que no son los conflictos actuales; esa iglesia no conoce la resistencia y la pasión revolucionaria del siglo XXI.[1]

Mirar y observar no dice mucho sobre quiénes somos y con quién queremos seguir el camino. Obviamente, no es suficiente decir en nuestros cultos que debemos compartir la tierra y el pan si todo lo que hacemos es observar los conflictos de las personas que están lejos. Hace ya mucho tiempo que la creación, Pacha Mama o la Madre Tierra ha dejado de ser sagrada y se ha vuelto un valle inmenso lleno de huesos secos, una creación que ha sido destruida, diezmada y vendida, lejos de ser venerada y custodiada reverentemente por su inmensa diversidad y belleza.

En el sistema capitalista, la creación de Dios tiene un precio, un propietario y un comprador. Una minoría de individuos y grupos organizados que han perdido íntimamente el espíritu de una vida compartida, gobierna y compra tierras y fuentes de agua que son esenciales para la vida de nuestro planeta y destruyen la fauna y flora en su diversidad. Las pequeñas criaturas no son interesantes. Ni siquiera son percibidas.

El cultivo en propiedades a gran escala tasa la tierra y calcula las ganancias del monocultivo de la soja genéticamente modificada, o cuántos millones de cabezas de ganado serán faenadas y vendidas en el mercado, donde las personas pagan altos precios por alimentos de baja calidad. Ellos no ven que los pájaros y los árboles son importantes. Nunca dicen o entienden las palabras poéticas del poeta brasileño Manoel de Barros: «Escucho los colores del canto del pájaro».[2] Y ni siquiera han escuchado hablar del pasaje bíblico que dice, « Cuando encuentres por el camino algún nido de ave en cualquier árbol, o sobre la tierra, con pollos o huevos, y la madre echada sobre los pollos o sobre los huevos, no tomarás la madre con los hijos» (Dt

---

[1] En **https://www.facebook.com/notes/757117881043910/) 01.17.15**

[2] Manoel de Barros, *O livro das ignorãças*, 3ªed. (Río de Janeiro: Civilização Brasileira, 1993).

22: 6). Se están diezmando millones de especies y organismos vivos por los plaguicidas venenosos que usan las agroindustrias en todo el mundo.

En diciembre de 2014 se cumplían treinta años de la explosión de la fábrica de plaguicidas de Union Carbide, ahora Dow Chemicals, en la ciudad de Bhopal, India, donde más de 16.000 personas murieron y por lo menos 560.000 fueron seriamente envenenadas. Esta clase de accidentes suelen pasar donde las vidas de los trabajadores y las trabajadoras son menospreciadas y la seguridad y sanidad en el trabajo no son prioridades de las empresas. El argumento de que los alimentos para las personas solo se pueden producir utilizando veneno ha tenido consecuencias fatales para grandes proporciones de la población en este caso en particular. En 2013, el mercado de los plaguicidas ha acumulado ganancias de USD 11,5 mil millones en total, divididos entre seis grandes corporaciones internacionales: Monsanto, BASF, Syngenta, Dupont, Bayer (la compañía que produjo el gas letal usado por los nazis) y Dow Chemicals.

El uso inmoral de los plaguicidas en Brasil está envenenando a nuestra gente. Está en los ríos, la tierra y los alimentos. Todos los días tenemos contacto con estos venenos. Lo más grave es la organización de los representantes de las empresas agroindustriales en la legislación brasileña, la llamada Bancada Ruralista, aliada con la Bancada Evangélica, conocida como las 3B (Bala, Boi e Biblia: bala, ganado y Biblia). Su objetivo principal es proteger a la agroindustria a toda costa: trabajo de esclavitud, deforestación, incautación de la tierra de los indígenas y antiguos esclavos. Este grupo de huesos secos está tan bien organizado que en 2014 lograron promover una ley que autoriza la utilización de plaguicidas que anteriormente habían sido prohibidos en el país por el alto grado de daño que ocasionaban.

El Espíritu de Dios respira sobre los huesos del cultivo orgánico

Las mujeres y los hombres abocados al cultivo orgánico a pequeña escala, ponen alimentos ecológicos limpios sobre nuestra mesa. El cultivo orgánico a pequeña escala es un modelo de agricultura familiar que combina la producción de alimentos con la preservación y conservación de los ecosistemas y sus biomas naturales. En el cultivo orgánico no se usan plaguicidas, fertilizantes artificiales o semillas genéticamente modificadas.

Hay grupos y organizaciones en nuestras iglesias que no se han apartado de los problemas de la gente. Un ejemplo aquí en Brasil es el Centro de Apoyo al Pequeño Agricultor, o CAPA, fundado hace más de treinta años por la Iglesia Evangélica de Confesión Luterana en Brasil (IECLB). Tiene cinco subsidiarias en tres de los estados del país y recibe apoyo institucional de la Fundación Luterana Diaconal.

En octubre de 2014, representantes de once países, miembros del grupo de trabajo de la Organización Mundial de la Salud (OMS), mientras debatían los artículos 17 y 18 del Convenio Marco para el Control del Tabaco,[3] dedicó tres días a examinar el trabajo del Centro de Apoyo al Pequeño Agricultor y decidió presentarlo como una posible alternativa a ser adoptada en otros países.

Brasil es un gran productor mundial de tabaco. La mayor parte de la producción de hojas de tabaco (un total del 96,4 %) está concentrada en la región sur de Brasil, donde hay aproximadamente 150.000 productores de tabaco, 90.000 de los cuales están en Río Grande del Sur.

La reunión del grupo de la OMS tuvo lugar en Pelotas, RS, en el extremo sur de Brasil, del 1 al 3 de octubre de 2014 y fue organizada por el Ministerio de Relaciones Exteriores, el Ministerio de Salud y el Ministerio de Desarrollo Agrario (MDA). Esta localidad en particular fue seleccionada como resultado del trabajo del CAPA, que fue calificado como excelente, en el Programa Nacional de Diversificación en Áreas Cultivadas con Tabaco.

El espíritu del cultivo orgánico ha dado nueva vida a las vidas envenenadas de muchos individuos, quienes durante décadas han sufrido los efectos de los plaguicidas utilizados en el monocultivo del tabaco. Los huesos con carne, tendones y una piel saludable han cambiado la vida de la creación de Dios en ese territorio. El CAPA se está enfrentando a un gigante llamado agroindustria. El Espíritu de Dios brinda su aliento sobre las vidas de pequeñas familias comprometidas con el cultivo orgánico. El CAPA recibe apoyo de la agencia alemana Pan para el Mundo y está asociado con la Fundación Diaconal Luterana (ambas organizaciones son miembros de la IECLB) y es miembro de la Alianza ACT. En 2013 celebró su 35º aniversario.

En estas luchas vemos la presencia de la iglesia inspirada por los movimientos de la Reforma y la reconocemos como un instrumento de liberación y amor. Esto está ocurriendo durante la actividad diaconal de teología relacionada con los cambios. La diaconía entiende que la economía, por ejemplo, solo puede ser justa si está basada en la solidaridad, la justicia y las relaciones de género justas. En una economía justa todas las personas tienen acceso a una vida justa y digna (Jn 10:10).

El objetivo no es la acumulación de bienes sino un reparto justo para todos (Mt 6:19-21) y la preservación del ambiente. Vivir de acuerdo con los principios de la diaconía implica estar comprometidos a ser misericordiosos

---

[3] El Convenio Marco para el Control del Tabaco es un tratado internacional aprobado en 2003, que reúne a alrededor de 180 países que adoptan medidas para restringir el consumo del tabaco y los productos derivados del tabaco. Brasil ha sido país firmante del Convenio desde 2005.

y vivir de una forma diferente. Además sugiere oponerse al actual sistema económico que oprime y cuyos costos sociales no son aceptables para Dios. Desde una perspectiva democrática, ecuménica, inclusiva y ambiental, el desarrollo económico debe estar acompañado de justicia social y una mejora en la calidad de vida de todos los seres humanos. Lamentablemente, las personas están viviendo de acuerdo con la lógica del capitalismo, con la acumulación de riquezas e ingresos y la destrucción de la creación.

La creación no se vende y nuestras conciencias teológicas menos. Nuestro mayor desafío es leer los signos de los tiempos. Luchar por la vida significa luchar por toda la creación, la libertad de las personas y el derecho a la diversidad, a ser diferente, al bienestar de la tierra y el canto de los pájaros. Esto significa reafirmar la historia de Dios, quien nos llama con insistencia al futuro para que sigamos comprometidos con las luchas de los pobres por el cambio.

Las mujeres y los hombres del CAPA en Brasil son un ejemplo porque tratan de no vender sus conciencias ni traicionar su fe en el Dios Creador. Junto con tantas y variadas iniciativas diaconales de cambios para el mundo, representan un redescubrimiento radical del Evangelio de Jesucristo y la gracia de Dios y su amor por toda la creación. La creación no es un mero objeto pasivo ni un recurso inanimado que podemos usar libremente, sino que debe ser visto como algo viviente. Sabemos por los ecologistas que en el ecosistema terrestre todas las cosas vivas son interdependientes. Debemos estar más alertas a las consecuencias de esta interdependencia y pedir que el Espíritu de la gracia y la libertad dé su aliento de nueva vida a nuestros huesos y nuestros testimonios en el mundo y su diversidad, para que podamos sentir profundamente la pasión dura y revolucionaria del siglo XXI.

Preguntas

¿Qué puede compartir del territorio/oikos donde vive en relación con la explotación política, económica, ambiental y cultural?

¿Cómo contribuye la diaconía transformadora a enfrentar la explotación capitalista de los recursos naturales?

¿Cuáles son las esperanzas de nuestras iglesias, que afirman concretamente que la creación no se vende y aún menos, nuestra conciencia teológica?

Un nuevo cielo y una nueva tierra: la teología ortodoxa y una visión ecológica mundial

John Chryssavgis

El mundo es un arbusto ardiente de las energías de Dios.
– San Gregorio Palamás (siglo XIV)

El mundo está cargado de la grandeza de Dios.
– Gerard Manley Hopkins (siglo XIX)

Introducción

Hemos llegado a considerar que la crisis que enfrentamos no es básicamente ecológica; ciertamente tiene menos que ver con el ambiente natural y más con la forma en la que malinterpretamos o maltratamos al mundo. Sin embargo, nuestra preocupación por el medioambiente no proviene de un romanticismo superficial o romántico. Surge esencialmente de nuestro esfuerzo por honrar y dignificar la creación de Dios. Es una forma de prestar atención a « Por lo cual se enlutará la tierra » (Os 4:3) y «Sabemos que toda la creación gime a una » (Rom 8:22).

Sin embargo, parece que estuviéramos atrapados trágicamente en estilos de vida egoístas que repetidamente ignoran las limitaciones de la naturaleza que, como ahora sabemos, no son ni negables ni negociables. Lamentablemente, habrá algunas cosas que iremos conociendo sobre la capacidad de nuestro planeta, que solo descubriremos cuando lleguemos a un punto sin retorno. Por eso sería justo decir que lo que debe distinguir todos los esfuerzos por la preservación ambiental no debe ser el éxito sino la humildad.

El sentido de realismo modesto es lo que en definitiva nos conecta con la creación. La tierra une a toda la humanidad a su manera: más allá de cualquier esfuerzo individual o colectivo y más allá de cualquier diferencia doctrinal o racial. Podemos compartir o no convicciones religiosas o principios políticos. Pero compartimos la experiencia del medioambiente: compartimos el aire que respiramos, el agua que bebemos y la tierra que pisamos aunque no siempre sea de forma igualitaria o justa. Pero por alguna conexión misteriosa que no siempre entendemos y muchas veces preferimos ignorar, la Tierra misma nos recuerda nuestra interconexión.

Seguramente esta es la conexión más profunda entre la religión y el medioambiente. Porque sanar el medioambiente quebrado es un asunto de fidelidad a Dios, a la humanidad y al orden creado. Por eso la religión claramente desempeña un papel clave en este tema crítico de preocupación mundial; por cierto, una espiritualidad que sigue sin involucrarse con la creación externa tampoco está definitivamente involucrada con el misterio interno. Después de todo, el medioambiente no es fundamentalmente un tema político, económico o tecnológico; es un tema profundamente religioso y espiritual.

Tres formas de ver el mundo

Entonces, ¿cómo podemos revertir el proceso de corrupción o contaminación? ¿Cómo nos podemos arrepentir del daño que le hemos hecho a nuestro planeta? ¿Cómo volvemos a la visión que el Génesis nos transmitió sobre la creación? La teología ortodoxa y su espiritualidad nos presentan tres formas que nos pueden ayudar[1] a restaurar en nosotros mismos un sentimiento de asombro ante la creación de Dios:

- Íconos (la forma en que percibimos la creación)
- Liturgia (la forma en que celebramos la creación)
- Ascetismo (la forma en que respetamos la creación).

La visión icónica de la naturaleza

Un sentido de lo sagrado en la naturaleza implica que todo lo que respira alaba a Dios (Sal 150:6). Cuando nuestro corazón es sensible a la realidad, entonces «nuestros ojos se abren para discernir la belleza de las cosas creadas» (Abba

[1] Este artículo se nutre del de John Chryssavgis, *Light Through Darkness: Orthodox Spirituality* (Maryknoll NY: Orbis Books, 2004).

Isaac el sirio). Lo que nos enseñan los íconos es precisamente a ver con claridad. El mundo de los íconos nos ofrece nuevas percepciones; nos revela la dimensión eterna en todo lo que sentimos. Se puede decir que nuestra generación se caracteriza por un sentido de egocentrismo con respecto al mundo natural, por una falta de conciencia del más allá. Parecería que estuviéramos atrapados de manera inexorable dentro de los límites de nuestras preocupaciones individuales. Hemos roto la alianza sagrada entre nosotros mismos y nuestro mundo.

El ícono, entonces, restaura; reconcilia. El ícono nos recuerda otra forma de vivir y nos ofrece corregir la cultura que hemos creado que solo da valor al aquí y ahora. El ícono revela la visión interna de todo, el mundo como fue creado y pensado por Dios. Porque al desconectar este mundo del cielo, hemos desacralizado a ambos. El ícono se articula con la convicción teológica de nuestra fe en el Reino Celestial. Remueve cualquier distancia objetiva entre lo material y lo espiritual, el tiempo y la eternidad, la creación y la Divinidad.

Por eso la doctrina de la divinidad de la encarnación es el centro mismo de la iconografía. Porque en el ícono de Jesucristo el Dios no creado asume un rostro que se vuelve «el más hermoso de los hijos de los los hombres» (Sal 45:2), una «belleza que puede salvar al mundo» (Fyodor Dostoevsky). En este sentido el mundo entero es un ícono; «nada es un vacío en el rostro de Dios», escribió San Ireneo de Lyon en el siglo II. Por eso en los íconos los ríos tienen forma humana; también la tienen el sol, la luna, las estrellas y las aguas. Todas las cosas asumen rostros humanos; todas adquieren una dimensión personal igual que las personas; igual que Dios.

La liturgia de la naturaleza

Lo que el ícono hace con la materia, la liturgia lo hace con el tiempo. Si somos culpables del desperdicio implacable en nuestro mundo, quizás es porque hemos perdido el espíritu de adoración. Ya no somos peregrinos respetuosos sobre esta tierra; nos hemos reducido a ser simples turistas. Nuestro pecado original radica quizás en nuestra negación soberbia a recibir al mundo como un sacramento de comunión. La verdad es que respondemos a la naturaleza con la misma sensibilidad y la misma ternura con la que respondemos a los seres humanos. Además, la manera en la que nos relacionamos con otras personas sobre la tierra refleja la manera en que oramos a «nuestro Padre en el Cielo». Hay una profunda conexión entre el cielo y la tierra.

Entonces la liturgia es precisamente la conmemoración de esta conexión innata entre Dios, las personas y las cosas. Cuando reconocemos esta interdependencia entre todas las personas y las cosas, cuando celebramos esta «liturgia cósmica», como la describió San Máximo el Confesor en el siglo VII, podemos empezar a resolver la crisis ambiental. Entonces habremos adquirido, como dijo San Isaac el Sirio en el mismo siglo,

> Un corazón misericordioso que arde con amor por toda la creación, humanos, aves, bestias y demonios, por todas las criaturas de Dios.

Todo el mundo compone una parte integral de la liturgia. "El cielo proclama la gloria de Dios; Los cielos cuentan la gloria de Dios y el firmamento anuncia la obra de sus manos" (Sal 19:1). Hay una dimensión de arte y música en el mundo. Esto significa que cuando reducimos nuestra espiritualidad a nosotros mismos y nuestros propios intereses, nos olvidamos que la liturgia implora a Dios por la renovación de todo el cosmos contaminado. Y cuando limitamos nuestra vida a nuestras propias preocupaciones y deseos, negamos nuestra vocación de elevar la creación hacia el Reino.

El camino de los ascetas

Por supuesto que este mundo no siempre se siente o se ve como el cielo; una mirada rápida al sufrimiento provocado solo por la guerra es suficiente para concientizarnos de ello. Aun así San Pablo escribe:

> Y por medio de él reconciliar consigo todas las cosas, así las que están en la tierra como las que están en los cielos, haciendo la paz mediante la sangre de su cruz. (Col 1:20).

La referencia que se hace aquí a «la sangre que Cristo derramó en la cruz» es una clara indicación del costo que comporta. Nuestro despilfarro tiene precio. Y es el valor de la *ascesis*; ya que el ascetismo genuino nos lleva a tener un espíritu de gratitud, a redescubrir lo maravilloso de nuestra relación con el mundo. El asceta es alguien libre, no controlado por las actitudes ni los hábitos abusivos, que se caracteriza por su autocontrol y su capacidad de decir «no» o «es suficiente». Sin ascetismo ninguno de nosotros es auténticamente humano.

En su ya clásico artículo titulado «Las raíces históricas de nuestra crisis ecológica», Lynn White ya sospechaba, aunque no desarrolló la idea, la verdad detrás del ascetismo diciendo que:

> El santo griego contempla; el santo occidental actúa. Los latinos [...] sintieron que el pecado era un mal moral y que debía encontrarse la salvación en la buena conducta. [...] las implicancias del cristianismo para la conquista de la naturaleza pueden emerger más fácilmente en la atmósfera occidental.[2]

Parece que el enfoque contemplativo impacta sobre la creación de una manera más suave, más moderada. Entonces, paradójicamente, la corrección

---

[2] *Science* 155 (marzo de 1967), 1203-07.

ecológica puede comenzar con una in-acción ambiental. De eso se trata la disciplina ascética: es el camino del silencio, la vigilancia y el desapego. Es una forma de humildad, de aprender a transitar más suavemente sobre este planeta.

Consideremos un ejemplo de ascetismo; el ayuno. Nosotros los ortodoxos no consumimos productos cárnicos ni lácteos durante medio año, como para reconciliar una mitad del año con la otra, el tiempo secular con el tiempo del Reino. Ayunar es aprender a dar y no simplemente a renunciar. No es negar sino ofrecer; es aprender a compartir, a reconectarse con los seres humanos y el mundo natural. Ayunar significa derribar las barreras que me separan de mi prójimo y mi mundo; es reconocer la cara misma de Dios en otras caras, íconos; y en la tierra. En definitiva, ayunar es amar; renunciar a lo que quiero por lo que el mundo necesita. Es llenarse de un sentido de bondad y santidad y ver todas las cosas en Dios y a Dios en todas las cosas.

Tres modelos para cuidar la creación

Si nuestra oración ecológica es alejarnos de la periferia distante de una teología abstracta hacia el centro del escenario de la vida práctica, si nuestra espiritualidad es «encarnarnos», entonces hay tres modelos complementarios propuestos por la tradición ortodoxa.

El modelo bíblico

De acuerdo con este modelo, la iglesia es llamada a solidarizarse con las partes más débiles del cuerpo de Cristo. Debe apoyar a las personas más vulnerables, las desamparadas y las que no son escuchadas en este mundo, ya que según San Pablo, «.. también la creación misma será libertada de la esclavitud de corrupción a la libertad gloriosa de los hijos de Dios. Sabemos que toda la creación gime a una, y a una está con dolores de parto hasta ahora;» (Rom. 8.20s).

Además, la tierra es integrante de nuestro cuerpo, inseparable de nuestra carne y nuestra vida. Del mismo modo que el Dios de Israel escuchó el grito de los pobres y los oprimidos (Ex 3 y Jn 4), Dios también escucha el grito silencioso de la tierra. El pacto bíblico es la promesa de Dios al pueblo de Israel: que Dios escucha al mundo, Dios se ocupa del mundo, Dios atiende los detalles más pequeños de esta tierra.

El modelo ascético

En el segundo modelo podemos pensar en los tres elementos de la vida espiritual: renunciación, arrepentimiento y responsabilidad.

- La **renunciación** es una antigua respuesta (precristiana, incluso), además de ser una respuesta universal (incluso no cristiana). Como ya hemos visto, la renunciación es una manera de aprender a compartir. Por eso tiene consecuencias sociales; nos recuerda que debemos utilizar lo material con respeto. La renunciación es vivir simplemente y simplemente vivir.

- El **arrepentimiento** es un regreso a la vida dada por Dios «de acuerdo con la naturaleza», como dirían los padres y las madres del desierto. Al arrepentirnos confesamos que hemos pecado. Además confesamos que no compartimos, que somos egoístas y que realmente estamos abusando de los recursos de la tierra. A través del arrepentimiento, reconocemos que no hemos cumplido con nuestra vocación de «labrar y cuidar» la tierra (Gn 2:15), una cita que prefiero interpretar de una forma más literal en la traducción griega: «servir y preservar».

- La **responsabilidad** es un desafío, una opción. Cuando renunciamos a lo que confunde nuestra mente y nuestra vida y nos arrepentimos de nuestro despilfarro podemos encaminar nuestras vidas hacia la creación y su Creador.

El modelo sacramental

Los cristianos ortodoxos lo logran precisamente a través de los sacramentos. Desafortunadamente, en muchos círculos eclesiales los sacramentos se reducen a prácticas rituales. Pero la vida sacramental es mucho más que una forma de inspiración piadosa o una recompensa individual. Es fundamental que recuperemos la dimensión sacramental del mundo entero, reconociendo que nada es secular o profano. Dios es la constitución misma de nuestro mundo, y está dentro de él. Si Dios fuera retirado del mundo, el mundo colapsaría. Tal es la profundidad de la visión del mundo sacramental.

De hecho, los cristianos ortodoxos prefieren hablar de cada momento y aspecto de la vida como sacramental, desde el nacimiento hasta la muerte. Por eso los sacramentos no actúan de una manera mágica, funcionan «místicamente», permeando silenciosamente los corazones y las vidas de quienes eligen estar abiertos a la posibilidad de encontrar a Dios, así como la corriente sanguínea en el cuerpo humano o la corriente de agua en los ríos y los océanos.

Conclusión

Por lo general nos referimos a esta crisis como «ecológica», lo que es acertado solo en relación con los resultados que se manifiestan en la esfera ecológica.

Pero la crisis no se trata primordialmente sobre ecología. Es una crisis en nosotros; una crisis en la manera en la que vemos e imaginamos nuestro mundo. Para citar a un cristiano místico oriental, es una batalla espiritual contra «movimientos y poderes dentro de nosotros que están desordenados, no son naturales y son hostiles a la creación de Dios» (Máximo el Confesor en *A Talasios*, capítulo 51). Nos olvidamos que somos menos que humanos sin Dios, menos que humanos sin los otros seres humanos y menos que humanos sin la creación.

Por eso lo que necesitamos en definitiva es una disciplina de humildad. El orgullo es un atributo únicamente humano que pertenece a Adán. Mientras que la humildad a través de la simplicidad puede reconciliar al mundo que de otra manera está dividido por el orgullo; la frugalidad y la comunión pueden preservar al planeta en lugar de que sea explotado por la codicia. Si somos culpables de un despilfarro implacable en nuestro mundo puede ser porque hemos perdido el espíritu de la simplicidad y la espiritualidad misericordiosa.

El pecado ecológico: la arrogancia de la dominación

Entonces, no es de extrañar que el Patriarca Ecuménico Bartolomé haya sorprendido a los mundos tanto teológico como secular al identificar el descuido o la indiferencia hacia el medioambiente natural como equivalente al pecado. Es totalmente erróneo ver el pecado solamente como un impacto negativo de nuestro comportamiento sobre otras personas, ya sea individual o colectivamente, sin tener en cuenta las consecuencias ecológicas y cosmológicas de nuestra conducta. Como Su Santidad resaltó en Santa Bárbara en 1997:

> Que los humanos provoquen la extinción de especies y la destrucción de la diversidad biológica de la creación de Dios, que los humanos degraden la integridad de la Tierra al causar cambios en su clima, eliminando los bosques naturales o destruyendo los humedales [..] que los humanos contaminen las aguas de la Tierra, sus suelos, su aire y su vida con sustancias venenosas, todo eso es un pecado.

La vocación y el pacto de amar y cuidar la creación es la principal razón por la que Dios puso a Adán y Eva en el jardín del Edén (Gn 2:15) para «labrar y cuidar»; frase que me gusta traducir (basado fehacientemente y literalmente en la traducción griega del Septuaquinto) como «servir y preservar». Por supuesto que no ha ayudado en nada que también hayamos malinterpretado el término bíblico «someter» (Gn 1:28, Sal 8:5-8) como «sumisión» de una manera descaradamente egoísta y en servicio propio; después de todo « porque de Jehová es el reino» (Sal 22:28). El antropocentrismo es una tentación fascinante –todos somos culpables de rendirnos a ella en algunos momentos– y ha perjudicado a nuestra perspectiva y práctica.

Responsabilidad: ¿Qué puedo hacer?

Por supuesto que hay muchas ideas prácticas disponibles y accesibles para las congregaciones y las personas que quieren ser conscientes de los impactos ecológicos que existen sobre el planeta y sobre las demás personas. De hecho algunas iglesias y congregaciones ya han dado algunos pasos e incluso ya han hecho muchos progresos en dirección a este objetivo. Además, las congregaciones y sus miembros pueden hacer una diferencia al tomar conciencia de lo que ellos mismos utilizan (lámparas de bajo consumo y sistemas de climatización eficientes), lo que pueden reusar (papel reciclado, bolsas, cartuchos de tinta, cristalería y cubiertos)), lo que desperdician (electricidad, agua, calor, energía, incluso tazas y platos) y lo que pueden hacer (compartir el vehículo o apoyar los productos locales).

Sin embargo, es más importante que todos podamos aprender a hacer y vivir con menos. Para cambiar nuestra propia imagen es necesario revertir radicalmente nuestras perspectivas y prácticas. Es de la única manera que podemos concebir «un cielo nuevo y una tierra nueva» (Ap 21:1). Se ha destruido el equilibrio del mundo. La crisis ecológica no se va a resolver con consignas sentimentales o adhesivos sonrientes sino mediante la propuesta de la abnegación como solución al egocentrismo y ejercitando el autocontrol y la autolimitación.

Y creo que ahí radica el corazón del problema. Porque no queremos, y de hecho nos resistimos violentamente a cualquier llamado a adoptar vidas más sencillas. Hemos perdido la espiritualidad de la simplicidad y la frugalidad. El desafío para nosotros es: ¿De qué forma podemos vivir para promover la armonía y no la división? ¿Cómo podemos reconocer diariamente que «De Jehová es la tierra» (Sal 24:1)?

Responsabilidad: la mayordomía de la creación de Dios

Si bien hay varios pasajes en el Antiguo y Nuevo Testamento que nos dan una visión de los principios y prácticas de la concientización ambiental y nuestra mayordomía, es un mensaje que adquiere cada vez más urgencia a la luz de las cuentas que tendremos que rendir en el Juicio Final. En la parábola de Cristo sobre el siervo fiel y prudente en Lucas 12 esto se vuelve particularmente evidente cuando concluye con la siguiente advertencia: « porque a todo aquel a quien se haya dado mucho, mucho se le demandará, y al que mucho se le haya confiado, más se le pedirá. » (Lc 12:48). Este versículo puede no tener consenso a nivel político aunque es una afirmación que merece una mayor atención a nivel espiritual « Bienaventurado aquel siervo al cual, cuando su señor venga, lo halle haciendo así.» (Lc 12:43).

Como el siervo en la parábola también nosotros debemos ser responsables ante el Maestro: «¿Qué es esto que oigo acerca de ti? Da cuenta de tu mayordomía,...» (Lc 16:2). Seguramente seremos juzgados por el abuso de la tierra que nos fue confiada para «preservar», como por la distribución injusta de sus recursos entre los seres humanos, los cuales estamos llamados a «servir»; a saber, por la devastación de la creación de Dios causada por los seres humanos que injustamente usurpan el derecho de controlar presumiendo de forma arrogante el derecho de manipularla, como también la explotación de la gente pobres (y las naciones pobres) por la gente ricos (y las naciones ricas).

Sin embargo, si nos abrimos —si nos volvemos útiles y sensibles— a todas las personas y toda la creación podemos reconocer que nuestra historia está indisolublemente ligada al destino de todo el mundo. También debemos empezar a percibir el universo y su inconmensurable interconexión. Y sentiremos el espíritu de Dios como una suave brisa y escucharemos los latidos del corazón de una foca como el pulso de nuestra propia vida.

Preguntas

¿Qué elementos de nuestra tradición compartimos con la tradición espiritual de la iglesia ortodoxa cuando experimentamos y expresamos la sacralidad de la creación de Dios?

¿Qué elementos de nuestra tradición son únicos en cuanto a la percepción de nuestra relación con nuestro planeta y nuestra responsabilidad ante él?

¿Cómo pueden usted y su congregación o comunidad cambiar los malos hábitos relacionados con sus actitudes y prácticas en relación con el medioambiente natural?

Estudio bíblico: Romanos 8:19-21

Elena Bondarenko

> Porque el anhelo ardiente de la creación es el aguardar la manifestación de los hijos de Dios. La creación fue sujetada a vanidad, no por su propia voluntad, sino por causa del que la sujetó en esperanza. Por tanto, también la creación misma será libertada de la esclavitud de corrupción a la libertad gloriosa de los hijos de Dios. (Rom 8:19-21)

Cuando leemos este pasaje volvemos a la historia del Antiguo Testamento sobre la creación del mundo y las tristes consecuencias de la caída de Adán. Al principio Dios creó una creación maravillosa llamada a traer otras criaturas:

> Dijo Dios: «Produzcan las aguas seres vivientes, [...]. (Gn 1:20)
> Luego dijo Dios: «Produzca la tierra seres vivientes según su especie [..]. (Gn 1:24)

Dios creó la creación para que pudiera seguir creando vida. Al final Dios creó a los seres humanos «a imagen de Dios» (Gn 1:27), una criatura especial llamada a cuidar al resto de la creación de Dios y a ser el interlocutor de Dios. Sin embargo, la historia continúa: los primeros seres humanos, Adán y Eva, cayeron; fueron desobedientes y se volvieron descuidados. Sin pensarlo, virtualmente destruyeron el árbol «en medio del huerto» (Gn 3:3) que les fue prohibido. Las consecuencias de este descuido y su falta de reflexión afectaron no solamente a los seres humanos culpables sino a la otra parte de la creación:

> Al hombre [Adán] Él [Dios] dijo, [...] ahora la tierra va a estar bajo maldición por tu culpa [...] (Gen 3:17)

La maldición fue para ambos, los seres humanos creados a imagen de Dios y la naturaleza que los rodeaba. Es en la explotación masiva de animales criados en condiciones terribles, la destrucción prodigiosa de la naturaleza para lograr beneficios económicos (por ejemplo, los bosques tropicales), la contaminación de grandes extensiones de tierra por la explotación irreflexiva de minerales, las industrias altamente contaminantes y la mala administración que se suele hacer de los desechos, que los seres humanos pueden sentir de forma palpable la maldición sobre la creación. Muchas veces es visto como ingenuo o retrógrado señalar estos problemas. Las personas críticas muchas veces están en riesgo de ser ridiculizadas y algunas veces hasta temen por sus vidas. Parecería que la maldición se expresa a sí misma en la codicia e imposibilidad de diferenciar entre el bien y el mal. No siempre son los saqueadores y vendedores de la creación los despiadados. Frecuentemente parece no haber alternativa o las personas carecen de la educación necesaria para considerar los resultados de sus acciones. Sin embargo, como nos asegura el Apóstol Pablo, a los seres humanos no solamente nos fue transmitida la maldición sino también el Evangelio de la Salvación.

Pablo escribe que la creación espera ansiosamente la revelación. El vacío y la futilidad de la creación son las consecuencias del pecado humano. La corrupción y la decadencia de la creación no conocen la libertad y a veces sirven al pecado y tal como la esclavitud está relacionada con la corrupción, la libertad es uno de los elementos de la gloria. En nuestro pasaje de Romanos vemos que tal como la corrupción envolvió a toda la creación, el Evangelio de Liberación envolverá a los seres humanos y la naturaleza.

El Apóstol Pablo tiene su propio concepto del Evangelio que difiere del concepto del Evangelio en la tradición sinóptica. Pablo entiende al Evangelio no en la tradición del Reino de Dios por venir (siguiendo la tradición del Antiguo Testamento) sino que para él el Evangelio se abre de varias maneras:

- cristológicamente: «...evangelio que se refiere a su Hijo, nuestro Señor Jesucristo, que era del linaje de David según la carne,» (Rom 1:3)

- eclesiológicamente «[..] Cerca de ti está la palabra, en tu boca y en tu corazón.» Ésta es la palabra de fe que predicamos» (Rom 10:8, el testimonio de la iglesia primitiva)

- soteriológicamente: «No me avergüenzo del evangelio, porque es poder de Dios para salvación de todo aquel que cree, del judío primeramente y también del griego.» (Rom 1:16)

En el centro de los debates teológicos de Pablo sobre el Evangelio está la idea de la reconciliación de Dios con los seres humanos y la creación a través de Jesucristo solamente. Esta reconciliación transforma a los seres humanos y los lleva a ser testigos a través del trabajo: la Palabra del Evangelio se vuelve carne en los sacramentos del bautismo y de la Santa Cena (en 1 Cor 10:1-5 los «sacramentos» son mencionados por primera vez) y el testimonio de la comunidad cristiana realizada en la vida (2 Cor 6:4-10).

Por eso como cristianos debemos ser conscientes de que somos responsables de nuestro testimonio. Sabemos que no solo nosotros buscamos salvarnos de la corrupción, sino toda la creación. Sabemos que la creación no nos pertenece simplemente porque nos rodea y tenemos la fuerza para explotarla; la creación pertenece a Dios.

En nuestro mundo nos hemos acostumbrado a que la creación se venda o peor, que la creación sea usada para propósitos destructivos. Hemos desarrollado armas sofisticadas y tecnologías peligrosas. En los últimos 100 a 150 años el progreso en todas las áreas científicas ha sido asombroso comparado con el desarrollo más lento durante los miles de años anteriores. El desarrollo progresivo de ciertas tecnologías ha incluido muchas veces directamente o implícitamente una creciente habilidad para destruir la integridad del medioambiente. Esto no quiere decir que el progreso tecnológico sea malo en sí mismo, sino que debemos ser conscientes del posible uso indebido de ciertas tecnologías.

La creación no fue hecha para vender, como tampoco lo fueron los seres humanos y sus logros. La creación fue hecha para vivir en honor a Dios. Los seres humanos fueron creados para vivir una vida profunda y divina en diálogo con su Creador. Una actitud descuidada hacia la creación, particularmente hacia su Creador, fue el inicio de un camino hacia la destrucción y la codicia.

«¿Por qué me tentáis, hipócritas?» (Mt 22:18). «¡Ay de vosotros, escribas y fariseos, hipócritas!, porque diezmáis la menta, el anís y el comino, y dejáis lo más importante de la Ley: la justicia, la misericordia y la fe. Esto era necesario hacer, sin dejar de hacer aquello¡» (Mt 23:23). Con estas duras palabras Jesús condenó la hipocresía y la comercialización de la fe que era practicada por los líderes religiosos de sus días.

La afirmación de que la creación no se vende está estrechamente ligada al núcleo de la Reforma Luterana: justificación por la fe y la gracia de Dios. Esto es particularmente relevante ya que en las sociedades actuales de consumo muchas veces existe la percepción, como durante la Edad Media, de que las bendiciones pueden comprarse y venderse. Necesitamos una conciencia renovada de este concepto esencial de la Reforma, especialmente en países como Rusia, donde no hubo un movimiento reformador en sí sino solo un encuentro de culturas que comienza con el Imperio Ruso y la familia real de los Romanov. Las congregaciones luteranas existieron en todas las grandes ciudades y aún podemos encontrar huellas de su influencia en San Petersburgo y en cierta medida en Moscú.

Lamentablemente, durante toda la historia reciente de Rusia, la Reforma siempre fue considerada extranjera, un concepto occidental ideado para esclavizar al pueblo ruso a una forma de pensamiento y de vida occidental. Por esta razón, una y otra vez fue atacada por las autoridades zaristas y más adelante por los gobernantes comunistas. En términos generales, no hubo ningún movimiento reformador como tal en Rusia y el concepto de justificación por la fe y solo por la gracia de Dios todavía es nuevo y atractivo. A pesar de la poderosa oposición, algunas personas son felices de encontrar apoyo en la iglesia para sus protestas contra una cultura donde todo se vende. Quienes reconocen que la creación no se vende pueden descubrir la herencia luterana que nos envía un mensaje potente sobre la gracia liberadora de Dios. Dentro del marco de los 500 Años de la Reforma, la FLM envía un mensaje concluyente: la salvación, los seres humanos y la creación no se venden. No son productos y no pueden ser tratados como tales. Son una creación buena de Dios y deben ser tratados como corresponde.

Preguntas

¿De qué manera es pertinente en su país y su contexto cultural, el mensaje que dice que la creación no se vende?

¿Hay alguna forma de conectar el concepto de que la creación no se vende con el desarrollo de instituciones sociales y diaconales?

¿Cómo podemos implementar el mensaje de que la creación no se vende en nuestras vidas? (Dar ejemplos concretos).

Lista de colaboradores y colaboradoras

Asano, Naoki, Rev., pastor, Iglesia Luterana de Ichigaya, Japón

Becker Nissen, Ulrik, Ph.D., Dr. Teol., profesor adjunto, Departamento de Teología, Universidad de Aarhus, Dinamarca

Bondarenko, Elena, Rev. Dra., decana del Decanato de Moscú, Iglesia Evangélica Luterana de la Rusia Europea, Federación de Rusia

Chryssavgis, John, Rev. Dr., Archidiácono del Trono Ecuménico de la Arquidiócesis Ortodoxa Griega de América, EE. UU.

Kopp, Martin, estudiante de doctorado, Universidad de Estrasburgo, Defensor Público del Departamento de Justicia Climática de la FLM, Francia

Kuss, Cibele, Rev., directora ejecutiva, Fundación Luterana de Diaconía, Brasil

Munga, Stephen, obispo Dr., Iglesia Evangélica Luterana en Tanzania, rector, Sebastian Kolowa Memorial University en Lushoto, Tanzania

Rossing, Barbara R., Rev. Prof. Dra., profesora de Nuevo Testamento, Escuela Luterana de Teología en Chicago, EE. UU.

Libres por la Gracia de Dios

Editado por
Anne Burghardt

Evangelische Verlagsanstalt
Leipzig

Información bibliográfica publicada por la Biblioteca Nacional Alemana

La Deutsche Nationalbibliothek incluye este trabajo en la Deutsche Nationalbibliografie. La bibliografía completa está disponible en internet: http://dnd.dnd.de

Impreso en Alemania

Este trabajo fue impreso en papel certificado FSC
Asistencia editorial: Departamento de Teología y Testimonio Público
Diseño gráfico: Departamento de Teología y Testimonio Público
Diseño: FLM - Oficina de Comunicaciones
Impresión y Encuadernación: druckhaus köthen GmbH & Co. KG

Publicado por la Evangelische Verlangsanstalt GmbH, Leipzig, Alemania, con el auspicio de
La Federación Luterana Mundial
150, Route de Ferney, CP 2100
CH-1211 Ginebra 2, Suiza

ISBN 978-3-374-04279-1

También editado en alemán, francés e inglés

INDICE

Prólogo

Martin Junge

El año 2017 marca el 500 aniversario de la Reforma. Las iglesias de tradición luterana toman la fecha del 31 de octubre de 1517 como el inicio de la Reforma. Ese día, Martín Lutero clavó sus Noventa y Cinco Tesis sobre la puerta de la Iglesia de Todos los Santos en Wittenberg. En ellas expresaba su oposición a la venta de indulgencias por considerarlo un abuso del clero. Desde ese momento, la Reforma ha tenido una trayectoria impactante. Actualmente existen iglesias luteranas en cada rincón del planeta, con un número creciente de personas de confesión luterana en el hemisferio sur. La Federación Luterana Mundial es una comunión de 144 iglesias, que representa a más de 70 millones de personas luteranas en setenta y un países.

Es imposible hablar de «una» identidad luterana, dada las diferentes experiencias formativas, sociales y de contextos culturales de estas iglesias. Para algunas de estas iglesias, el año 1517 no tiene una relevancia especial, ya que asocian diferentes fechas al inicio de la Reforma. Por ejemplo, para algunas de las iglesias miembros de la FLM, la introducción del cristianismo en sus contextos locales representa una fecha clave que es recordada y entendida como constitutiva de su identidad. Sin embargo, la celebración de este quinto centenario hace posible que todas las iglesias luteranas reflexionen sobre la evolución de los cuestionamientos que desencadenaron la Reforma y perciban su impacto en la sociedad.

Esta colección de cuatro cuadernillos temáticos aspira a contribuir a esa revisión profunda. La discusión se centra en el tema general de la celebración del quinto centenario y de la Duodécima Asamblea «Libres por la Gracia de Dios», con los tres subtemas que ayudan a desarrollar distintos aspectos del tema central: «La salvación—no se vende», «Los seres humanos—no se venden» y «La Creación—no se vende». Estas publicaciones incluyen ensayos escritos por obispos y obispas, pastores y pastoras, catedráticos y catedráticas, miembros del Consejo de la FLM, representantes de las diferentes ramas de la FLM y compañeros ecuménicos de todas las regiones de la FLM. La gran variedad de autores y temas da al lector una idea del alcance de esta comunión y de algunos aspectos del trabajo programático de la FLM. Las tres preguntas que se plantean al final de cada ensayo tienen como objeto animar discusiones y reflexiones posteriores a la lectura.

Es de esperar que estos cuadernillos sean utilizados entre las iglesias para generar discusiones bilaterales y diálogos relacionados con el mensaje y el rol de las iglesias en diferentes contextos. Además, esperamos que den un impulso significativo a nuestras deliberaciones mientras nos preparamos para la Duodécima Asamblea, que se llevará a cabo en el año 2017 en Windhoek, Namibia.

Por último, pero no menos importante, quisiera expresar mi agradecimiento a todas las personas que contribuyeron para que la redacción de esta publicación sea inclusiva y tenga un alcance significativo. Quisiera alentar a todas las personas que lean este trabajo a que lo estudien con cuidado y espero que las guíe hacia intercambios profundos en relación con su contenido.

Introducción

Anne Burghardt

«Libres por la Gracia de Dios»—tema central elegido por la Federación Luterana Mundial para la celebración del 500 Aniversario de la Reforma—está estrechamente vinculado con la doctrina de la justificación por la fe, que en la tradición luterana también se denomina «la doctrina por la que la iglesia se sostiene o cae» (*articulus stantis et cadentis ecclesiae*). La esencia de esta doctrina, que la Gracia de Dios nos es dada de forma libre e incondicional, nos convoca a tener una respuesta de agradecimiento expresada en un compromiso de amor y cuidado hacia los seres humanos y toda la creación. Este reconocimiento está tan vigente hoy como en los tiempos de Lutero y sigue impactando en todos los aspectos de la teología. Los contenidos de este trabajo exploran desde diferentes perspectivas el interés actual y la influencia de la Reforma.

En su artículo Libres por la Gracia de Dios. ¿De qué y para qué?», Gottfried Brakemeier sostiene que en el mundo de hoy el concepto de Gracia/misericordia, se está volviendo cada vez más extraño. Un mundo sin Gracia terminaría siendo inhumano. Una teología centrada en la justificación por la fe se basa en el concepto de Gracia, dado que según la Biblia, Dios promete a través de ella, Su aceptación incondicional de los seres humanos. Nuestra demostración de amor es la respuesta al gran amor de Dios por nosotros y nosotras; no un intento de «ganar» el amor de Dios a través de buenas acciones. Brakemeier se refiere a dos frases escritas por Lutero en el libro «La libertad cristiana,1520», que dicen, «Un cristiano es el amo de todos y sujeto de nadie» y « El cristiano es libre señor de todas las cosas y no está sujeto a nadie»[1] y nos muestra la estrecha relación entre ellas.

[1] Obras de Martín Lutero. Tomo I. "La Libertad Cristiana" 1520 Editorial Paidós. Buenos Aires. 1967.

> «El cristiano es libre señor de todas las cosas y no está sujeto a nadie.»[2] Esa es la primera frase de Lutero. Quien tiene a Dios como Señor no puede servir a otros dioses (cf. Mt 6:24). Servir a Dios nos libera de servir a la raza humana. Todas las presiones desaparecen cuando tenemos nuestra fe puesta en la Gracia de Dios. Sin embargo, esta libertad puede ser malentendida como arbitraria. Por lo que Lutero agrega: « El cristiano es servidor de todas las cosas y está supeditado a todos.»[3] Esa es su segunda frase. Ambas se corresponden. La libertad se autodestruye si no asume sus responsabilidades. Pero sobre todo, es el amor que se traiciona. Es esencialmente «servir al prójimo». La fe también se vuelve falsa sin la diaconía, porque no hay fe «cristiana» que no tome acción en el amor (Gal 5:6).[4]

El redescubrimiento que Lutero hace del mensaje liberador a través de su estudio significativo de las Sagradas Escrituras fue el eje de la Reforma. Este mensaje liberador y poderoso, debe ser oído nuevamente en tiempos y contextos diferentes. En su ensayo, Hans-Peter Grosshans, miembro de la red hermenéutica de la FLM, señala la diversidad de la vida humana y el hecho de que a través de las Sagradas Escrituras, Dios habla a las vidas concretas de los individuos y de las comunidades.

> Escuchar la Palabra de Dios nos lleva a una especie de proceso de anti-individuación imperial, sino a un canto que alaba la Gracia de Dios (1 P 4:10), que se expresa a través de las diferentes y variadas vidas de los cristianos y las iglesias—en «la gloriosa libertad de los hijos de Dios» (Rom 8:21).[5]

Desde el comienzo de la Reforma se ha destacado la importancia de escuchar y comprender la Palabra de Dios, lo que derivó en nuevas traducciones de la Biblia, que en muchos casos tuvieron efectos notorios en el desarrollo de algunos lenguajes nacionales. La comprensión del verdadero significado del texto tiene mucho que ver con la hermenéutica utilizada. Elzbieta Byrtek describe la importancia de la educación en las iglesias luteranas de todos los tiempos, que se originó en el profundo interés por la comprensión de las Escrituras. Un compromiso verdadero con las Escrituras implica cuestionar y escuchar las diferentes «lecturas» y expresar nuestras dudas y preocupaciones.

> La fe que no teme al cuestionamiento busca respuestas y dialoga con quienes no comparten la misma opinión, es una fe viva y capaz de sobrevivir en un mundo

---

[2] Ibíd.

[3] Ibíd.

[4] Gottfried Brakemeier, en este trabajo, 22

[5] Hans-Peter Grosshans, en este trabajo, 56.

> multilateral y complejo. Un mundo donde las respuestas «correctas» son dadas por autoridades externas que no necesariamente hablan a la gente, sino donde las personas cristianas, libres por la Gracia de Dios, tienen la responsabilidad de comunicar a otras personas esta Gracia y estar dispuestas a enfrentar diálogos difíciles.[6]

La Reforma fue un catalizador para la comprensión renovada del rol de la iglesia en la sociedad. Lutero le dio valor al trabajo, tanto dentro como fuera del hogar. De este modo, el trabajo diario adquirió una nueva dignificación, ya que lo consideró en forma explícita como una parte esencial para servir a Dios y al prójimo. Esta lectura sentó las bases para los conceptos que luego aparecieran sobre una ciudadanía comprometida. En su artículo sobre el llamado de las iglesias en la sociedad, Kjell Nordstokke señala que según Lutero, Dios ha llamado a la iglesia a ser «palabra viva» en el mundo.

> El llamado a ser «palabra viva» es una exhortación a una ciudadanía comprometida. Lutero cambió radicalmente la comprensión de la vocación cristiana, desplazando el eje desde la vida interna de la iglesia hacia el servicio en el mundo, siendo ciudadanos y ciudadanas cristianos que aman y cuidan a su prójimo.[7]

Usando a Noruega como ejemplo, Nordstokke identifica cuatro áreas de acción para la diaconía: amar al prójimo; crear comunidades inclusivas; cuidar la Creación y luchar por la justicia.

En el 2013, la FLM aprobó la Política de Justicia de Género (PJG), un documento que busca crear conciencia dentro de las iglesias sobre los temas de inclusión y género. Usando el ejemplo del pueblo Murut de Sabah, en Malasia, Au Sze Ngui nos cuenta cómo el poder liberador del Evangelio cambió la percepción de los roles de género entre los Muruts. En su artículo, también se basa en la argumentación teológica y la metodología esbozada en la PJG. Ngui explica cómo la comprensión cristiana de la igualdad de los seres humanos ante Dios, empoderó a las mujeres Murut en la iglesia a asumir responsabilidades que tradicionalmente eran de dominio masculino. Se refiere al poder liberador del Evangelio cuando se revisan algunas tradiciones que, a pesar de la retórica que se utiliza muchas veces, no se ajustan al mensaje bíblico.

> La liberación del pecado es el comienzo de nuestro esfuerzo por la justicia: somos libres; estamos perdonados y perdonadas; somos los destinatarios y las destinatarias de la Gracia de Dios. Somos libres de cambiar y cambiar el mundo: Hay muchos

[6] Elzbieta Byrtek, en este trabajo, 75.
[7] Kjell Nordstokke, en este trabajo, 30.

> ejemplos de cómo la cristiandad ha sido agente de cambio, al apoyar la revisión de algunas prácticas «tradicionales».[8]

«Libres por el amor de Dios para cambiar el mundo» es el lema de la Red de Jóvenes Reformadores y Reformadoras de la FLM, que se formó en el marco de la conmemoración del 500 aniversario de la Reforma. Inspirada por este lema, Mónica Villarreal toma el tema sobre el poder liberador de la fe desde la perspectiva de los y las jóvenes. Ser libres por la Gracia de Dios implica siempre la pregunta sobre la razón de nuestra libertad. Villarreal cita a Carolina Huth de Argentina, miembro del grupo que dirige la Red de Jóvenes Reformadores y Reformadoras, y que expresa la idea de una reforma en curso, explicando cómo su fe la liberó para crear un nuevo espacio:

> Luteranos y luteranas creemos que mientras las tradiciones no son necesarias para la salvación, muchas veces son buenas para ordenar, dar tranquilidad y tener una práctica común. Pero cuando no sirven a ese propósito, cuando las personas se sienten incómodas, cuando la iglesia ya no es acogedora y el mensaje de Dios no le llega a todas las personas, creemos que es momento de una reorganización.[9]

La voz ecuménica de esta publicación pertenece a Tim Harris, quien en su artículo se refiere tanto al carácter profundamente personal como global de Martín Lutero en su descubrimiento de la Gracia de Dios. Este redescubrimiento

> No solo abordó su propia necesidad de calmar sus angustias espirituales, sino que inició un movimiento de reforma, cuya esencia debe ser continuamente adaptada y nos debe llevar a profundizar en el mensaje evangélico de Gracia y Paz. [10]

Sin embargo, el redescubrimiento de la grandeza de la Palabra de Dios también nos recuerda nuestras propias limitaciones en el entendimiento del Evangelio, ya que nuestras barreras culturales muchas veces reducen su valor. «La Palabra es más grande que cualquier cultura, y ninguna etnia, nación o cultura puede reclamar la supremacía en su expresión particular del Evangelio»[11]. En el espíritu de una reforma continua, existe la necesidad de «traducir» la Palabra «a todas las expresiones, proclamaciones y realidades que son parte de la vida humana»[12] teniendo en cuenta de ese modo, nuestras propias limitaciones en su entendimiento.

---

[8] Au Sze Ngui, en este trabajo, 64.
[9] Mónica Villarreal, en este trabajo, 80.
[10] Tim Harris, en este trabajo, 94.
[11] Ibíd., 87.
[12] Ibíd.

Zephania Kameeta, en su estudio bíblico de Isaías 55:1-2, se refiere a los temas apremiantes de la pobreza y el hambre en África y Namibia en particular y desarrolla el mensaje liberador de Isaías en este contexto.

> El texto de este estudio bíblico no dice, Vengan a registrarse para que podamos estudiar por qué tienen sed; sino simplemente, vengan y beban. Esto es lo que hace falta en este momento de necesidad. Las personas necesitadas quieren ayuda antes de perecer. Ahora es su hora y su momento. Los presupuestos y el dinero no importan en este momento; vengan, coman y beban para que puedan vivir.[13]

Los tres sub-temas: La Salvación no se vende; Los seres humanos no se venden; La Creación no se vende

Los tres subtemas elaboran las diferentes dimensiones de «no se vende» en relación con el tema central, «Libres por la Gracia de Dios» y cuestionan las prácticas y los conceptos teológicos que se interponen al mensaje liberador del Evangelio. Los intentos de mercantilizar la salvación difieren ampliamente y van desde un mensaje de prosperidad a intentos de «garantizar» la salvación de acuerdo con ciertas prácticas, rituales, etc. El aspecto salvífico del consumismo al igual que los cuestionamientos acerca de dónde y bajo qué condiciones se puede esperar la «salvación» en el contexto secular, también son cruciales.

La nueva relación entre Dios y los seres humanos nos da, en forma inevitable, una percepción más profunda de haber sido creados y creadas a imagen de Dios y la comprensión de que seremos renovados y renovadas por la Gracia de Dios. Por lo tanto, los seres humanos no pueden ser vistos como productos cuyo valor puede ser medido solo en términos de beneficios.

A la luz de la explotación masiva actual de los recursos naturales, es imprescindible que atendamos la creación de Dios más allá de los seres humanos. Leemos en el libro de Génesis que Dios vio que su Creación era «buena» y que la confió al cuidado de la humanidad. El concepto de «dominio» en Génesis 1:26, ha sido malinterpretado muchas veces, sin tener en cuenta que Dios dice que toda su Creación es «buena», lejos de la utilidad que pueda tener para los seres humanos. Por lo tanto, la nueva relación entre Dios y los seres humanos también tiene implicancias en cómo los seres humanos se relacionan con el resto de la Creación, ya que la Creación es de Dios y solo nos fue confiada.

Podemos encontrar diferentes reflexiones y aspectos de estos tres subtemas en cada fascículo de esta colección. Es de desear que, mientras

[13] Zephania Kameeta, en este trabajo, 101.

recorremos este tiempo hacia el 500 Aniversario de la Reforma, los cuadernillos nos ayuden a generar conversaciones sobre este mensaje liberador.

Libres por la Gracia de Dios. ¿De Qué y Para Qué?

Gottfried Brakemeier

Un concepto en crisis

Gracia y misericordia (Alemán: *Gnade*) se han convertido en palabras poco frecuentes, que se utilizan solo en casos excepcionales como en el «pedido de clemencia» para personas condenadas a muerte. O decimos que el sol está cayendo «despiadadamente», secando la tierra y destruyendo la cosecha. Sobre todo, las guerras son «despiadadas»; son implacables; la venganza del enemigo es aterradora, feroz y no tiene en cuenta la culpa o la inocencia y cree que no hay necesidad de distinguir entre lo bueno y lo malo. Hay mucha destrucción, violación y masacre. Esto se repite en la «ley de la calle». Muchos/as jóvenes delincuentes han olvidado la palabra «misericordia», si es que alguna vez la escucharon. Aun cuando la víctima ha sido derribada, continúan golpeándola y pateándola - «sin piedad».

Es significativo ver que solo tomamos consciencia de la misericordia cuando desaparece. El término solo toma relevancia en su acepción negativa «despiadadamente». La persona que no conoce la misericordia, se transforma en una persona «despiadada», ruda, inescrupulosa y brutal. Si no es así, el concepto ha desaparecido de nuestra vida diaria. Ya no existen los días en los que los gobernantes entendían su autoridad como un derecho divino y legitimaban sus leyes como si fueran por la «Gracia de Dios». En una democracia, todo el poder del estado emana del pueblo. Las votaciones deciden cómo se forma el gobierno. Los parlamentarios son «representantes del pueblo». No hay ninguna relación con la Gracia de Dios. Dios también se ha transformado en algo superfluo. Durante la ceremonia de asunción al cargo, muchos políticos han dejado de utilizar la frase «Con la ayuda de Dios». El mundo secular se siente incómodo con la palabra «misericordia» y no le encuentra sentido.

Aún más, la misma palabra resulta dudosa. Nadie quiere depender de la misericordia de nadie. Cualquiera que pide misericordia es débil. Queremos estar parados sobre nuestros propios pies, ganarnos nuestro pan y no deberle nada a nadie. La gente se esfuerza por conducirse sin necesidad de gracia o misericordia. Es básicamente un asunto de prestigio. Los hijos y las hijas no quieren ser una carga para sus padres y madres, ni depender de ellos para su subsistencia. Tan pronto como pueden, se mudan y toman sus vidas en sus propias manos. Y es una desgracia si no funciona. El mismo concepto se aplica a la relación con el estado. Las personas que llevan mucho tiempo desempleadas se sienten superfluas y viviendo a expensas de la comunidad. Muchas personas se consideran parásitos. Las personas desocupadas no quieren mendigar y vivir de limosnas toda la vida. ¿Quién les puede condenar? Es mejor desenvolverse sin recibir misericordia.

Después de todo, la misericordia nos convierte en esclavos o esclavas. Hay un sinfín de ejemplos como estos. La generosidad de las autoridades crea una muchedumbre de sirvientes humildes que no se atreven a rechazar pedidos inaceptables. Las personas preferidas o lacayas no son libres. Dice el proverbio: «Quien paga al gaitero escoge la música». Las dictaduras han consolidado su poder de esta manera. Se han asegurado lealtades concediendo privilegios. Esto es así aún bajo condiciones «democráticas», ya que los votos también pueden ser comprados. Las personas que están en política ganan seguidores haciendo promesas al electorado. Los regalos crean obligaciones, aún si se reciben solo en Navidad. El concepto de «misericordia» no es atractivo porque suena jerárquico. Parece establecer dependencias. Mantiene una brecha entre quien da y quien recibe, entre ellos/as («arriba») y nosotros/as («abajo»), donde quien da siempre se consolida como benefactor/a y patrón o patrona.

Parecería que la misericordia es un obstáculo para la lucha por la libertad. Desafortunadamente, muchas veces la iglesia también lo ha entendido así. Muchos movimientos comprometidos con la liberación de personas oprimidas no siempre han recibido el apoyo necesario. En este sentido, la «Teología de la Liberación» resalta aspectos poco comunes, aunque no nuevos. Dios está del lado de las personas oprimidas y las saca de la esclavitud, así como dirigió al pueblo de Israel fuera de Egipto. Dios se solidariza con quienes sufren pobreza y lucha a su lado por la justicia. Muchas personas ven esta teología con desconfianza y la acusan de ser una politización inadmisible del Evangelio. Cualquiera sea la reacción a esta acusación, el hecho es que la Teología de la Liberación Latinoamericana y su influencia en otros continentes, ha levantado claramente el antiguo interrogante sobre cómo se relaciona la misericordia con la libertad. ¿Cómo podemos hablar de la misericordia liberadora de Dios sin quitarle el poder a la gente y sumergiéndola en nuevas dependencias? Y ¿cómo podemos representar la autonomía humana sin que la misericordia parezca algo superfluo?

¿Un mundo sin piedad?

No hace falta mucha imaginación para visualizar un mundo cruel. Ya es una realidad a gran escala. Las noticias espeluznantes de nuestros países vecinos o de países lejanos son un testimonio de crueldad, así como la desigualdad en la sociedad. No hay animal más cruel que el ser humano. Los asesinatos salvajes, la destrucción ciega o la angustia de millones de personas refugiadas en zonas de hambre y crisis, son ejemplos suficientes. El país responsable del Holocausto ha estado siempre orgulloso de su cultura. La civilización no garantiza la protección de un genocidio, tal como se ve en otros ejemplos del pasado y el presente. Solo tenemos que recordar la historia de los pueblos indígenas en las Américas. A excepción de unos pocos, los nativos norteamericanos fueron brutalmente diezmados y erradicados. Las injusticias cometidas con los esclavos traídos de África, son otro ejemplo trágico. La lista de crímenes cometidos por los seres humanos es larga. Comenzó con Caín y Abel y encontró su expresión más impactante en la crucifixión de Jesús. La violencia ha sido lo que ha distinguido a la humanidad desde tiempos inmemoriales. «[P]orque desde joven el hombre solo piensa en hacer lo malo.» dice Génesis 8:21. Un mundo sin piedad es frío, inhumano y homicida.

Además de lo anterior, hay otros tipos de brutalidad menos espectaculares, como la explotación económica. A cualquier persona que se ve atrapada por deudas, le es muy difícil escaparse. Los bancos no tienen piedad; solo piensan en sus ganancias, bonificaciones y en el rendimiento de sus inversiones. Muchas personas se han visto despojadas de sus recursos por la especulación y las falsas promesas. En un sistema profundamente capitalista, la vida se mercantiliza. Todo puede ser comprado o vendido, incluyendo los bienes religiosos. Las acciones determinan la actividad comercial y, una vez más, no hay lugar para la misericordia. El compromiso social, la compasión y la generosidad desaparecen. La avaricia desplaza la consideración del prójimo. El egoísmo se vuelve una virtud. Las luchas por el trabajo muchas veces comienzan con el abuso y métodos similares. Debes ser «ingenioso/a» y estar del lado de quien gana. Un conocido proverbio resume este espíritu: «Cada quien para cada quien y Dios para todos». Los temas sociales solo son considerados responsabilidad de Dios. Es conveniente y cruel a la vez. Este comportamiento se puede dar en muchos aspectos y todos son igualmente inhumanos.

Además, la gente no se da cuenta que un mundo sin piedad nos expone a peligros fatales. La falta de compasión tiene consecuencias. Provoca el odio de quienes no pudieron sostenerse en la competencia y de quienes fueron excluidos/as u oprimidos/as. La «supervivencia del más fuerte», es una ley inapropiada para la comunidad humana. A pesar de todo, quienes pierden son capaces de vengarse de sus opositores. Un partido deportivo es suficiente para empezar una gran pelea. Si somos indiferentes u hostiles al medio ambiente, a las minorías religiosas y étnicas o a otros grupos nacionales, estamos arriesgándonos a tener serios conflictos sociales. Nos debe sorprender que los niños y las niñas que han estado siempre al margen de la sociedad y no han sentido afecto, desarrollen una actitud cínica hacia la vida y se vuelvan criminales.

El requisito previo para la paz es la inclusión, no la exclusión. Pero la inclusividad presupone tener consideración con las demás personas. Debo garantizarles un lugar en la sociedad aunque sean diferentes y no coincidan con mis ideales. No necesariamente debemos tener las mismas opiniones que los demás para extenderles nuestra mano. La misericordia es capaz de una tolerancia que reconoce el derecho a existir, pero que no debe ser arbitraria. El crimen no puede reclamar el principio de tolerancia. Sin embargo, la misericordia bien entendida no limita el espacio de convivencia. Al contrario, lo protege y lo amplía. Solo quienes son capaces de sentir compasión, pertenecen al grupo de las personas que trabajan por la paz, bendecidas por Jesús (Mt 5:9) La humanidad va a ser destrozada por sus conflictos, si no tenemos piedad.

Por último, debemos admitir que imaginar un mundo sin piedad puede ser un gran engaño. Todo lo referido al concepto de «misericordia» como bondad, aceptación, gratificación, disposición a perdonar, etc., puede ser eliminado y traicionado. Aún así, la misericordia sigue formando parte de la realidad. No se concibe a la raza humana sin piedad. Cualquiera que lo discuta, está ciego. En el «Catecismo Menor», Martín Lutero expone de forma magistral su explicación del primer artículo del Credo:

> ...Dios me ha donado y me conserva sin cesar mi cuerpo y alma y vida, mis miembros grandes y pequeños, todos mis sentidos, mi razón, mi inteligencia.[1]

Nos debemos a nosotros mismos. No somos el producto de un accidente genético o una manipulación biológica. Todo eso puede haber intervenido. Pero no es suficiente para explicar el misterio de una persona. Las personas no son manufacturadas, son creadas y por lo tanto tienen una dignidad inviolable. Su vida es un don, al igual que cada nuevo día. La misericordia está presente al comienzo de la vida y permanece como una necesidad básica. Cada persona debe ser apreciada tal como es, con sus errores, debilidades y culpas. Necesitan consideración, perdón, amor. ¿Quién puede sobrevivir sin esto?

La capacidad de razonar que caracteriza a los seres humanos, es considerada su principal cualidad. Nos diferenciamos de los otros seres

[1] Martín Lutero, "El Catecismo Mayor," en Dr. Andrés A. Meléndez, Editor. "Libro de Concordia. Las Confesiones de la Iglesia Evangélica Luterana. Concordia Publishing House. St. Louis. 1969, 438.

vivientes porque podemos pensar, hablar, planear y transformar el mundo. Para Martín Lutero, la razón es también «en comparación con otras cosas de esta vida, lo mejor y algo divino.»[2] Y agrega, es una fuerza que moldea a la cultura. Aunque la razón no está exenta de ponerse al servicio del mal, nos coloca sobre todas las criaturas. Sería un error considerar a la razón como única norma para el ser humano. La racionalidad está ligada a la irracionalidad, la espiritualidad, y las emociones. Y son impredecibles. Está comprobado que frecuentemente las decisiones son más emocionales que racionales; los seres humanos son complejos y no se pueden explicar simplemente sobre la base de la decodificación de un genoma.

Es precisamente por esta razón que la fe cristiana insiste en el hecho de que la misericordia es parte de nuestra humanidad. Martín Lutero siempre lo tuvo claro y lo recalcó muchas veces. Es la empatía lo que hace persona a una persona. Seríamos máquinas si no pudiéramos sentir piedad, compasión y amor. El apóstol Pablo lo dijo muy claramente: «[...] y si no tengo amor» todas mis capacidades, aunque sean excelentes, no valen nada (1 Cor 13:1s.). Jesús mismo nos recuerda que Dios prefiere la compasión a los sacrificios (Mt 9:13s.). La ceremonia religiosa y la genialidad no tienen ningún valor si se ignora al otro y sus necesidades. Si sumamos todo eso en el concepto de misericordia, vemos que la nobleza humana consiste en la capacidad de tener misericordia. Todo lo demás es secundario.

La humanidad de Dios

Jesús sabía que había sido enviado en nombre de un Dios que es el amor mismo (1 Jn 45:16). Este Dios es diferente a todos los dioses que validan el homicidio y el asesinato, permitiendo - o muchas veces exigiendo - la violencia en sus nombres. Todos los dioses no son iguales. Hay que mirar bien y diferenciarlos. Son reconocidos por sus exigencias, sus órdenes y sus obras. Algunos son realmente tiranos, poniendo cargas muy pesadas sobre sus devotos y quitándoles la razón. Siembran odio y peleas e insisten en las cruzadas y guerras santas. Las religiones pueden ser tan barbáricas como cualquier persona. Se han cometido y se siguen cometiendo crímenes terribles en su nombre. Con mucha frecuencia, la religión ha bloqueado el progreso y el desarrollo y los creyentes se han aferrado a modelos de comportamiento obsoletos. Muchas veces las personas religiosas son retrógradas, antiguas, extrañas. Es por eso que la religión se ha visto muy desacreditada en nuestra época. Algunas personas sueñan con abolirla. Esto no solo es superfluo, sino

[2] Martín Lutero, «The Disputation Concerning Man, 1536,» en Helmut T. Lehmann, *Obras de Lutero*, vol. 34 (Filadelfia: Muhlenberg Press, 1960), 137.

extremadamente perjudicial. El fanatismo religioso, con su gran tendencia a la violencia, se ha convertido en una de las grandes fuentes de peligro en el mundo. ¿Quién puede contener esta locura religiosa?

En un tiempo donde hablar de Dios pierde vigencia, la fe debe ser responsable en su discurso. La cristiandad cree en un Dios que Jesús llamó Su Padre y a quien su congregación también puede llamarlo Nuestro Padre. El nombre representa una relación de confianza. Dios también puede ser llamado Madre, como indica la Biblia en algunos pasajes. A diferencia de los primeros profetas hasta Juan el Bautista, Jesús no predica a un Dios enojado, que hará descender una justicia vengativa al mundo, sino a un Dios misericordioso que se acerca a las personas más necesitadas, a las marginadas y a las culpables.

Al obrar así, Jesús ofendió a quienes se declaraban personas justas y reclamaban privilegios. La mesa que Jesús compartió con los cobradores de impuestos y los pecadores (Lc. 15:1s), fue algo escandaloso para ellos. Revierte sus visiones del mundo, que solo valoran los méritos y las acciones. Si Dios es lo que Jesús proclama, ellos deberán cambiar. Sin embargo, no quieren hacerlo. Reaccionan ante el temple del rabí de Nazaret con las personas «indignas», como si fuera un acto de agresión. Jesús contempla a las personas enfermas y vulnerables, marginadas, pobres y despreciadas. Son quienes trata de devolver al pueblo de los hijos de Dios. Su atención y preocupación son incondicionales. La gratuidad es la característica principal de sus acciones. Esto significa que Jesús se entiende a sí mismo como defensor de un Dios que no rechaza a quienes están en el pecado y que le da una oportunidad a quienes han olvidados/as.

Es claro que la Reforma comenzó por cambiar la comprensión de Dios. Martín Lutero descubrió al Dios misericordioso que acepta a los seres humanos más allá de sus méritos. La justificación en el sentido bíblico significa: la promesa del derecho a la vida sin necesidad de probar su desempeño, una aceptación incondicional, una demostración de amor. Martín Lutero se vio atormentado por sus escrúpulos debido a sus repetidos fracasos en la lucha contra el mismo mal; estas dudas se disiparon cuando descubrió que Dios justifica al pecador «solo por la fe y gracia». Entonces su pregunta «¿Cómo puedo alcanzar a un Dios misericordioso?» fue respondida. Sería erróneo interpretar esta pregunta como una expresión temporal de mala consciencia. Es el cuestionamiento humano *por excelencia.* ¿Dónde está la misericordia en este mundo? Un Dios despiadado es más un Moloch que un padre. Esa clase de Dios amenaza con castigos infernales y difunde temor y terror. No puede haber consuelo en ese tipo de dios. Negar a Dios, tampoco es una solución. El ateísmo es tan «deplorable» como una religión cínica. Con el Padre de Jesucristo, las cosas son diferentes. Este Dios ofrece refugio, protección y sentido.

> Con estas palabras, Dios nos quiere convencer de que Él es verdaderamente nuestro Padre y que realmente somos sus hijos, para que podamos pedirle con la misma confianza que los hijos piden a su amoroso padre.» Entonces Dios amorosamente nos insta a creer que Él es nuestro verdadero Padre y que somos sus verdaderos hijos, para que podamos pedirle con total seguridad y confianza como hijos amados a su amado Padre.[3]

Si nos preguntamos de dónde viene esta convicción, la respuesta es fácil. Viene de Jesucristo, en quien Dios se encarnó. «Nadie ha visto jamás a Dios» (Jn 1:18), pero Dios se reveló en Jesús. La congregación lo confiesa como la misma revelación. Hay señales de Dios en la naturaleza y en la historia, pero no son indiscutibles. Nadie que hable del amor de Dios, puede evitar a Jesús de Nazaret. Este amor se expresa en sus palabras y acciones y también en su sufrimiento. Jesús muere en la cruz, víctima de sus enemigos. Todo el mal del mundo cae sobre él, pero aún en este infierno, Jesús se mantiene fiel a su misión. En lugar de maldecir a sus torturadores, ora por su perdón (Lc 23:34). Prefiere morir que desear la muerte a los otros. Jesús se abstiene de buscar represalias. Para la comunidad cristiana, esta historia refleja el amor divino del Padre. Dios renuncia a vengarse de sus enemigos (Rom 5:10). En cambio, perdona sus faltas. Nos da la reconciliación (2 Cor 5:18ss). No puede haber paz desde la venganza.

Jesús da testimonio del Dios que busca la salvación de la humanidad, incluso para las personas paganas e «incrédulas». El Nuevo Testamento habla de su amor por la humanidad (Tito 3:4). Dios nos muestra su solidaridad con las criaturas que sufren y las libera de sus adversidades, en Jesucristo. El Dios de Jesucristo es «humano», conoce la «compasión» y muestra su misericordia. Esto último se hace realidad en la Pascua de Resurrección. El pecado, el sufrimiento y la muerte, son vencidos. El Crucificado vive y tiene la llave del cielo y del infierno (Ap. 1:15). La resurrección de Jesucristo nos libera del cautiverio de lo temporal y nos da futuro, aún frente a la muerte. El final de todas las cosas no es algo insignificante, una derrota, sino un nuevo comienzo (Ap. 21:1ss). El Reino de Dios se convierte en la verdadera realidad.

LOS FUNDAMENTOS DEL EVANGELIO

Bajo estas circunstancias, no es sorprendente que el legado de Dios mejor expresado sea el mandamiento de amarnos unos a otros, unas a otras.

---

[3] Obras de Martín Lutero. Tomo I. "La Libertad Cristiana" 1520. Editorial Paidós. Buenos Aires. 1967.

Dios establece las normas con su acción divina y con su propio ser. Una vez más, Dios nos mostró Su amor en Jesucristo (Rom 8:39). «Sean ustedes compasivos, como también su Padre es compasivo,» dice Jesús (Lc 6:36). Y cuando le preguntan sobre el primero de todos los mandamientos, contesta «[...] 'Ama al Señor tu Dios con todo tu corazón [..] [y] a tu prójimo como a ti mismo'. Ningún mandamiento es más importante que estos» (Mc 12:29ss). Son dos mandamientos en uno. Amar a Dios y al prójimo, no es lo mismo. Amar al prójimo no es amar a Dios o viceversa. No deben confundirse. Amar a Dios significa que solo se adora a Dios. La liturgia solo pertenece a Dios (Mt 4:10). Cualquier «culto a una persona humana» es reprochable. Por el contrario, la diaconía es para el prójimo. Necesitan asistencia, solidaridad, atención. El principio es: «Ayúdense entre sí a soportar las cargas» (Gal 6:2) Por eso necesitamos diferenciar. El amor tiene muchas caras. Y aún así, hay un solo mandamiento—sobre el amor, es decir, una actitud que solo desea lo que es bueno.

Este mandamiento no es solo uno más, es la base de la ética en general. «En estos mandamientos se basan toda la ley y los profetas» (Mt 22:40). Y Pablo dice, «En el amor se cumple perfectamente la ley» (Rom 13:10). Si un precepto contradice este mandamiento de amor, debe ser reelaborado o abolido. Esto lo podemos ver en la discusión que Jesús mantiene con los fariseos en relación al sabbat. Pero es solo un ejemplo entre otros. Dios quiere un mundo más humano, a toda costa. Y eso no se puede lograr sin un mínimo de «amor». A pesar de que «amor» es una palabra demasiado utilizada, nada se puede hacer sin él. Es por eso que debe ser protegido del abuso. Hablando bíblicamente, el amor no es en primera instancia un sentimiento, sino una intención. Que yo ame a mi prójimo o no, básicamente depende de mis intenciones respecto a él o ella. Puedo sentir lo mejor hacia mis enemigos sin que realmente me agraden. Nuestra salvación la debemos al amor de Dios por el enemigo. La misericordia de Dios está dirigida a todos y todas sin distinción. Invita a quienes estén en el pecado a regresar a la comunidad de Dios.

Esto sucede sin presión o coerción. Si el amor es auténtico, no crea dependencias. Nos garantiza la libertad. Nos sorprende cuando el padre, en la parábola del hijo pródigo, no objeta cuando su hijo decide dejar la casa paterna y le pide la parte de la herencia que le toca (Lc 15:11s). Y su padre lo deja ir. De la misma manera, Jesús no ata a sus discípulos. Deja que se vayan si no están de acuerdo con él (Jn 6:66f). El verdadero discipulado se basa en el libre albedrío. La misericordia sin amor sólo sirve a su propósito y es humillante para quien la recibe, a diferencia de la que viene del amor. Quiere que sus prójimos sean sus compañeros o compañeras, no subordinados o subordinadas. Evita actuar con condescendencia diciéndoles lo que deben hacer. La «rigurosidad» contradice el mandamiento de amor. Establece una dictadura religiosa y convierte la misericordia en coerción.

Por el contrario, el amor le da más valor a los seres humanos y permite que se hagan responsables. Para ello, deben ser capaces de pensar «en todo lo verdadero, en todo lo que es digno de respeto, en todo lo puro, en todo lo agradable, en todo lo que tiene buena fama [...](Fil 4:8) El amor necesita ser guiado, no regulado; la presión lo destruye.

Pero sobre todo, necesita motivación. El amor no nace de una orden. Por eso el Nuevo Testamento explica la necesidad de actuar con la acción de Dios. Debemos amar porque fuimos amados por Dios. «Nosotros amamos porque Él nos amó primero,» dice la primera carta de Juan (4:19) Jesús mismo lo explica en la parábola del siervo que no quería perdonar (Mt 18:21s). El deber de perdonarse mutuamente surge del perdón que viene de Dios. Esto se aplica a la ética en general, cada vez que el mandamiento está precedido por el recuerdo de la acción misericordiosa de Dios. Experimentar la misericordia nos inspira a ser mejores. Esta es la fuente de la que surge el mandamiento. «¡Malvado!» dijo el rey en la parábola, «Yo te perdoné toda aquella deuda porque me lo rogaste. Pues tú también debiste tener compasión de tu compañero, del mismo modo que yo tuve compasión de ti.» (Mt 18:32s). Cualquier benefactor se sentirá tonto si quien recibe mantiene duro su corazón. Eso es precisamente lo que dice el Apóstol Pablo: «Tú desprecias la inagotable bondad, tolerancia y paciencia de Dios, Sin darte cuenta de que es precisamente su bondad la que te está llevando a convertirte en El» (Rom 2:4). El asunto es cómo llegar a las conclusiones correctas desde esta generosidad.

Quien se rehúsa a hacerlo, sufre grandes pérdidas. Uno puede argumentar naturalmente que le debe algo a Dios. ¿Quién o qué es «Dios»? Hay una nueva tendencia que quiere establecer una religión sin Dios. Es un concepto que ya no parece apropiado. La gente quiere creer pero de una forma diferente que en el pasado. Ciertamente, debemos asegurarnos que la misericordia no sea catapultada fuera de este mundo al mismo tiempo que Dios. ¿En qué o en quién quiere la gente creer si Dios desaparece de nuestras vidas? En este caso, existe el gran peligro de que uno deba aceptar un mundo sin sentido, así como la falta de amor y la tragedia de una vida finita. Dios es la fuerza decisiva que hace posible resistir la negatividad de la vida y el poder del mal. La experiencia de supervivencia en tiempos difíciles, aún ante el riesgo de muerte, se vuelve imposible en las condiciones de vida moderna donde se oculta a Dios. Es por esta razón, que luchar contra la realidad de Dios se debería considerar como un factor de «alto riesgo» para el logro de una buena vida.

Además, al negar la Gracia de Dios, se corre el riesgo de perder el sentido de asombro, un sentimiento por lo extraordinario. Si es así, no hay razones para agradecer. Todo se ve amenazado a convertirse en un cliché y al mismo tiempo, desenvolverse automáticamente de acuerdo a leyes ya conocidas. ¿Quién es responsable de las maravillas de la Creación? No es necesario agradecer a la «evolución». Es una idea absurda. Volverse insensibles a la misericordia de Dios, conduce a invisibilizar aquellas dimensiones por las que de otra manera la vida sería muy insípida. Si lo recordamos, ponemos en marcha un gran proceso de liberación. Abre nuestros ojos a la justificación de una oración como el Padre Nuestro. Deberíamos tener bien claro lo que hacemos si oprimimos el botón de «borrar» en relación a la misericordia de Dios.

Libertad

La Reforma se consideró un movimiento de liberación. «Cristo nos da la libertad para que seamos libres», escribe el apóstol Pablo (Gal 5:1). Esto dio una dinámica al movimiento. Se atrevió a levantarse ante la dominación extranjera y a recurrir al Evangelio como único modelo. De acuerdo a la Dieta de Worms en 1521, Martín Lutero desafió al Papa, emperador y poder absoluto de la iglesia. Ya había desarrollado el tema en detalle en «Sobre la libertad cristiana, 1520.» «Un cristiano es libre señor de todas las cosas y no está sujeto a nadie.»[4] Esa es su primera frase. Quien tiene a Dios como Señor no puede servir a otros dioses (cf. Mt 6:24). Servir a Dios nos libera de servir a la raza humana. Todas las presiones desaparecen cuando tenemos nuestra fe puesta en la Gracia de Dios. Sin embargo, esta libertad puede ser malentendida como arbitraria. Por lo que Lutero agrega: «E cristiano es servidor de todas las cosas y está supeditado a todos.»[5] Esa es su segunda frase. Ambas se corresponden. La libertad se autodestruye si no asume sus responsabilidades. Pero sobre todo, es el amor que se traiciona. Es esencialmente «servir al prójimo». La fe también se vuelve falsa sin la diaconía, porque no hay fe «cristiana» que no tome acción en el amor (Gal 5:6). Esta es la prueba de la fe.

Vale la pena reflexionar en detalle sobre estas dos frases del reformador. Martín Lutero provocó la ira de la iglesia papal porque le negó su papel de mediadora en el proceso salvífico. Solo basta la fe para ser salvo. La iglesia es testigo de la Palabra y por lo tanto cumple una tarea esencial. Pero la salvación sólo viene de Cristo Jesús. Los seres humanos no tienen que trabajar más por su salvación o esforzarse por hacer obras meritorias. Al contrario, están invitados a aceptarla con confianza. Lutero apeló a Pablo cuando dijo «[...] nadie es reconocido como justo por cumplir la ley» (Gal 2:16). Lutero experimentó personalmente lo que eso significaba. Para él fue una liberación asumir que su pecado no lo descalificaba para entrar en el

[4] Obras de Martín Lutero. Tomo I. "La Libertad Cristiana" 1520 Editorial Paidós. Buenos Aires. 1967.
[5] Ibíd.

Reino de Dios. Podría volver a vivir con su cabeza en alto. La misericordia de Dios lo había liberado de la presión de actuar para lograr méritos religiosos. Esa presión no sólo fue fuerte en la iglesia medieval. Aún está presente hoy, en particular en las religiones no cristianas. Cualquiera que no sigue las normas, es visto como un «no-creyente» y tratado con hostilidad.

Aún bajo circunstancias adversas, el mensaje de la justificación tiene relevancia. Cada uno necesita la experiencia de ser aceptado. Condiciona la salud mental y la búsqueda de la identidad. Un/a niño/a no deseado/a, pasa por momentos difíciles en su vida. Un/a niño/a no puede crecer sin la protección y el cuidado de la madre y el padre. Más adelante, el reconocimiento también es vital—ya sea de un grupo chico o a nivel popular. Todos buscamos el aprecio, el aplauso y la aprobación. La gente debe sentir que es alguien, que tiene un sentido, que tiene un lugar. Pero, ¿qué pasa si la sociedad rechaza a sus propios miembros, incluso sus propios padres? Personalmente puedo pertenecer a esta sociedad si comienzo a odiarme y desarrollo un gran complejo de inferioridad. Entonces imagino que no valgo mucho, que soy un fracaso y que cargo con un estigma. Esto se vuelve un proceso muy peligroso que incluso puede terminar en suicidio o arranques de violencia.

La misericordia de Dios lo ubica de forma diferente. Cuando todos y todas te humillan y te enloquecen, tú sigues sintiéndote una criatura amada por Dios. No eres menos importante que nadie No envidias el éxito de nadie. La justificación nos libera del juicio social. «¿Quién nos puede acusar ante la elección de Dios? Es Dios quien nos justifica» (Rom 8:33), dice el apóstol Pablo. Una persona es mucho más que la suma de sus acciones o inacciones. Sigue siendo importante lo que las demás personas piensen de mí. Lo que ven en mí no me es indiferente. Nadie es inmune a la denigración o agresión y la difamación es un crimen. Y aún así, los juicios humanos han perdido total validez. Se han vuelto «relativos». Lo esencial es lo que el Evangelio dice sobre mí. Entonces voy a poder manejarme mejor, con todas mis deficiencias. Voy a aprender a aceptarme con mis errores y debilidades sin tener que disculparme. La promesa de la justificación tiene efectos sicológicos extraordinarios. Nos enseña a reconocer el pecado sin desesperarnos.

Por supuesto que la justificación es lo opuesto a la arrogancia. Nos llama a ser realistas y comprender lo que es ser humano, con todas sus limitaciones. El apóstol Pablo reprende a los corintios por su orgullo. Les pregunta, «¿Quién te da privilegios sobre los demás? ¿Y qué tienes que Dios no te haya dado? Y si él te lo ha dado, ¿por qué presumes, como si lo hubieras conseguido por ti mismo?» (1 Cor 4:7) El mensaje de la justificación rompe la burbuja de la arrogancia. Baja a tierra a las personas y les enseña a ser humildes. La misericordia de Dios es una traba para las personas orgullas, fuertes, rectas y aquellas que piensan que no necesitan estar agradecidas. Sin la misericordia de Dios, no serían nada. Es aconsejable no engañarse. La sociedad en su totalidad, pone límites a la misericordia de Dios. Incluso, si el juicio final es responsabilidad de Dios, todo juicio humano queda sujeto a ello. La sociedad no tiene derecho a la decisión final sobre sus miembros. Los seres humanos son propiedad de Dios y como tales, gozan de la protección de Dios. Nadie es una excepción. Todos/as están invitados/as a aceptar la misericordia de Dios en la fe. Aún así, este regalo precede a la respuesta humana. Por consiguiente, el mensaje de la justificación en un sentido más amplio, es uno de los pilares a favor de los derechos humanos. La ley divina enfatiza el respeto a la dignidad e integridad del ser humano.

Esto deja en claro que la misericordia de Dios hacia el ser humano cae al vacío. Pone a los individuos en comunión unos con otros. Por consiguiente, la segunda cláusula del tratado de Lutero sobre la libertad, tiene que seguir a la primera. No hay contradicción. Lo sabemos a través de Jesucristo. Aquel que era libre y solo se sintió responsable ante su Padre «renunció a lo que era suyo y tomó naturaleza de siervo.» (Fil 2:7) Fue voluntario, no fue forzado a hacerlo. En sus propias palabras dijo, «Porque ni aun el Hijo del hombre vino para que le sirvan, sino para servir y dar su vida en rescate por una multitud.» (Mc 10:45) Por eso: «El que entre ustedes quiera ser el primero, deberá ser el esclavo de los demás» (Mc 10:44). Solo quien puede servir es realmente libre. La «libertad de», debe estar unida a la «libertad para». Solo de esta manera recibirá el sello de calidad. Una mera independencia puede ser tan despótica como la arbitrariedad. Debe estar sujeta a lo que es bueno.

Es un verdadero malentendido pensar que un protestante no necesita hacer buenas obras. Mientras los católicos buscan tener buenos logros, los protestantes pueden juntar sus manos. Esta es una confusión en la que a veces caemos. Quien lo discute, no ha leído la Confesión Luterana publicada en Augsburgo en 1530, que aún es válida. El artículo sexto dice, « Se enseña también que tal fe debe producir buenas frutos y buenas obras y que se deben realizar toda clase de buenas obras que Dios haya ordenado [...].»[6] Sin embargo, la tradición luterana diferencia las buenas obras de amor de las buenas obras de la ley. Estas últimas no son solo por el bien del prójimo, sino también para cumplir la ley. Sin embargo, esto significa tomar una acción que podamos contar como un mérito, lo que contradice el espíritu de amor que no tiene en cuenta su propia gloria sino el bien del prójimo. Jesús mismo demostró una y otra vez que es el amor lo que cuenta y no el cumplimiento de los mandamientos. El amor no presume de sus buenas acciones; solo actúa sin pensar en sus beneficios.

Dado que el amor es servicio, las personas cristianas pueden servir. Saben que cada comunidad necesita leyes que deben ser respetadas por sus miembros.

[6] "La Confesión de Augsburgo" en Dr. Andrés A. Meléndez, Editor. "Libro de Concordia. Las Confesiones de la Iglesia Evangélica Luterana. Concordia Publishing House. St. Louis. 1969, 29.

Es por eso que existen normas, oficinas y autoridades. El Nuevo Testamento reconoce al Estado como una institución de Dios y llama a obedecerlo (Rom 13:1s, 1 Ped 2:17). Cada iglesia está sometida a su constitución nacional. No es posible lograr la paz social sin un consenso social. La iglesia misma necesita de las estructuras administrativas y de un liderazgo. Un cristiano es un anarquista. Sin embargo, la obediencia se restringe al principio que dice: «Es nuestro deber obedecer a Dios antes que a los hombres.» (Hch 5:29). Por lo tanto, un/a cristiano/a puede oponerse. Siempre debe ser así cuando las leyes no son justas. La Teología de la Liberación ha reconocido que el pecado puede tomar la forma de estructuras sociales injustas, lo que no debe ser ignorado nuevamente. Es parte de la obra de la iglesia, denunciar el abuso. Fue lo que sucedió por ejemplo en 1977, durante la Sexta Asamblea de la Federación Luterana Mundial en Dar es Salaam, Tanzania. Los/as delegados/as declararon que el sistema del apartheid era incompatible con la confesión luterana. Quienes lo apoyaran, se estarían situando fuera de la comunidad. El racismo era un pecado. Pero también hay otros casos menos dramáticos de fallas estructurales. Siempre que sea necesario, la iglesia debe presionar para que las leyes sean cambiadas. Porque el amor «no se alegra de las injusticias, sino de la verdad» (1 Cor 13:6). Los cristianos pueden apelar a la resistencia basados en su consciencia. En cualquier caso, quienes asisten a las personas que sufren, también pueden tomar acciones políticas.

El mismo Martín Lutero es un gran ejemplo. No fue una persona «apolítica». Los males de su época provocaron su desaprobación y le dieron la oportunidad de criticarlos. El reformador apeló a los responsables de su época, pidiéndoles cambios que mejoraran las condiciones sociales en su «A la nobleza cristiana de la Nación Alemana con respecto a la Reforma del Estado Cristiano, 1520.»[7] Pero también habló con firmeza en otras ocasiones. No existe la iglesia apolítica. Mientras los cristianos vivan en este mundo, son parte de la sociedad, es decir, sus guardias, y corresponsables de su prosperidad o miseria. Ciertamente la iglesia y el estado tienen sus respectivas tareas. Mientras el estado debe velar por la ley y la paz, a la iglesia le fue confiado trabajar para la ley y la voluntad de Dios. Es precisamente por esta razón, que la iglesia no puede ser indiferente a cómo el estado cumple con su obligación. Debe alzar la voz y protestar si la injusticia y la violencia se vuelven endémicas. La iglesia no debe permanecer callada frente a cuestiones éticas. Por el contrario, el estado debería estar interesado en que la iglesia predique sobre la fe, el amor y la esperanza entre sus ciudadanos. Debe garantizar una infraestructura adecuada.

---

[7] "A la nobleza de la Nación Alemana acerca del mejoramiento del Estado Cristiano" 1520 en Obras de Martín Lutero. Tomo I. Editorial Paidós. Buenos Aires, 1967, 67s.

Esta distinción entre la iglesia y el estado, es un indudable rechazo a la idea de la teocracia. Jesús mismo habló claramente sobre esto. No debemos dar al emperador lo que es de Dios ni viceversa (Mc 12:17). El poder mundial tiene sus propias leyes, lo que no lo libera de su responsabilidad ante Dios. Por consiguiente, la teología luterana no quiere una teocracia sino un estado basado en el cumplimiento de la ley. La teocracia es, por naturaleza, autoritaria y va en contra de la libertad. Solo permite una fe y prohíbe la legítima diversidad. En cambio, debemos esperar que la sociedad apoye un sistema legal que garantice a sus miembros la mayor libertad, paz y prosperidad. Ese consenso también se puede lograr con los no-cristianos. La justicia es un postulado humano y se relaciona con otras épocas religiosas y seculares. El estado basado en la ley, no es una creación cristiana. Sin embargo es un proyecto que la iglesia debe promover.

La iglesia de Jesucristo debe, naturalmente, evitar ser incorporada por partidos políticos. Perdería la libertad y la capacidad de tener una crítica objetiva. Mientras los cristianos individualmente no pueden evitar tener sus opciones políticas, la iglesia institucional no puede hacerlo. Tiene que comprometer a todos los partidos por igual a promover el bien común y motivarlos a ser públicamente responsables de sus respectivos programas. La iglesia debe resistir la tentación de controlar el estado. Pero tiene la tarea de recordar a los gobernantes de sus responsabilidades. Esa es parte de su «diaconía política» y la prueba de la libertad que les fue dada por Dios.

Preguntas

En el mundo global del siglo veinte, la tolerancia se está volviendo esencial para la paz. ¿Es correcto proclamar que la Palabra nos libera de la intolerancia? ¿Hasta dónde debe llegar la tolerancia cristiana sin convertirse en arbitrariedad?

La iglesia no debe interferir en asuntos políticos. Esta declaración frecuente se basa en el hecho de que el pueblo dice que la iglesia debe cuidar de su salvación y el estado de su bienestar social. La salvación y el bienestar social, ¿pueden estar tan nítidamente separados?

¿Por qué debemos hablar de la misericordia de Dios? El mundo humano, ¿es posible sin Dios? Muchos dicen que debemos abolir la religión para establecer la paz en el mundo. ¿Qué tenemos para decir al respecto?

La iglesia y el espacio público. Una interpretación luterana

Kjell Nordstokke

La Reforma y la comprensión de ser iglesia

El mensaje central de la Reforma Luterana es que la justificación por la fe es la doctrina por la cual la iglesia se sostiene o cae. Esta postura se basa en la lectura bíblica de Lutero y su interpretación del ministerio de Jesús. A menudo ha sido presentada como las cinco *solas* o los cinco fundamentos de la teología luterana: solo la Escritura (s*ola scriptura)*, solo la fe (*sola fide*); la Gracia sola (*sola gratia)*; solo Cristo (*solo Cristo*); solo gloria a Dios (*soli Deo gloria).*

A primera vista estos principios no hacen referencia a la iglesia. Esto nos puede dar la impresión de que la eclesiología (teología de la iglesia) no era un tema importante para Lutero y sus seguidores. Pero no fue el caso. La Reforma se inició como una reacción al modelo medieval de la iglesia y su concentración en el poder económico y político. Según Lutero, de esa forma la iglesia estaba silenciando la proclamación de la Palabra. Por ese motivo, la iglesia necesitaba ser reformada. La proclamación del Evangelio en el mundo es la razón de ser de la iglesia y no al revés. La iglesia solo existe por mandato de las Escrituras, por la fe, por la Gracia, por Cristo y para la gloria de Dios.

El estado de la iglesia del siglo diez y nueve era tal, que muchos deseaban su reforma. El papa se había convertido en un líder político con su propio ejército. Los obispos eran legisladores locales y controlaban la mayor parte de los recursos económicos. Sin embargo, el problema no era solamente la manera en que la iglesia ejercía su poder político. Mas bien, los reformadores criticaban la forma en que el Papa y los obispos usaban el poder religioso para legitimar sus posturas como legisladores del mundo.

Por ejemplo, podían excomulgar a sus adversarios políticos y en algunos casos imponer un interdicto sobre un país. Eso significaba que todo un pueblo no podía acceder a los sacramentos o tener un funeral cristiano. La lucha por el poder político impactó seriamente en la gente común y sus vidas religiosas. Si no podían asistir a la misa y hacer uso de los sacramentos como está prescrito por las autoridades eclesiales, temían por su salvación. De la misma manera, el pueblo adoptó prácticas que la iglesia había establecido con el fin de aumentar sus ingresos, como la venta de indulgencias. Lutero escribió sus Noventa y Cinco Tesis «sobre el poder y la eficacia de las indulgencias» en 1517, cuando vio cómo la gente pobre, guiada por el temor, malgastaba su dinero comprando indulgencias para escapar de los tormentos del purgatorio. Como sabemos, este es el inicio de la Reforma. Por un lado, su punto de partida fue una reacción contra la iglesia que abusaba de su poder explotando a los pobres. Por otro lado, cuestionaba a la iglesia, ya que en lugar de proclamar el Evangelio, le decía a los creyentes que confiaran en un pedazo de papel que podía comprarse. La salvación no es un artículo que puede comprarse. La salvación no se vende.

Lutero no solo criticó esas prácticas. Motivado por su convicción teológica, cuestionó este modelo de ser iglesia y desafió a los líderes políticos de su tiempo a retomar el poder que les había usurpado la iglesia. Reclamaba que el mandato de la iglesia no es ejercer el poder como dirigente político. El «poder de la espada», en palabras de Lutero, pertenece a aquellos que Dios instauró como reyes y otros gobernantes del mundo. Todos los/as ciudadanos/as, incluida la iglesia, deben reconocer y obedecer a las autoridades. La iglesia tiene un mandato diferente: Dios ha llamado a ejercer el «poder de la palabra» y la proclamación pública del Evangelio en palabra y acción.

La Palabra como una palabra pública poderosa

La diferencia entre el poder de la espada y el poder de la Palabra, condujo a la enseñanza de los dos reinos en la teología luterana y a una profunda discusión de cómo interpretarla en un momento político y social diferente a los tiempos de Lutero.

Primero, es importante tener en cuenta que el tema es discernir, no separar. Lutero hizo hincapié en que ambos reinos (Lutero prefirió decir gobiernos), están sujetos al juicio y a la voluntad de Dios. Por lo tanto, todos los dirigentes son responsables ante Dios y como buenos cristianos, deberían considerar su tarea como una vocación divina y usar diligentemente la Palabra y los sacramentos para reforzar su deber como gobernantes. Esto tenía sentido en un tiempo en donde todos los/as ciudadanos/as pertenecían a la iglesia. Se esperaba que los reyes y otros gobernantes fueran buenos cristianos y que asistieran regularmente a la iglesia, donde el «poder de la Palabra» les fuera revelado.

Evidentemente, esta doctrina debe ser aplicada de forma diferente hoy en día, ya que en muchos lugares, la iglesia representa a un pequeño sector de la sociedad donde quizás solo una minoría asiste o es miembro de una iglesia. Además, muy pocos líderes políticos en la actualidad consideran que su posición ha sido ordenada por Dios. Sus mandatos y poder están regulados de acuerdo a procedimientos seculares que los seleccionan y los vuelven dirigentes. ¿De qué manera la iglesia se ve desafiada a contribuir, alentando a los gobiernos a ser responsables, promoviendo normas sociales y políticas que estén de acuerdo a la voluntad de Dios para su Creación y la vida humana?

En segundo lugar, la interpretación de la doctrina de los dos reinos nos lleva a otra gran diferencia: el escandaloso poder político y económico que la iglesia había acumulado en ese momento. El hecho de que ese abuso de poder haya servido para instrumentar la formulación de esta doctrina, puede haber contribuido a una interpretación que nos advierte sobre cualquier mezcla entre la iglesia y la política. Esta fue la postura mantenida por muchos líderes religiosos durante la época nazi. Afirmaban que el gobierno secular debía actuar de acuerdo a sus propias leyes y ser reconocido como el orden social establecido por Dios. Por lo tanto, debía ser obedecido. De igual manera, muchas personas rechazaban la idea de que la iglesia debía involucrarse en la lucha contra el apartheid, sosteniendo que era una cuestión política que estaba más allá del mandato de la iglesia. Algunos argumentaban que ocuparse de estas cuestiones políticas, podría derivar en divisiones internas de la iglesia, como si eso fuera un pecado mayor a la división que el apartheid había causado en la sociedad sudafricana.

Es claro que la doctrina de los dos reinos no anticipa un alejamiento del mundo. En cambio insta a la iglesia a discernir las bases de su mandato público. Hoy la iglesia no acumula poder político y económico—por lo menos en la mayoría de los lugares del mundo. Por lo que el asunto no es tanto advertir a la iglesia sobre el riesgo de cambiar el «poder de la espada», sino el riesgo de quedar fuera del mundo por limitarse solo a los temas espirituales.

Lutero no interpretó el «poder de la Palabra» como un retiro del mundo. Al contrario. Lo entendió como una palabra pública. Según Lutero, el púlpito era un lugar desde donde se podía llegar a toda la comunidad y no solo al círculo interno de creyentes. Además sus palabras se divulgaron por toda Europa, gracias a los métodos de impresión que recientemente se habían creado. Podemos ver que las preocupaciones de Lutero en sus prédicas y escritos, no se limitaban a asuntos espirituales. Muchas veces estaban relacionados a la política y la economía. El defendía la creación de escuelas para todos los niños y las niñas, servicios para los pobres y desamparados y cuestionaba enfáticamente la práctica de la usura, declarándola inmoral.

Cuando hoy leemos sus textos, su habilidad para interpretar las señales de los tiempos nos impresiona, especialmente su coraje para enfrentar temas públicos, aunque debamos admitir que algunos de sus escritos fueron inapropiados, es decir, sus declaraciones sobre los judíos y su llamado a detener a los granjeros rebeldes.

El tercer punto que llama nuestra atención, es el hecho de que Lutero confiaba en el poder de la palabra. Esto se relaciona con su interpretación teológica del Evangelio como palabra viva (*vox viva evangelii*) y la iglesia como una realidad creada por la palabra (*creatura verbi).* Dios creado por las palabras, «Pues él habló, y todo fue hecho; él ordenó, y todo quedó firme.» (Sal 33:9). De la misma manera, la Palabra tiene el poder de crear lo que menciona. Ese poder no depende de una posición política o del uso de las armas para ser efectivo. Sin embargo, el poder de la palabra es fuertemente resistido por los «poderes y autoridades», una expresión que no solo se refiere a los gobernantes del mundo, sino al poder del mal, que de acuerdo al apóstol, fue vencido «en la cruz» (Col 2:15).

Lutero creía que Dios había llamado a la iglesia a ser la «palabra viva» en el mundo. Por un lado, la proclamación de la Palabra concibe la fe al cuidado de Dios y la misericordia en nuestra vida diaria, y pone su confianza en el señorío de Dios y Su providencia en lo que nos pase, como individuos y como sociedad. Por otro lado, nos pide que seamos mayordomos de los dones que Dios nos ha dado, como ciudadanos y ciudadanas responsables, cuidando el bienestar de nuestros semejantes.

En adelante, debemos prestar más atención a la manera de ser «una palabra viva» en el mundo. La primera perspectiva será individual, cómo cada cristiano/a es llamado/a a servir a Dios y a su prójimo. Esto ha sido enseñado muchas veces como la ética luterana de la vocación y es actualmente interpretado como un llamado a una ciudadanía comprometida. La siguiente perspectiva, entiende a la iglesia como un cuerpo colectivo—especialmente como comunidad local—para que asuma sus roles en el área pública. La diaconía debe ser presentada como una tarea fundamental dentro de este mandato de ser una iglesia pública, con un enfoque centrado en las acciones de defensa de causas. Finalmente, debemos reflexionar sobre el nuevo y desafiante rol de la iglesia como santuario en el actual mundo post-moderno, con raíces que nacen en los primeros siglos de la vida cristiana y el servicio público.

La vocación de vivir una ciudadanía comprometida

El llamado a ser «palabra viva» es una exhortación a una ciudadanía comprometida. Lutero cambió radicalmente la comprensión de la vocación cristiana, desplazando el eje desde la vida interna de la iglesia hacia el servicio en el mundo, siendo ciudadanos/as cristianos/as que aman y cuidan a su prójimo. Lutero cuestionó las órdenes religiosas de su tiempo y la idealización de la vocación monacal que se habían distanciado de la vida normal, recluyéndose en un monasterio, abocados a las prácticas religiosas. De su propia experiencia, Lutero reconocía que esa interpretación de la vocación podía ser egocéntrica. Pero aún más importante, ignoraba el llamado a servir al prójimo.

> Lutero entendía la vocación cristiana desde la perspectiva de ser uno en Cristo y de las dos direcciones que esta relación conlleva. Primero, en relación a Dios, es en Cristo que somos salvados del poder del pecado y la muerte. Por la gracia de Dios somos libres, así como de la ley y del temor de que Dios nos rechace y nos excluya de Su amor y cuidado. Se trata de una de las dimensiones de estar en Cristo: nuestra relación como hijos e hijas de Dios, disfrutando junto a Cristo del libre acceso a nuestro Padre celestial. Sin embargo hay otra dimensión de estar en Cristo: así como Cristo fue enviado al mundo, nosotros somos enviados a nuestro prójimo. *Es este el mensaje central en uno de los escritos más importantes de Lutero* «La libertad cristiana, 1520» con su conocida declaración: «El Cristiano es servidor de todas las cosas y está supeditado a todos»[1]

En este entendido, es fundamental la relación simultánea con Dios y nuestro prójimo, así como la comprensión de las enseñanzas de Jesús sobre el mandamiento de amar a Dios y a nuestro prójimo. Para Lutero era evidente que desde nuestras propias fuerzas, no éramos capaces de amar a Dios ni a nuestro prójimo. Pero es en Cristo y con el poder del Espíritu de Dios que no solo es posible sino que es lo que nos identifica como cristianos. Lutero resume sus reflexiones sobre la libertad cristiana de la siguiente manera:

> Se deduce de todo lo dicho, que el cristiano no vive en sí mismo, sino en Cristo y el prójimo; en Cristo por la fe, en el prójimo por el amor. Por la fe sale el cristiano de sí mismo y va a Dios, de Dios desciende el cristiano al prójimo por el amor. Pero siempre permanece en Dios y en el amor divino [...].[2]

La opinión que Lutero tenía sobre cómo ser un ciudadano, estaba de acuerdo a cómo la sociedad se entendía en ese momento. Implicaba que todo ciudadano debía ser fiel a su rol social como granjero, sastre o comerciante, sin querer cambiar la estructura social. Si Lutero hubiera hablado sobre una

---

[1] Obras de Martín Lutero. Tomo I. "La Libertad Cristiana" 1520 Editorial Paidós. Buenos Aires. 1967, 137s.

[2] Ibíd.

ciudadanía comprometida, lo hubiera hecho dentro del marco de respeto de lo que consideraba el orden natural de la sociedad, y desde allí, encontrar las oportunidades para servir al prójimo. Además, no hubiera visto un rol posible para las mujeres fuera del hogar. Sin embargo, lo nuevo y radical es su evaluación positiva del trabajo—tanto dentro como fuera del hogar. El trabajo honesto y leal es un verdadero servicio, más que las buenas prácticas religiosas. Desde la perspectiva cristiana, sembrar y cosechar el campo, construir casas, confeccionar vestidos y preparar el alimento para personas hambrientas—son actividades dignas y consideradas como formas de servir a Dios y al prójimo.

Aún hoy es importante que lo tengamos en cuenta. Nuestra vida cristiana no se limita a lo que hacemos los domingos y cómo nos relacionamos con los temas espirituales. Va mucho más allá. Tiene que ver con todo lo que vivimos a lo largo de la semana y en particular, con cómo nos manejamos a diario cuidando de nuestras familias, siendo profesionales honestos y miembros responsables de nuestra comunidad. En una época donde el trabajo se concibe sólo como una manera de ganar todo lo que sea posible, la ética luterana nos lleva a que nuestro trabajo sea una forma de servir a Dios y al prójimo y a promover la justicia y el bienestar social. Este desafío toma una nueva dimensión en una época en que nuestros estilos de vida amenazan el equilibrio ecológico. Es por eso que el concepto de la vocación cristiana continúa siendo relevante y merece ser un componente medular de la tradición luterana y nos puede ayudar a desarrollar nuestra comprensión de una ciudadanía comprometida.

La «palabra viva» como acción diacónica

Para Lutero la «palabra viva» se refería, en primer lugar, a la palabra predicada principalmente desde el púlpito. Sin embargo, esto no implica que Lutero haya limitado su comprensión de la «palabra» solamente a lo que es expresado oralmente y puede ser registrado por el oído humano. Como un estudioso de la Biblia, Lutero conocía los conceptos bíblicos de la «palabra» (en hebreo: *Dabar;* y en griego: *logos*) donde ambos expresan una realidad viva. Esto se articula claramente en el mensaje de la Palabra encarnada, 1 Jn 1:11: «Les escribimos a ustedes acerca de aquello que ya existía desde el principio, de lo que hemos oído y de lo que hemos visto con nuestro propios ojos. Porque lo hemos visto y lo hemos tocado con nuestras manos. Se trata de la Palabra de vida.» De una manera extraordinaria, Jesús no solo anunció la Palabra; Él mismo la encarnó. Su ministerio, como palabra de vida, abarcó la enseñanza y el cuidado de las personas necesitadas. No tendría sentido separar sus palabras de sus actos; son parte integral de su misión.

El concepto de la vocación cristiana en relación a lo antedicho, puede ser interpretado como la misión que sigue el ejemplo de Jesús. Estar en Cristo significa ser enviado como Él fue enviado y servir en palabras y acción como Jesús lo hizo: «Si alguno quiere servirme, que me siga; y donde yo esté, allí estará también el que me sirva» (Jn 12:26). El verbo griego utilizado para «servir» en este versículo es «*diakonein*.» Aquí se refiere al servicio de los discípulos; en otro pasaje, Jesús lo utiliza para explicar el verdadero significado de su misión: «Porque ni aun el Hijo del hombre vino para que le sirvan, sino para servir y dar su vida en rescate por una multitud.» (Mc 10:45)

Cuando el Nuevo Testamento fue traducido al latín, la palabra griega diakonia fue traducida como *ministerium* y más adelante, como ministerio en español. Esto nos dice que la diaconía básicamente significa ser enviado, recibir una misión, una tarea o una vocación. El que envía, determina el contenido de la misión. Esto está expresado por Jesús: «Luego Jesús les dijo otra vez: '¡Paz a ustedes! Como el Padre me envió a mí, así yo los envío a ustedes'» (Jn 20:21). En otras palabras, como discípulos de Jesucristo, la diaconía de la iglesia es seguir el ejemplo que Él nos dio en palabras y acciones.

Basándose en este contexto, el concepto de diaconía es ampliamente utilizado hoy por las iglesias. En su *Plan for Diakonia* la Iglesia de Noruega define a la diaconía como

> El ministerio solidario de la iglesia. Es el Evangelio en acción y se expresa a través del amor al prójimo, creando comunidades inclusivas, cuidando la creación y luchando por la justicia.[3]

Esta definición establece claramente que la diaconía es más que una consecuencia de la Palabra como una actividad opcional, al ser considerada necesaria dado los desafíos externos. La diaconía es una parte integral del Evangelio. Es imperativo hacer visible la palabra viva y liberadora de Dios en la acción y de por sí, una parte integral de lo que la iglesia como cuerpo de Cristo está llamada a ser y hacer en el nombre de Dios. No solo a través de nuestro propio entendimiento o esfuerzo, como establece Lutero en el «Catecismo Menor»; «[...] el Espíritu Santo me ha llamado mediante el evangelio, me ha iluminado con sus dones, y me ha santificado y conservado en la verdadera fe, del mismo modo como él llama, congrega, ilumina y santifica a toda la cristiandad en la tierra [...].»[4]

---

[3] **www.gammel.kirken.no/?event=dolink&famID=247**

[4] "El Catecismo Menor" (1529) en Dr. Andrés A. Meléndez, Editor. "Libro de Concordia. Las Confesiones de la Iglesia Evangélica Luterana. Concordia Publishing House. St. Louis. 1969.

Es evidente que Lutero no estaba familiarizado con esta conceptualización de la diaconía. Conocía diáconos que de acuerdo a la tradición católico-romana serían ordenados sacerdotes y que básicamente cumplirían tareas litúrgicas. Lutero no encontró ningún fundamento para seguir esa tradición y el título de diácono desapareció en las iglesias reformadas. Una vez Lutero escribió que las congregaciones necesitaban verdaderos diáconos que cuidaran de los enfermos y los pobres. Esto nunca fue una prioridad en ese momento. Las tareas más urgentes eran la proclamación de la Palabra y la administración de los sacramentos.

Estas urgencias motivaron a Lutero a apelar a las autoridades públicas en relación a las tareas de acción social. Deberían crear servicios, por ejemplo, fondos comunitarios para ayudar a los pobres o proveer viviendas a los huérfanos. Lutero consideraba más efectivo asignar estas tareas a las autoridades gobernantes del mundo, teniendo en cuenta que todos los ciudadanos pertenecían a la iglesia y por lo tanto podían desarrollar esos servicios como buenos cristianos. Sin duda, esta práctica tuvo mucha influencia en la comprensión del liderazgo políticamente responsable en aquellos países que adoptaron la Reforma y que los llevó a crear los servicios de previsión social.

No obstante, también resultó en una disminución de la conciencia y la práctica diacónica en muchas iglesias. Uno se puede preguntar si el enfoque en la Palabra y los sacramentos generó una especie de pastor-centrismo dentro del luteranismo, que transformó a la congregación en meros receptores de la Palabra y sacramento, en lugar de desarrollarse como una comunidad viva en dones y ministerios. Lutero no se adhirió a la eclesiología que reducía a los laicos a ser solo objetos de servicio de la iglesia. Por el contrario, sus enseñanzas sobre el «sacerdocio de los creyentes», proclamaban que todas las personas bautizadas estaban facultadas para ser «sacerdotes», en el sentido de que podían acceder a Dios y ser incluidos en la misión de Dios en el mundo. En ese sentido, se puede interpretar «el sacerdocio de todos los creyentes» como la diaconía de todas las personas bautizadas.

La «tercerización» del mandato diaconal a las autoridades públicas en los contextos sociales y religiosos actuales, ya no es viable ni desde el punto de vista teológico ni sociopolítico. En una sociedad secular, la iglesia no puede contar con los líderes políticos para realizar las tareas de un ministerio diaconal. La iglesia debe organizar su trabajo diacónico—localmente a un nivel congregacional o a través de organizaciones o ministerios especializados ya establecidos que puedan operar a nivel nacional e internacional.

Como el ministerio solidario de la iglesia, la diaconía puede tener muchas áreas de acción. El proyecto de la Iglesia de Noruega mencionado anteriormente contempla cuatro áreas: amar al prójimo, crear comunidades inclusivas; cuidar la Creación; y luchar por la justicia. Señalan la importancia de incluir esos temas dentro de la agenda eclesial como iniciativas que sean base en la vida de la congregación, tales como visitar a las personas enfermas y recibir a quienes estén en situaciones conflictivas de vida y también, cuando sea posible, establecer otros servicios, por ejemplo dentro del área del cuidado de la salud o de la previsión social. En algunos casos, esos servicios están organizados junto con las oficinas públicas u otros agentes dentro de la sociedad civil. De esta manera se asegura que la acción diacónica incluya el bienestar general, la promoción de la dignidad humana, la justicia y la paz.

La acción diacónica está basada tanto en la fe como en los derechos. Contiene a la vez, nuestra identidad como comunión solidaria e inclusiva y nuestra vocación compartida de promover la dignidad humana, la justicia y la paz en el mundo. Como hemos visto, la diaconía está vinculada a una interpretación teológica de la Palabra y de ser iglesia, al mismo tiempo que afirma la visión de una iglesia pública que asume su vocación de contribuir con el bienestar de la sociedad. Esto refleja la visión de embarcarse en una peregrinación por la justicia y la paz tal como el Consejo Mundial de Iglesias formuló en su Asamblea en Busan en el 2013. Además, está alineado con la publicación *Diaconía en Contexto* de la Federación Luterana Mundial, que está orientada hacia la transformación, la reconciliación y el empoderamiento como bases de una acción diacónica.

Muchas iglesias, incluyendo aquellas que pertenecen a la comunidad luterana, están en proceso de revisar sus reflexiones acerca de lo que significa ser iglesia hoy y en cómo entendemos y practicamos «el poder de la palabra». En los tiempos de Lutero, el concepto de la vocación se refería principalmente a los cristianos individualmente y a su servicio en el mundo. Hoy, reconocemos la necesidad de dirigirse a toda la congregación y a su llamado comunitario a servir y ser una «palabra de vida» visible en el mundo. Sin duda, este concepto está alineado con la visión de *ecclesia semper reformanda*, que entiende la Reforma como el autocuestionamiento y la renovación permanentes de la iglesia.

Defensa de Causas

La publicación de las Noventa y Nueve Tesis en 1517, puede ser interpretada desde una perspectiva de la defensa de causas. Como pastor en Wittenberg, Lutero había observado cómo la gente gastaba su dinero en indulgencias. Sus tesis representan una crítica vehemente al abuso del poder religioso que explotaba a la gente común y manipulaba su fe. Al mismo tiempo, buscaba defender la dignidad de las personas creyentes y sus derechos de escuchar libremente la Palabra de Dios.

Hay una clara relación entre este momento histórico de la Reforma y muchas situaciones en el mundo de hoy que desafían a las iglesias a levantar su voz contra abusos de poder similares, tanto religiosos como políticos. La defensa de causas es la voz de la iglesia que apoya a las víctimas de la injusticia. Es un elemento integral de la misión de la iglesia para la sanación del mundo, como se establece en el documento de la FLM, *Misión en Contexto*:

> La misión como trabajo a favor de la justicia, designa la praxis de la iglesia en la arena pública como una afirmación y reafirmación de la vida humana, tanto la de los individuos como la de la comunidad, así como un sentido más amplio de la justicia, que engloba las esferas económica, social y ecológica.[5]

La defensa de causas, no es lo mismo que el cabildeo, que busca influenciar a los gobiernos u otros líderes para beneficiar intereses propios o de la organización. Esta defensa se ocupa, en primer lugar, de los grupos marginados de la iglesia y la sociedad: quienes no se pueden defender o que son silenciados por diferentes razones. Esto no significa que la defensa de las causas habla en lugar de los otros e ignora la voz de quienes pretende defender. Por el contrario, la defensa de causas presupone escuchar y ser solidario. Un buen ejemplo es la voz que muchas iglesias le han dado a las personas afectadas por HIV y SIDA: El rol de la defensa de causas vio aumentada su importancia desde que la iglesia dio cabida a quienes vivían con VIH y SIDA, sus historias y sus luchas por la justicia.

La defensa de causas puede ser vista como una expresión del ministerio profético de la iglesia. Este ministerio fue desarrollado por los profetas del Antiguo Testamento que criticaban a sus líderes, especialmente porque ignoraban su deber de proteger los derechos de los pobres. El ministerio de Jesús también manifiesta su rol profético—sobre todo cuando defiende la dignidad de los marginados y los libera de sus estigmas y vergüenza, incluyéndolos en la nueva sociedad representada por sus discípulos. La historia de la curación del ciego de Juan 9 ilustra esta dimensión del ministerio diacónico de Jesús.

Como seguidora de Jesús, la iglesia está llamada a ser una voz profética. Es por eso que muchos escucharon a las iglesias cuando manifestaron que el apartheid era una herejía. Pero no todas las iglesias alzaron su voz contra el apartheid. Dentro de la familia de iglesias luteranas, algunas consideraron que el apartheid era un tema político y que de acuerdo a sus interpretaciones de los dos reinos, estaba en manos de las autoridades seculares. Después que el apartheid fue desmantelado, algunas iglesias

---

[5] En **https://www.lutheranworld.org/sites/default/files/dmd-mission-low-s.pdf**

admitieron que habían fallado al posicionarse frente a este conflicto o que habían apoyado de forma equivocada al gobierno racista. Esto nos lleva a reflexionar sobre las razones por las que es más fácil confesar los pecados cometidos en el pasado, que actuar frente a los desafíos sociales y políticos del presente. Una razón es que las iglesias y sus miembros, estamos constantemente tentados a mantenernos en nuestra zona de confort y aferrarnos a aquellas interpretaciones bíblicas que nos mantengan en paz.

Desde esta perspectiva, la defensa de causas también mantiene a la iglesia alerta y capaz de interpretar las señales de los tiempos. La defensa de causas, se relaciona frecuentemente a la resistencia contra los más poderosos y sus ideologías. En algunos casos, podría servir también para confrontar a la estructura eclesial para «no vivir según los tiempos presentes» (Rom 12:2) cuando lidiamos diariamente con temas. ¿Es justo decir que la iglesia muchas veces ha imitado estructuras dominantes y excluyentes? ¿La iglesia ha adoptado un consumismo religioso y una ética indiferente en lugar de sentirse profundamente provocada por la creciente pobreza e injusticia en el mundo?

La tradición luterana no se alinea con el conformismo. Al contrario, está suscrita al principio de *reformatio continua*, o la necesidad constante de reforma de la vida y misión de la iglesia.

Refugio

El himno de Lutero «Castillo fuerte es nuestro Dios», es uno de los más cantados en las iglesias de la Reforma—no solo por los luteranos. Basado en el Salmo 46, expresa la confianza en el cuidado y protección de Dios contra todo mal. Dios nos da refugio, un lugar seguro.

A través de la historia, la iglesia interpretó este mensaje bíblico como un imperativo para actuar de la misma manera y ofrecer refugio a los necesitados. Dio asiló a los refugiados, a los desamparados e indigentes. Los primeros hospitales se fundaron dentro de la tradición de hospitalidad cristiana. La Reforma fue seguida por décadas de conflictos religiosos que forzaban a muchos a dejar sus hogares. Entre los refugiados protestantes, muchos encontraron asilo en Wittenberg, Estrasburgo y Ginebra. Esto impactó de muchas maneras el compromiso cristiano. Aún hoy, por ejemplo, apoya la asistencia humanitaria a los refugiados y defiende la libertad religiosa.

El llamado a ofrecer refugio puede tomar muchas formas. Dos ejemplos contemporáneos en Noruega lo ilustran:

El primero data de 1993, cuando a cientos de personas refugiadas de la antigua Yugoeslavia se les rechazó el pedido de residencia y se les pidió que se fueran de Noruega. Muchas buscaron refugio en los edificios de las iglesias y como el gobierno reconocía estos lugares como sagrados, no fueron arrestados por la policía. Algunos se quedaron allí por meses y años. Muchos de esos casos fueron reconsiderados y el gobierno les garantizó asilo. Otros regresaron voluntariamente a su país de origen. Es interesante notar cómo el gobierno secular respetó el santuario, aunque las mismas autoridades criticaron a la iglesia por promover la desobediencia civil y socavar los procesos legales. También se debe mencionar que muchas personas comunes se movilizaron para asistir a estos refugiados y refugiadas llevándoles comida, ropa y no menos importante, amistad.

El otro caso se relaciona al ataque terrorista de julio del 2011, donde murieron setenta y siete personas en Oslo y en la isla Utoya. En los días siguientes, muchas iglesias se llenaron de gente, especialmente la catedral de Oslo. Algunos llevaron flores, otros encendieron una vela y hubo muchos que simplemente se sentaron allí en silencio. No todas las personas eran cristianas, algunas eran musulmanes y muchas dijeron que nunca antes habían estado dentro de una iglesia. Claramente estaban buscando un refugio, un espacio sagrado donde pudieran expresar su dolor, su rabia y su terrible vulnerabilidad. La sociedad secular y posmoderna no ofrece un espacio similar y muchas personas seculares sintieron su relevancia.

Ofrecer refugio no significa que estemos totalmente protegidos del mal. La noche del 29 de julio de 1990, las 600 personas que buscaron refugio en la Iglesia Luterana de San Pedro en Monrovia, Liberia, fueron asesinadas por los rebeldes. Quizás cantaron «Castillo fuerte es nuestro Dios» mientras estaban reunidas en esa iglesia, tal como lo hizo Lutero y su amigo cuando entraban a Worms el 16 de abril de 1521, donde fueron emplazados.

Un refugio no es sinónimo de invulnerabilidad. Es un lugar donde hay cuidado y solidaridad. No promete una felicidad incondicional, sino una bendición eterna. «¡El Señor todopoderoso está con nosotros! ¡El Dios de Jacob es nuestro refugio! (Selah)» (Sal 46:7). Y, como canta Lutero, «Esa palabra del Señor, que el mundo no apetece, por el Espíritu de Dios muy firme permanece. Nos pueden despojar de bienes, nombre, hogar, el cuerpo destruir, más siempre ha de existir de Dios el reino eterno.»[6]

Iglesia pública

Como hemos visto, el luteranismo sitúa a la iglesias en el espacio público. Es allí donde la Palabra es anunciada y practicada como palabra viva y visible. Esto está de acuerdo a cómo Jesús se refirió a su ministerio público: «Yo he

[6] "Castillo fuerte es nuestro Dios" N° 403 en Libro de Liturgia y Cántico. Augsburg Frotress. Minneapolis. 1998, estrofa 4.

hablado públicamente delante de todo el mundo; siempre he enseñado en las sinagogas y en el templo, donde se reúnen todos los judíos; Así que no he dicho nada en secreto» (Jn 18:20). Las curaciones también se hicieron públicamente, en el contexto de la vida diaria.

Hay muchas maneras de apelar a ser una iglesia pública y por lo tanto, muchas formas de ser una iglesia pública. Se puede estar centrado eclesialmente, promoviendo el conocimiento y los valores cristianos con el objetivo de cristianizar el espacio público. También, se puede aspirar a reclutar nuevos miembros para la iglesia.

Se puede presentar otro modelo como el universal, cuya base es la sociedad y el bienestar social en general. El concepto de sociedad civil agregó nuevas facetas al entendimiento de este modelo, dando espacio a diferentes actores, también iglesias, en la tarea de contribuir con lo que es correcto, bueno y legítimo para toda la ciudadanía. Este espacio ofrece además una nueva oportunidad para la cooperación ecuménica e interreligiosa, en un esfuerzo de construir una sociedad más justa y pacífica.

Hay características muy fuertes dentro del luteranismo que apuntan al segundo modelo. La enseñanza de la ética como llamado a una ciudadanía comprometida, apunta en esa dirección. Lo mismo se aplica a la comprensión de la diaconía como un servicio en el espacio público, al igual que la defensa de causas y dar refugio. Se trata de amar al prójimo.

En consecuencia, el luteranismo hace hincapié en la teología de la creación con lo que podemos considerar el espacio público como un lugar donde Dios actúa permanentemente y llama a los seres humanos a participar en Su misión de promover la dignidad humana, la justicia y la paz. Del mismo modo, está fuertemente influenciado por la teología de la salvación, de Cristo encarnado en medio de la vida humana; y por último, pero no menos importante, nutrido por la teología de la santificación que anunció que el Espíritu de Dios empodera a todas las personas bautizadas a amar a su prójimo.

Todo esto apoya los conceptos de la vocación pública de la iglesia: transformación, reconciliación y empoderamiento, de forma que promueve la dignidad humana y contribuye a la construcción de una sociedad justa, participativa y sostenible. Al mismo tiempo, algunas personas pueden interpretar esta vocación como señal del amor y la Gracia de Dios, agradecer a Dios por ello y eventualmente, movidas por el Espíritu de Dios, buscar la manera de crecer en la fe, la esperanza y el amor.

Preguntas

¿Cómo se entiende y se practica la ciudadanía activa donde usted vive? ¿Cuáles son los desafíos? ¿De qué manera la vocación ética puede ser promovida para reforzar el concepto de una ciudadanía activa? ¿Cómo puede integrarse este tema en las enseñanzas y en la predicación?

¿En qué tarea diacónica local está involucrada su congregación? ¿De qué forma este trabajo expresa el lema del Aniversario de la Reforma, «Libres por la Gracia de Dios»? ¿Está de acuerdo con la declaración que afirma que la diaconía en una dimensión integral de la iglesia, su esencia y su misión?

El término defensa de causas, ¿es conocido y utilizado en su contexto? Dé algunos ejemplos de cómo su iglesia/congregación está involucrada en la defensa de causas y discuta cómo este ministerio puede ser reforzado. La conmemoración de la Reforma de la FLM declara que la salvación, los seres humanos y la Creación no se venden. Estas declaraciones, ¿cómo nos pueden motivar para ser más conscientes de nuestro rol como iglesias públicas?

La Palabra liberadora de Dios. Reflexiones sobre la comprensión luterana de la Sagrada Escritura

Hans-Peter Grosshans

Dios habla al pueblo y lo llama. Sin embargo, esto ya se sabe. Nosotros/as mismos/as no hablamos a cualquiera. Siempre que hablamos con otras personas, comenzamos y mantenemos una relación con ellas, y cuando nos comunicamos, nos expresamos con nuestra propia forma de ser más allá de cualquier información previa. Además esto implica revelarnos, por lo que muchas veces somos cautos con quienes lo hacemos y con lo que les comunicamos. Podemos desear darnos a conocer solo un poco y sin duda, no íntegramente ni a cualquiera, ni revelar lo que hay en nuestras almas, nuestras mentes y nuestras vidas. Cuando Dios habla a Su pueblo, Dios se expresa, se revela y se comparte a sí mismo. Por eso es maravilloso que podamos hablar unos con otros y revelarnos cuando dialogamos, ofreciendo conocer mutuamente nuestras almas, nuestras mentes y nuestras vidas. Dios también se nos revela cuando nos habla, comunicándose con nosotros y permitiéndonos estar en comunión con Él. De esta manera Dios está sujeto a Su Palabra y comprometido con ella. Cuando Dios dice algo, Dios se aferra a ello. Dios es precisamente quien se acerca a los seres humanos y se revela al pueblo a través de Su Palabra.

Vale destacar que las palabras de Dios son ante todo una promesa. Parte de la divinidad de Dios es que Dios mantiene sus promesas. Por eso leemos que «la palabra del Señor permanece para siempre» (Is 40:8; 1 P 1:25). Por consiguiente, Dios no solo se revela a través de Su Palabra sino que además se compromete diciendo: «¡Te lo prometo!» Por eso es que la fe cristiana enfatiza la Palabra de Dios. La Palabra de Dios siempre proclama la promesa confiable y eterna dada a las amadas criaturas de Dios, de que Él es su Dios.

Todo esto prueba que la Palabra de Dios, viene de Dios. Dios es la verdadera y única fuente de todas las palabras a través de las cuales Dios se compromete con nosotros. Dios es el origen de todo lo que Dios nos ha revelado, de todo lo que sabemos y podemos esperar de Dios.

Dios no sólo se comunicó, se reveló y se comprometió en palabras, sino también en la Creación, la historia de Israel y la vida y obra de Cristo Jesús. Ya no tenemos acceso directo a ninguno de esos acontecimientos, pero podemos conectarnos con ellos indirectamente a través de la palabra escrita. Sin embargo, esto no es casualidad. No es que estos eventos representan una comunicación real de Dios con su pueblo y que los textos solo complementan Su azarosa presencia aquí, para que podamos también ser capaces de prescindir de ellos. Es muy significativo que las obras de Dios son registradas y presenciadas en palabras y textos relacionados con la Creación y la historia de Israel, al igual que la presencia de Dios en Jesucristo. Dios elige ser revelado en palabras y textos. Es a través de estas palabras y textos que Dios se comunica y se revela.

Por eso los textos son el principal medio para nuestra relación con Dios. Esto hace que la cristiandad sea una religión bíblica. Los acontecimientos que revelan a Dios son declarados en los textos de la Sagrada Escritura (Creación, historia de Israel, Jesucristo, la iglesia) y en consecuencia, es en ella donde se expresa la revelación de Dios.

El interés de los cristianos protestantes está enfocado en la «Palabra de Dios». La fe está centrada en la comunicación viva entre cada cristiano y la comunidad de cristianos con el Dios Trino. Esta comunicación viva entre Dios y la gente, también es traída por las Sagrada Escritura, que también puede ser tratada como un libro común o un texto histórico-religioso. Pero, lo que a los cristianos les importa, es leer, interpretar y comprender la Sagrada Escritura de tal modo que desarrolle su potencial de que sea la Palabra de Dios que nos habla. Implícito en las palabras de Dios, a través de las cuales El nos habla y se promete a Sí mismo a la gente, están sus expresiones en la Sagrada Escritura. Dios desea revelarse a Sí mismo en Sus palabras guardadas en la Sagrada Escritura y quiere que la gente le recuerde a Dios Sus promesas.

Cuando nos concentremos en la Sagrada Escritura en adelante, tendremos que tener en cuenta la estrecha conexión entre la Sagrada Escritura y la Palabra de Dios, que implica la comunicación viva y salvífica de Dios con la gente.

Solo la Escritura (sola scriptura)

El área inicial de interés

La Sagrada Escritura fue particularmente puesta de relieve por los teólogos protestantes de la Reforma por varias razones, aun cuando el eje de interés de los cristianos protestantes está ubicado en la «Palabra de Dios» más que en la Sagrada Escritura. El principio de «Solo la Escritura» expresado en la frase del latín *sola scriptura*, fue establecido en la Reforma del siglo XVI.

En su escrito *Assertio omnium articulorum Martini Lutheri per bullam Leonis X. novissimam damnatorum* («Reivindicación de todos los artículos de Martín Lutero condenados por la Reciente Bula del Papa León X») de 1520, Lutero resumió sus pensamientos en este principio, en la teología y la iglesia:

> Los principios primarios de los cristianos no deberían ser otros que las palabras divinas. Sin embargo, las palabras de los hombres deberían ser conclusiones derivadas de las mismas, que deben ser rastreadas y a las que debemos sujetarnos.[1]

Estas palabras divinas solo se encuentran en la Sagrada Escritura. En su respuesta a la bula papal que lo condenaba, Lutero insistió en que leemos y estudiamos la Biblia como en la iglesia primitiva, cuando no se podía hacer referencia a ninguna interpretación teológica ni de las autoridades eclesiales, o, como Lutero lo planteó, cuando no habían leído aún a Agustín o Tomás. De hecho Lutero preguntó:

> ¿Por qué Agustín y los Padres Sagrados en sus disputas y enseñanzas, se refieren a la Sagrada Escritura como a principios primarios de la verdad, y usan su luz y su poder para iluminar y reforzar sus propias oscuridades y debilidades? A través de este ejemplo, ellos enseñan que las palabras divinas son más verdaderas y claras que las dichas por los hombres, aún sus propias palabras, por lo que las palabras de los hombres deben ser corregidas, probadas, completadas y reforzadas por las Escrituras y no éstas, por las palabras de los hombres. [...] ¿Qué clase de perversos impíos somos que no queremos aprender de la Sagrada Escritura a través de sí misma y de su propio espíritu, sino a través de las palabras de los hombres, a diferencia de todos los Padres?[2]

---

[1] Martin Lutero, «Assertio omnium articulorum M. Lutheri per bullam Leonis X. novissimam damnatorum. 1520,» en *WA* 7, 98 (91-151). El texto en latín dice: «Sint ergo Christianorum prima principia non nisi verba divina, omnium autem hominum verba conclusiones hinc eductae et rursus illuc reducendae et probandae.» Los textos en latín o en alemán de Lutero que no tienen ninguna traducción disponible en otro idioma, son traducidos por el autor. Lutero escribió cuatro obras para defender sus tesis condenadas en la bula papal de 1520, Uno de estos trabajos fue traducido al inglés. Véase «Defense and Explanation of all the Articles, 1521» de Martín Lutero, en Helmut T. Lehmann (ed.), *Obras de Lutero*, vol. 32 (Filadelfia: Muhlenberg Press, 1958), 7-99.

[2] Martin Lutero, «Assertio omnium articulorum,» ibíd., 98.

Al dar relevancia a la Sagrada Escritura, Martín Lutero no estaba criticando el lineamiento de que la Sagrada Escritura no había sido usada e interpretada en los siglos anteriores. Desde el principio de su actividad docente, Lutero mismo trabajó intensamente con los textos bíblicos en sus conferencias exegéticas. Además, Lutero compartía este intenso trabajo sobre la Sagrada Escritura con muchos teólogos de siglos anteriores, al mismo tiempo que compartía su reconocimiento por la Sagrada Escritura con toda la iglesia. El sentido que Lutero da a su respuesta a la bula papal, está fundamentado en su voluntad de no basar su lectura e interpretación de la Sagrada Escritura en la forma aceptada históricamente dentro de la iglesia. Lutero colocó la lectura e interpretación de la Sagrada Escritura en contra de la doctrina y práctica de la iglesia que se basaba en su milenaria historia. Por el contrario, Lutero enseñó una «exégesis consecuente»[3]—para utilizar el término acuñado por Eberhard Jüngel.

El hecho de que Martín Lutero y otros teólogos de la Reforma fueran capaces de interpretar la Sagrada Escritura no solo basados en la interpretación y aceptación histórica previa dentro de la iglesia, sino también en oposición a ellas, fue el resultado de problemas puntuales y áreas de conflicto. En este proceso se estableció una metodología que les permitió ocuparse de los temas controversiales en la doctrina y la práctica de la iglesia.

Esto se ve ilustrado en el siguiente ejemplo: En la bula papal *Exsurge Domine*, las opiniones de Lutero son denunciadas como erróneas: «el Pontífice Romano, sucesor de Pedro, no es el vicario de Cristo sobre todas las iglesias del mundo entero, instituido por el mismo Cristo en Pedro».[4] ¿Cómo se puede decidir acerca de la afirmación de que el Obispo de Roma debe liderar la iglesia y las motivaciones que la sustentan? La proclamación del Obispo de Roma como líder de toda la cristiandad, sólo se puede sustentar en términos puramente históricos-así se desarrolló históricamente, al menos dentro del territorio del antiguo Imperio Romano Occidental. Aún así, la condena a la doctrina de Lutero sobre este tema, deja claro que los teólogos católico-romanos y el Papa, no buscaron esa explicación histórica, sino una explicación teológica basada en la proclamación del Obispo de Roma como autoridad universal establecida por Cristo. Sin embargo, según Lutero esta justificación del liderazgo universal del Obispo de Roma no se evidencia en ninguna lectura directa de la Sagrada Escritura. A la luz de los aconteci-

---

[3] Con su término programático, exégesis consecuente, Eberhard Jüngel describió las teologías de Karl Barth y Rudolf Bultmann; cf. Eberhard Jüngel, «Die Freiheit der Theologie,» en *Entsprechungen: Gott-Wahrheit-Mensch*, Theologische Erörterungen II (Tübingen: Mohr Siebeck, 32002), 11-36, aquí 19.

[4] Condenando los errores de Martin Lutero—Exsurge Domine. Bula del Papa León X publicada el 15 de junio de 1520, en **www.papalencyclicals.net/Leo10/l10exdom.htm**

mientos históricos, queda claro que los teólogos católico-romanos buscaron legitimar la proclamación del Obispo de Roma como autoridad, a través de la interpretación de textos bíblicos. Retrospectivamente podemos agregar que la proclamación del Obispo de Roma a una supremacía universal, solo fue históricamente posible porque se ignoró a todas las iglesias orientales que habían surgido fuera del Imperio Romano Occidental.

El retorno al acceso directo a la Sagrada Escritura propuesto por Lutero, tuvo un efecto purificador que perdura hasta el día de hoy: la Sagrada Escritura no podía ni puede ser utilizada para justificar nada ni todo lo que se ha desarrollado y establecido en la doctrina y práctica de la iglesia a través de los siglos - como el criterio de que la iglesia se había alejado mucho del Evangelio, fundamentado en el retorno a la Sagrada Escritura que propone la Reforma: mucho de lo que era considerado «bueno», podía conducir a las iglesias a ser infieles a Jesucristo, su cabeza.

Surge el cuestionamiento de por qué debería sostenerse esa doctrina y práctica eclesial sin una justificación bíblica sustancial; o si podría imaginarse una alternativa más acorde a la Sagrada Escritura. La siguiente pregunta es si uno simplemente no debería buscar la solución más pragmática al problema dentro del contexto actual, de acuerdo a los principios de la Palabra de Dios.

Dentro del contexto de las iglesias, surgen muchos problemas para los cuales no hay solución en la Sagrada Escritura. Entonces, estas soluciones deben encontrarse teniendo presente la Palabra de Dios. No obstante, estas soluciones son meramente humanas e involucran la doctrina y práctica de la iglesia dentro de una época en particular y en un determinado contexto.

Nuestro ejemplo ilustra que el principio protestante de *sola scriptura*, es un proceso eclesial utilizado para encarar temas y problemas específicos que surgen en la doctrina y práctica de la iglesia. Con su exclusiva *sola*, busca solucionar problemas que están principalmente o solamente basados en la tradición y en la interpretación histórica de la Sagrada Escritura y no en la propia Escritura.

El mismo Martín Lutero luchó con las objeciones convencionales que se interponían a este rol exclusivo de la Sagrada Escritura de encarar los temas y problemas de la doctrina y práctica de la iglesia.

Objeciones a la sola scriptura

Durante la vida de Martín Lutero, se recibieron muchas objeciones y cuestionamientos relacionados con los principios bíblicos protestantes. Aquí discutiremos tres de ellos.

Primero, ¿de dónde la Sagrada Escritura extrae su autoridad y quién puede responder por su verdad si no es la iglesia, que organizó sus textos en un canon, autenticando así la autoridad de la Sagrada Escritura en sí misma? ¿Cómo puede la Sagrada Escritura oponerse a la tradición eclesial cuando en sí misma es parte de esa tradición?

Lutero planteó el postulado de *autopisty* o de autolegitimación de la Sagrada Escritura, que estipula que la Sagrada Escritura no tiene otros garantes de su propia autoridad que ella misma. La segunda epístola de Timoteo trata de apoyar este planteo con su explicación del texto (2 Tim 3:16). Desde el punto de vista de Lutero, la Sagrada Escritura no debe su autoridad a una proclamación interna, sino a su contenido que puede resumirse en Jesucristo. Por lo tanto, las verdades proclamadas por Jesucristo representan la autoridad que emana de la Sagrada Escritura. Nada ni nadie más puede autorizar a la Sagrada Escritura y su contenido. «No se cree en el Evangelio porque la iglesia lo confirma, sino porque uno siente que es la Palabra de Dios.»[5] La Sagrada Escritura no es terminante y confiable para los creyentes, porque la iglesia, como una comunidad de personas que conocen la verdad, recopiló y unió los textos bíblicos en la Sagrada Escritura. Lutero creía que la relación entre la Sagrada Escritura y la iglesia era totalmente al revés. No era la iglesia quien daba autoridad a la Sagrada Escritura sino que era la Sagrada Escritura la que daba autoridad a la iglesia. La iglesia toma su autoridad de la Sagrada Escritura, porque es el lugar y la institución donde se escucha y se revela la verdad de la Sagrada Escritura.

En segundo lugar, ¿no hay suficientes áreas confusas en la Sagrada Escritura que pueden tener una interpretación razonable de los textos bíblicos sin estar atadas a una decisión interpretativa de la iglesia?

Lutero asumió que la autolegitimación de la Sagrada Escritura correspondía al principio de que la Sagrada Escritura se interpreta a sí misma. En su respuesta a la bula papal, escribió que la Sagrada Escritura es «en sí misma verdadera, comprensible, evidente y su propio intérprete.»[6] Lutero

[5] Martín Lutero, «De potestate leges ferendi in ecclesia, 1530,» en *WA* 30/II, 687 (677-690); en el latín original: «Non enim ideo creditur, quia Ecclesia approbat, Sed quia verbum Dei esse sentitur.»

[6] Martín Lutero, «Assertio omnium articulorum, 1520,» en *WA* 7, 97 (91-151). Este punto de vista proviene de que Lutero entendía que cada libro debe ser interpretado a la luz del espíritu del autor. «La Escritura es su propia luz. Es bueno cuando la Escritura se interpreta a sí misma» (Martín Lutero, «Predigt am Jakobstage. 25. Juli 1522,» en *WA* 10/III, 238 [235-241]). Lutero apoyó este principio en oposición a quienes asignaban autoridad a personas u oficiales de la iglesia, sobre la base de su carisma ministerial o extraordinario talento para una correcta interpretación. Lutero también enfatizó el significado del Espíritu Santo en la interpretación de la Escritura. Por consiguiente el espíritu a través del cual las personas pueden interpretar la Sagrada Escritura no es diferente al de la Escritura en sí misma. Por esta razón Lutero no confiaba en ninguna interpretación alegórica o figurativa de los textos bíblicos. En cambio, sostenía que debían ser interpretados literalmente.

declaró que la interpretación de los textos bíblicos no era difícil ya que la Sagrada Escritura era muy clara en sí misma y con un significado muy directo,[7] que provenía de su principal actor, Jesucristo.

En tercer lugar, si la Sagrada Escritura es tan comprensible, ¿no sería más fácil que todos pudiéramos creer en su veracidad?

Lutero era consciente de que muchos entendían los textos bíblicos en una forma muy pobre, superficial o errónea y que mucha gente podría no llegar nunca a conocer la verdad de esos textos. Por eso Lutero diferenció la claridad externa e interna de la Escritura. Era importante diferenciar entre la claridad externa de la Sagrada Escritura, que era sencilla de ver—especialmente para quienes podían leer los textos bíblicos en los lenguajes originales—y la claridad «del corazón» que surge cuando las personas escuchan, entienden y reconocen lo que Dios les dice y les promete en estos textos. Martín Lutero hizo esto en «La voluntad determinada» de 1525 con las palabras:

> Para ser breve, hay dos clases de claridad en la Escritura, igual que hay dos clases de oscuridad: una es externa y corresponde al ministerio de la Palabra y la otra está en la comprensión del corazón. Si usted habla de claridad interna, ningún hombre entiende lo que está en las Escrituras al menos que tenga el Espíritu de Dios. Todos los hombres tienen un corazón oscurecido, de modo que aún si pueden enumerar todo lo que hay en la Escritura, y lo pueden citar, no pueden verdaderamente entender y comprender nada. [...] Ya que hace falta el Espíritu para la comprensión de la Escritura, en su totalidad y en cualquier parte de ella. Si, por otro lado, se habla de la claridad externa, nada queda oscuro o ambiguo.[8]

Aquí Lutero habló contra el punto de vista de Erasmus de Rotterdam, un prominente erudito de la época, que decía que la Escritura contiene pasajes oscuros y poco claros que requieren de la interpretación de autoridades eclesiales o de la tradición eclesial. Lutero propuso en cambio, distinguir entre la claridad interna (u oscuridad) del mensaje de los textos bíblicos, basada en la comprensión del corazón humano y la claridad externa (u oscuridad) en términos de una comprensión intelectual de los símbolos y significados de los textos. Si leemos textos bíblicos con una mente abierta, el razonamiento humano va a encontrar nada oscuro o ambiguo, aunque el mensaje del texto resulte oscuro o poco claro para el corazón de una persona.

Para Lutero, la Sagrada Escritura tenía un posición central cuando debía reconocer a Dios, pero también para la vida, doctrina y práctica de la

---

[7] Cf. Martín Lutero, «Ad librum eximii Magistri Nostri Magistri Ambrosii Catharini, defensoris Silvestri Prieratis acerrimi, responsio, 1521,» en *WA* 7, 711, 5s. (698-778).
[8] Martín Lutero, «La voluntad determinada, 1525», (De servo arbitrio" en Obras de Martín Lutero. Tomo IV. Editorial Paidós. Buenos Aires. 1976.

iglesia. Presentó argumentos teóricos para esto y también lo practicó en el desarrollo de su doctrina, usando textos bíblicos. La teología de Lutero se basó en tomar el mensaje bíblico seriamente de una forma radical e incondicional, en vista de cómo su contenido involucraba a Cristo y la Palabra, que se basaba en Él. Para Lutero, estos mensajes de la Sagrada Escritura tenían una validez incondicional y sustituían la experiencia empírica de la gente, sus convicciones intelectuales y filosóficas y sus tradiciones.

EL PRINCIPIO BÍBLICO PROTESTANTE

Para poder entender el principio de *sola scriptura*, necesitamos ir más allá de Lutero y ver también su desarrollo posterior en la teología post reforma protestante. En la post reforma «la primera ortodoxia protestante», la Sagrada Escritura se volvería el principio detrás de la teología y también del proceso de decisiones de la iglesia en relación a la doctrina y la práctica, en el sentido aristotélico del principio inicial - primera fuente de conocimiento de todo. La Sagrada Escritura es vista como el fundamento del conocimiento teológico y eclesiológico. Por lo tanto, la Sagrada Escritura se convirtió en el único principio y norma de la teología protestante, que básicamente se preocupaba de la salvación espiritual y la liberación humana del pecado y la muerte.

Johann Friedrich König (1619-1664), por ejemplo, expresó en el libro de texto de su tiempo: «Lo que enseña la Sagrada Escritura es la única fuente de conocimiento, desde donde surge la teología y hacia donde todo vuelve o es finalmente resuelto.»[9] Esta cita aclara varias cosas. La Sagrada Escritura es ciertamente una fuente en muchos aspectos. Primero, la Sagrada Escritura es la fuente del entendimiento. De acuerdo a la Sagrada Escritura y la Palabra de Dios, esto nunca se refiere al desarrollo del conocimiento solamente. Si no debemos vivir solo de pan, sino de todo lo que sale de los labios del Señor (Dt 8:3; Mt 4:4), esto implica una comprensión de la Palabra de Dios que en el sentido bíblico se extiende de por vida, es decir, una existencia desde y para Dios. La Sagrada Escritura es entonces una fuente tanto para el entendimiento como para la vida. De hecho la Sagrada Escritura es la fuente de la vida de la iglesia, si vamos a entender que la iglesia cristiana y la comunidad de los creyentes existen desde Dios y para Dios y por lo tanto, son quienes realmente viven - en el sentido bíblico. Quienes quisieran oscurecer o entorpecer esta fuente de entendimiento también estarían malentendiendo la fuente de vida de la

[9] Johann Friedrich König, *Teología positiva acroamatica*, Rostock 1664, ed. y trad. Andreas Stegmann (Tübingen: Mohr Siebeck, 2006), § 46 (traducción hecha por el autor).

iglesia y la secarían; y quienes quisieran acercarle aguas desconocidas, terminarían arruinándola.

Debemos especificar un poco más qué quiere decir fuente aquí. La connotación de una fuente efervescente puede llevarnos a la idea ingenua de que la Biblia ya contiene pasajes que hablan sobre la doctrina y práctica de la iglesia. Entonces la teología solo tendría que tomar estos pasajes de la fuente, ordenarlos y evaluar sistemáticamente su uso dogmático, ético y práctico para la iglesia. Los primeros teólogos ortodoxos protestantes de la post-reforma ya eran conscientes de este problema, tal como se ve reflejado en la cita de König cuando habla de la doctrina cristiana, que proviene de la Sagrada Escritura y que al final debe volver a ella. La Sagrada Escritura como fuente de entendimiento, actúa para que la Sagrada Escritura sea una fuente de vida.

En relación a la Sagrada Escritura, la imagen de ser fuente, tiene otra dimensión que salió a la luz por primera vez en los últimos siglos. La Sagrada Escritura también es fuente de conocimiento histórico. Como dijo Gerhard Ebeling,

> En el sentido histórico, esta fuente nos desafía no solo a recibir lo que nos brinda sino a extraer toda la información referente a sus propios orígenes. [...] En el tratamiento histórico de las fuentes existe, hasta cierto punto, la sospecha de que la fuente es engañosa, o por lo menos silenciosa en cuanto a lo que se quisiera obtener históricamente. Uno hace uso de una fuente [...] porque busca información relacionada a la realidad histórica detrás del texto y desde donde surge el texto.[10]

La Sagrada Escritura hoy puede ser usada como fuente de entendimiento y de vida con respecto a la teología y la iglesia, solo cuando nos involucramos con el conocimiento histórico-crítico. Esto no pone en duda la verdad y autoridad de la Sagrada Escritura. Por el contrario, la interpretación histórica crítica de la Biblia, verifica la veracidad y autoridad de la Sagrada Escritura. Se puede confiar mucho más en lo que el método histórico crítico puede interpretar como verdad de la Biblia como una fuente original, al posicionarse metodológicamente en la duda necesaria para el conocimiento histórico, en lugar de huir de ella.

La Sagrada Escritura es un principio teológico y por consiguiente de toda la doctrina y práctica de la iglesia y a la vez, fuente y origen en, por lo menos, tres sentidos: es fuente de conocimiento (en relación a la doctrina y práctica de la iglesia) fuente de vida y fuente histórica. De igual manera, la iglesia y los teólogos necesitan diferenciar entre la Biblia, la Sagrada Escritura y la Palabra de Dios. Cada una indica un uso diferente del mismo texto

---

[10] Gerhard Ebeling, *Dogmatik des christlichen Glaubens*, vol. 1 (Tübingen: Mohr Siebeck, 2012), 39 (traducción hecha por el autor).

y una expectativa diferente de los textos. Como la Biblia, los textos son un libro religioso y una fuente histórica. Como la Sagrada Escritura, en el uso de la iglesia, la Biblia es fuente y principio de entendimiento de su doctrina y práctica. Como la Palabra de Dios, los textos bíblicos son el medio por el cual Dios se expresa a sí mismo a la gente y de esa forma transmite la vida y salvación (como fuente de vida). Solo la Palabra de Dios puede garantizar la vida y la salvación y como la ley, comunica a la gente cuáles son las condiciones necesarias para una vida verdadera y perfecta y, como la Palabra, invita a todas las personas afligidas y oprimidas a encontrar alivio en Jesucristo, mientras consuela a toda la gente con la firme promesa que, como hijos e hijas de Dios, tendrán un lugar en la mesa de su Padre en el cielo.

«La Fórmula de la Concordia» de 1577, no solo tenía a la Sagrada Escritura como fuente sino que además declaraba ser la norma para toda la doctrina eclesial, es decir, el estándar para toda la doctrina de la verdad cristiana y para cada vida en la verdad de la fe cristiana. La Fórmula de la Concordia establece:

> Creemos, enseñamos y confesamos que la única regla y norma según la cual deben valorase y juzgarse todas las doctrinas, juntamente con quienes las enseñan, es exclusivamente la Escritura profética y apostólica del Antiguo y del Nuevo Testamento[...].[11]

Los otros escritos de maestros antiguos o modernos no deben igualarse a la Sagrada Escritura sino que deben ser ubicados en un rol secundario. Esto se aplicó a los mismos reformadores. Estos otros escritos debían ser vistos como «testimonios». La «Fórmula de la Concordia» enfatiza expresamente que las iglesias protestantes debían reconocer los credos de la iglesia primitiva (Credo de los Apóstoles, Credo Niceno, Credo Atanasiano) como expresiones auténticas y autorizadas de la fe cristiana, junto con la «Confesión de Augsburgo», su «Apología», los «Artículos de Esmalcalda» y los «Catecismos Mayor y Menor de Lutero». También resalta que estos textos «no son jueces, como la Sagrada Escritura, sino testimonios y expresiones de fe»,[12] y «muestran cómo la Sagrada Escritura fue comprendida e interpretada en diferentes etapas de la iglesia de Dios por aquellos que vivían en esa época.»[13] La «Fórmula

---

[11] «Formula de la Concordia,» en Dr. Andrés A. Meléndez, Editor. "Libro de Concordia. Las Confesiones de la Iglesia Evangélica Luterana. Concordia Publishing House. St. Louis. 1969, 497.

[12] "Formula de Concordia" en Dr. Andrés A. Meléndez, Editor. "Libro de Concordia. Las Confesiones de la Iglesia Evangélica Luterana. Concordia Publishing House. St. Louis. 1969, 495s.

[13] Ibíd., 487.

de la Concordia» no dio prioridad ni un significado normativo a los textos de los credos reconocidos por las iglesias protestantes, al explicar la fe cristiana de ese tiempo. Como fue reiterado de muchas maneras en el texto, «La Sagrada Escritura es la única juez, ley y principio rector, de acuerdo con la cual, deben ser reconocidas y juzgadas todas las enseñanzas, sean buenas o malas, correctas o incorrectas, como piedra angular».[14]

En la interpretación de estos textos de la «Fórmula de la Concordia», surgieron muchas preguntas que provocaron animadas discusiones que incluyen el tema del canon de la Sagrada Escritura (es decir, la pregunta de qué significa en realidad la Sagrada Escritura), y la cuestión de los principios de interpretación. Dentro de las iglesias protestantes, en la lectura e interpretación individual de los textos bíblicos, el énfasis está particularmente en qué es «el *treibet* de Cristo» (qué es lo que Cristo enseña). Desde el inicio de la Reforma, la interpretación protestante se caracterizó mayormente por el escepticismo con respecto a una interpretación eclesiástica de los textos bíblicos como interpretaciones alegóricas. Por el contrario, los reformadores pusieron énfasis en el sentido literal de los textos bíblicos. De hecho, la teología protestante provocó un desarrollo importante en la hermenéutica moderna orientada a la constitución material del texto. Todo esto contribuyó en la formulación del principio bíblico protestante.

Un momento crucial para este principio fue, sin duda, el de la controversia sobre la autoridad en la iglesia y en la teología. Basada en una sola fuente y regulación de la doctrina y práctica de la iglesia y la vida cristiana, todas las otras posibles «autoridades» se relativizan para ser consideradas dentro de la formación de la vida de la iglesia y de los creyentes. Sin embargo, el significado central y más importante de este principio consiste en dar voz y validez a la Palabra de Dios como liberadora, salvífica y dadora de vida a un mundo perdido. Sin embargo, si fuera reducida sólo a su estado directriz y normativo para la doctrina y práctica de la iglesia, se volvería falsa y estéril. Fue muy importante evitar que esto pasara, para que los textos de la Sagrada Escritura pudieran ser interpretados de acuerdo a su sentido literal y aplicados en la vida de los creyentes.

Interpretación de la Sagrada Escritura

La Reforma devolvió su autoridad a la Sagrada Escritura en relación a la vida de la iglesia y de cada uno de los creyentes. Martín Lutero tenía una buena reflexión y una matizada argumentación sobre la comprensión de la Sagrada Escritura, su rol dentro de la iglesia, como también de las normas

[14] Ibíd., 487.

y métodos para su interpretación. Desde el principio, la teología luterana siempre trató los temas y métodos relacionados con la interpretación y comprensión de los textos bíblicos desde este punto de vista. ¿Cuáles son los puntos principales que surgen en la interpretación bíblica protestante y la hermenéutica protestante-luterana?

Primero, los reformadores enfatizaron el sentido literal de los textos bíblicos, siendo la razón el eje fundamental en la interpretación de la Sagrada Escritura. La importancia de la razón en la interpretación fue desarrollada más adelante en *Clavis scripturae sacrae* (Clave de la Sagrada Escritura), escrita por Matthias Flacius Illyricus (1520-1575), en 1567, un luterano croato de segunda generación. Flacius estaba de acuerdo con la opinión de Lutero que decía que quienes leen un texto bíblico pueden alcanzar una compresión creíble y bíblicamente apropiada, si siguen las reglas aceptadas - reglas que incluyen la lectura e interpretación de los textos, que surgen de visiones adquiridas a través de la razón en la lectura de los textos y de la Sagrada Escritura en particular. Evidentemente, alcanzamos los límites de la razón cuando se trata de textos bíblicos. Aunque la razón puede captar el significado lingüístico de los textos y percibir su contenido, no tiene acceso a su claridad interior y no puede persuadir al corazón a confiar y seguir el Evangelio y el mensaje del Antiguo y Nuevo Testamento. El objetivo final y verdadero de los textos bíblicos para despertar y sostener la confianza de las personas en Dios, solo puede ser dado por Dios. Dios despierta la confianza hablando a las personas a través de los textos bíblicos.

Por lo tanto debemos entender intelectualmente primero, qué es lo que dicen los textos. Cuando el funcionario etíope leyó las palabras de Isaías en su camino desde Jerusalén, Felipe le preguntó, «¿Entiende usted lo que está leyendo?» (Hch 8:30). No debemos confiar en el mensaje de un texto bíblico si realmente no lo comprendemos. Esto también aplica a una comprensión equivocada de un texto bíblico, ya que no sería intelectualmente claro lo que Dios quiere que confiemos y sigamos. Desde un punto de vista protestante, debemos sin duda leer e interpretar los textos bíblicos en completa conformidad con las (razonadas) normas de lectura e interpretación. Flacius siguió este camino en su hermenéutica *Clavis scripturae sacrae.* A pesar de estar totalmente convencido de la divinidad de la Sagrada Escritura, también tomó en cuenta los criterios de otras ciencias de su época (y la filosofía humanística, particularmente sus normas de interpretación). En el Concilio de Trento en 1546, la iglesia católico-romana atacó el principio protestante de auto-interpretación de la Sagrada Escritura, apoyando en su lugar la doctrina de que la Escritura era hermenéuticamente incompleta y necesitaba ser suplementada por la tradición. Entonces los protestantes tuvieron que responder demostrando que la Escritura era totalmente autosuficiente y podía entenderse en sí misma. El método hermenéutico y las herramientas utilizadas para la interpretación de los textos bíblicos, deben ser aclarados con este objetivo, aceptando la integridad y el alcance de la Sagrada Escritura. Toda la obra de Flacius hizo precisamente eso. En su respuesta a las críticas católico-romanas, Flacius remarcó que la razón por la que la Sagrada Escritura (o parte de ella) no podía entenderse, no era que fuera incomprensible sino por las fallas en la educación lingüística del intérprete junto con sus cuestionables métodos interpretativos. Flacius subrayó su autonomía normativa, dando por sentado la coherencia de la Sagrada Escritura y presentando todos los elementos incluidos en su exégesis. Cualquier texto bíblico puede ser completamente comprensible dentro de la Biblia, con la ayuda de la filología, la exégesis, la retórica, la lógica y otros conocimientos escolásticos. Además de la total coherencia de la Sagrada Escritura, Flacius también enfatizó particularmente, la perspectiva integradora, es decir, el alcance de todos los textos de la Sagrada Escritura. Este alcance representa el objetivo total de la Biblia y el hilo dorado que recorre todos sus textos. Sin embargo, este alcance no está claro desde el principio sino que es el resultado de la interpretación de la Sagrada Escritura en su totalidad.

En segundo lugar, habrá nuevas percepciones en los fundamentos de la interpretación de la Sagrada Escritura a lo largo de los siglos siguientes a la Reforma. Durante las guerras religiosas del siglo diez y siete en Europa, ganó adherentes la convicción de que no había una única interpretación correcta de los textos bíblicos. Por consiguiente, la interpretación metodológica de la Sagrada Escritura no necesitaba de solo una sino de muchas interpretaciones válidas de los textos bíblicos, mientras que anteriormente, las diferentes iglesias cristianas creían que había un significado único y total de la Sagrada Escritura y sus leyes, con personas dispuestas a defender sus posiciones en conflictos armados. El desarrollo de una interpretación metodológica de la Sagrada Escritura también dio lugar a las discusiones escolásticas sobre la interpretación apropiada y correcta de los textos bíblicos. Entonces las luchas confesionales armadas, pudieron ser reemplazadas por discusiones escolásticas.

En tercer lugar, de acuerdo al entendimiento protestante, la interpretación de los textos bíblicos solo puede cumplir su objetivo si la gente escucha cómo Dios les habla a través de estos textos y cómo se sienten existencialmente alcanzados por ellos. En consecuencia, la teología protestante se vio enfrentada a la pregunta de cómo el ser humano se conecta y es alcanzado en este sentido. Dentro de las iglesias luteranas por ejemplo, el pietismo consideró que la interpretación de los textos bíblicos no solo debía seguir los estándares académicos de eruditos y personas educadas, sino también contribuir a profundizar la devoción de quienes solo leen la Biblia o escuchan un sermón. En este contexto, las emociones humanas, los sentimientos y las pasiones eran importantes y debían ser tenidas en cuenta para entender el estímulo espiritual de los autores de los textos bíblicos, y ver si las vidas de quienes leen y oyen los textos bíblicos y sermones eran verdaderamente movidas por ellos. Fue así que los contextos y las vidas de lectores y oyentes ganaron importancia en la interpretación bíblica pietista. Entender cabalmente los textos bíblicos, significa que las personas que leen y oyen necesitan sentirse movidas en sus sentimientos, emociones y pasiones, es decir, en su vida real.

En cuarto lugar, para cristianos y cristianas protestantes en general, la Sagrada Escritura es uno de los medios en que Dios se comunica con la gente en este mundo, lo que la convierte en el principal medio de comunicación. Para la teología luterana, que estaba y sigue convencida de que Dios busca expresarse a través de la Sagrada Escritura comprometiéndose a Sí mismo a través de ella, esto no es una simple casualidad. Nos lleva a pensar que la búsqueda de otros caminos a través de los cuales Dios se puede comunicar con nosotros, no es inútil o inconducente. Esto se refiere a las tradiciones eclesiales que no estaban cubiertas por la Sagrada Escritura, al igual que la acción liberadora del Espíritu de Dios en las personas creyentes, ya que Dios habla directamente al corazón de la gente. En la teología luterana, la Biblia se volvió un objeto de interés histórico al considerar que la Sagrada Escritura era el principal medio de comunicación para Dios. Pero, ¿cómo se expresa Dios a Sí mismo y Su voluntad a través de estos textos? Y, ¿qué descubrimos sobre Dios cuando Dios se expresa a Sí mismo, en nuestra comprensión y nuestra comunicación?

Esto, una vez más, conlleva tensiones en relación a la interpretación de los textos bíblicos. El método histórico-crítico fue y es el mayor desafío cuando hablamos de la lectura y comprensión de la Biblia en la iglesia. Algunas veces, las diferencias pueden ser muy radicales entre la exégesis histórico-crítica y la interpretación bíblica de la Reforma. Por eso fue ganando terreno, la convicción de que los textos del Antiguo y Nuevo Testamento no eran la Palabra de Dios atemporal, sino que reflejaban los acontecimientos históricos. Los autores de los textos bíblicos siempre escribieron desde sus propias perspectivas, así como los analistas interpretaron estos textos desde sus propias perspectivas. Sus interpretaciones no solo toman en cuenta los textos bíblicos, sino también sus situaciones personales e históricas. Todas estas percepciones dentro del proceso de interpretación bíblica, demuestran que el Dios de la Biblia no solo se expresa a Sí mismo a través de un texto (la Biblia), sino también a través de la historia en un tiempo y lugar preciso, lo que debe tenerse en cuenta en su interpretación, para que el mensaje de Dios pueda ser entendido en nuestro propio tiempo. Este es el comienzo del método histórico-crítico de la interpretación bíblica. Sin embargo, el método no es suficiente si solo se usa para distinguir los elementos históricos de lo virtualmente atemporal del mensaje y el significado de los textos. En el pasado, precisamente aquellos elementos del mensaje bíblico que eran identificados como atemporales, estaban en boga y eran aceptados en ese momento, dentro de un contexto particular. La relación protestante entre la historia y la interpretación bíblica, tiene muchas más facetas que ese simple ejemplo.

En primer lugar, los textos bíblicos deben ser reconocidos como textos históricos escritos en un momento particular de la historia, en un lugar particular del mundo. Por lo tanto, debemos entender las condiciones históricas desde donde surgen los textos. En segundo lugar, los textos son interpretados por personas que forman parte de una tradición interpretativa en particular y que por consiguiente ya tienen una idea de cómo debe ser entendido un texto bíblico. En tercer lugar, los intérpretes deben ubicarse en un momento y lugar geográfico preciso, lo que también influye en sus concepciones e intereses sobre el texto en particular.

Por consiguiente, la interpretación está influenciada por las circunstancias del contexto en el que los o las intérpretes viven. Por lo tanto, se debe tomar en cuenta lo que cada persona experimenta en cada contexto como su verdad. Desde un punto de vista protestante, la interpretación bíblica es siempre mucho más que una lectura metodológica y una explicación del texto bíblico. Se trata básicamente de los intérpretes y de los descubrimientos que hicieron sobre las verdaderas posibilidades que Dios les dio para sus propias existencias y vidas.

En quinto lugar, la interpretación bíblica es exitosa cuando los intérpretes no solo son capaces de determinar lo que el texto quiere expresar, sino lo que el texto revela de la condición humana en todas su diferentes formas a lectores e intérpretes y se pregunta si las variables allí expresadas también podrían ser las suyas. Rudolf Bultmann (1884–1976) catedrático luterano especialista en el Nuevo Testamento, consideró[15] que solo podemos alcanzar una verdadera interpretación y comprensión de los textos bíblicos, cuando hemos escuchado las preguntas que los textos nos formulan y cuando descubrimos lo que los textos nos piden. Solo entonces los textos nos abren nuevas posibilidades individuales y colectivas, convocándonos a abrir nuestros ojos a la presencia de Dios en nuestras vidas. Según la opinión de Bultmann, todo el proceso interpretativo es crítico: debemos analizar e interpretar los textos bíblicos de una forma crítica para analizarnos y analizar nuestras vidas individual y colectivamente. El área de mayor interés en la hermenéutica luterana moderna, es la interpretación de los textos bíblicos sin la finalidad de confirmar nuestras ideas ni a nosotros mismos, sino escuchando la Palabra de Dios de una manera crítica

[15] Cf. Rudolf Bultmann, «Das Problem der Hermeneutik,» en *ZThK* 47 (1950), 47–69.

en relación a nuestras propias vidas, en nuestros contextos y situaciones en particular.

En sexto lugar, es parte del proceso total de la interpretación, que los creyentes compartan, desde sus diferentes situaciones y contextos, las visiones que reciben de la Palabra de Dios, desde su comprensión individual y colectiva. La diversidad que surge en el entendimiento de la Sagrada Escritura, nos muestra la verdadera naturaleza de la comunicación de Dios con Su pueblo. El Dios Trino es un dictador que desde la distancia enviaría sus mensajes a todos los pueblos alrededor del mundo, esperando que todos vivan de la misma forma. La vida humana es muy diversa y Dios le habla a través de la Sagrada Escritura a cada vida y a cada comunidad en particular. Por lo tanto, escuchar la Palabra de Dios no implica un proceso imperativo no individualizado sino una canción que alaba la Gracia de Dios (1 P 4:10), y que se expresa en las diversas vidas de personas e iglesias cristianas —para «alcanzar la gloriosa libertad de los hijos de Dios» (Rom 8:21).

Preguntas

¿Qué expectativas tiene cuando lee o escucha un texto bíblico? ¿Espera que el pasaje bíblico le transmita algo significativo para su vida personal y su comprensión del mundo?

¿Qué rol deberían jugar los textos de la Sagrada Escritura hoy en la formación y toma de decisiones de la iglesia y sus cuerpos directivos? ¿Qué relación hay entre la Sagrada Escritura y las demás visiones contextuales y científicas?

¿Qué es lo fundamental para la interpretación de un texto bíblico, en sermones o estudios bíblicos? La interpretación de los textos bíblicos, ¿debería adaptarse a la comprensión contemporánea? ¿Cómo deberíamos manejar las diferentes interpretaciones del mismo texto bíblico en las iglesias evangélicas?

Aplicando la justicia de género: Una perspectiva asiática

Au Sze Ngui

Testimonio del impacto de la gracia liberadora de Dios

Somos «libres por la Gracia» en Jesucristo. Como leemos en Romanos 5:1-2 «Puesto que Dios ya nos ha hecho justos gracias a la fe, tenemos paz con Dios por medio de nuestro Señor Jesucristo. Pues por Cristo hemos podido acercarnos a Dios por medio de la fe, para gozar de su favor, y estamos firmes, y nos gloriamos con la esperanza de tener parte en la gloria de Dios.»

El pueblo murut de Sabah, Malasia, era animista. Cuando conocieron el Evangelio de Jesucristo, se liberaron de sus creencias. Habían estado sujetos a miedos y presagios que se manifestaban en sus vidas diarias: si alguien quería salir en bote—los murut viven básicamente sobre las costas de uno de los ríos más largos en el interior de Sabahthe Murut—debían esperar una señal. Si se veía una serpiente en el río, era una mala señal que predecía que la jornada tendría muchos peligros y que el bote podría volcar o se podría enfrentar con algún tipo de desastre. Si veían un grupo de pájaros volando en cierta dirección, era un buen presagio y la jornada sería buena y segura. Estaban sometidos por sus miedos a los espíritus, por lo que nunca salían de noche, ya que podrían encontrarse con algún demonio que los dañara o los maldijera de alguna manera. Temían encontrarse con cualquier cosa fuera de lo común, un animal, insecto u objeto que le vaticinaba algo malo a quien lo encontrara.

Después que la comunidad murut conoció el Evangelio, se liberó de los miedos por sus antiguas creencias y sus vidas cambiaron. Esto no solo los liberó del miedo, sino también de sus ideas y prácticas tradicionales. Los roles de los hombres, mujeres, niñas y niños murut estaban estrictamente divididos: los hombres eran recolectores, cazaban, pescaban y recogían frutas y vegetales para sus familias. Las mujeres se quedaban en el hogar, cocinando, cultivando y buscando alimentos en la selva circundante para el abastecimiento elemental. Los niños y las niñas no tenían mucha responsabilidad, aunque tenían que ayudar con las tareas hogareñas y algunas actividades elementales de cultivo. Cuando crecían, se les enseñaba a cazar o a cocinar, según su género.

Cuando el pueblo murut conoció el mensaje cristiano de la gracia liberadora de Dios, los roles tradicionales de hombres, mujeres, niñas y niños cambiaron. Aunque los hombres murut todavía cazan y pescan para sus familias y las mujeres continúan estando a cargo del hogar, las mujeres comenzaron a dar su opinión, aunque los hombres todavía son quienes básicamente toman las decisiones. A pesar de que las mujeres todavía son las cocineras y amas de casa, comenzaron a participar, a través de la iglesia, en la vida social de muchas maneras no tradicionales y variadas. Las mujeres comenzaron a estar activas en muchos espacios en la iglesia. Comenzaron a participar en el ministerio litúrgico, liderando el canto en la iglesia; enseñando a niños y niñas en la escuela dominical y asumiendo roles claves en la enseñanza.

El cambio más profundo en los roles de género, se dio a nivel del liderazgo en la iglesia. Ahora las mujeres son electas como líderes en la iglesia y sus roles son reconocidos. Los hombres murut también reconocen que dentro de la iglesia las mujeres deben ser «tenidas en cuenta» y dentro de la sociedad murut, también se escucha la voz femenina. Por ejemplo, en una pequeña iglesia llamada Mansaso en la región de Tenom en Sabah, Malasia, una mujer murut es quien dirige el consejo directivo. Los roles tradicionales que determinaban las esferas de acción de las mujeres y los hombres, fueron transformados por el mensaje inclusivo y liberador del Evangelio.

Política de Justicia de Género de la FLM (PJG) y su relevancia en los contextos específicos de Asia

Uno de los valores esenciales de la FLM es la inclusión. A partir de la Segunda Asamblea de la FLM en 1952, las mujeres fueron incluidas en las estructuras de liderazgo de la FLM como miembros del Consejo y todas las decisiones tomadas en cada asamblea, deben asegurar esa inclusión. Hoy en día, la FLM tiene la política de exigir que la participación en los consejos, simposios y asambleas, sea de un cuarenta por ciento de hombres y de mujeres respectivamente y del veinte por ciento para jóvenes. Además,

> Sencillamente cumplir las cuotas no es suficiente [...]. Para ser fieles a los compromisos de asambleas anteriores y lograr el objetivo de la plena inclusión, es necesario y urgente que el poder que aportan las mujeres y los/as jóvenes nos transforme como iglesias y como comunión mundial.[1]

Si en este camino admitimos que la violencia existe dentro de las iglesias y que se deben tomar medidas para combatir esa violencia sobre todo contra las mujeres, estamos haciendo una confesión de pecado. La comunión comprendió que la injusticia no puede ser tolerada y debe enfrentarse. Por lo tanto, en la Novena Asamblea de la FLM en Hong Kong en 1997,

> El compromiso con la igualdad de género se identificó como una de las principales tareas de la comunión: hablar sobre el género y el poder desde una perspectiva de fe con base teológica y bíblica como una cuestión de justicia y de relaciones y abordar el género y el poder como asuntos de liderazgo.[2]

El documento de la PJG aprobado por el Consejo de la FLM en junio del 2013, detalla una serie de principios y sienta las bases para la obtención de la justicia de género en las comunidades. Implica la protección y promoción de la dignidad de las mujeres y los hombres que, habiendo sido creados a imagen de Dios, son testigos co-responsables de Su Creación. La meta de la política de justicia de género es luchar para materializar la liberación que Dios nos dio a través de su Gracia. El objetivo es eliminar los sistemas institucionales, culturales e interpersonales creados en base al género, es decir, los sistemas de poder que apoyan la discriminación. Para lograr esta meta, la PJG «trata de ofrecer motivaciones y herramientas políticas que contribuyan a promover la justicia de género con el fin de lograr comunidades e iglesias inclusivas y sostenibles.»[3]

De acuerdo a la comprensión de la FLM, la base teológica de la PJG es la concepción bíblico-teológica de que somos justificados por la fe a través de la Gracia: «Ser justificados es ser libres de lo que nos ata (cf. Rom 5).»[4]Como cristianos creemos que Dios nos creó (Gn 1:27); que somos todos pecadores (Rom 3:23); que Cristo murió por nosotros (2 Cor 5:14-15); y que somos justificados por la fe (Rom 5:1-2). Por lo tanto, somos iguales en Cristo Jesús y de acuerdo a esto, buscamos la justicia de género para

---

[1] En **https://www.lutheranworld.org/sites/default/files/DTPW-WICAS_Gender_Justice-ES.pdf**, 9.
[2] Ibíd., 18.
[3] Ibíd., 9.
[4] Ibíd., 24.

todos. Por esto, la justicia de género es «una cuestión de fe»[5] para nosotros en nuestra comunión de la FLM.

La metodología de implementación propuesta en la PJG es: ver—juzgar—actuar. Esto significa observar y ver cada realidad y contexto y utilizar conceptos bíblicos, teológicos y universalmente aceptados sobre derechos humanos para discernir sobre la realidad y los conflictos que surjan en ese contexto. Después de ver y discernir sobre esa realidad, debemos ponernos de acuerdo sobre las acciones que debemos tomar en ese contexto en particular.[6]

Cuando aplicamos la metodología propuesta en la PJG debemos primero «ver» la realidad en la comunidad murut, para «juzgar» esa realidad a la luz de los principios de inclusión y justicia que nos enseña el Evangelio.

Los cambios en la comunidad murut nos muestran claramente cómo el mensaje bíblico liberó a la gente de los miedos que formaban parte de sus antiguas creencias. Comenzaron a verse diferentes—bajo la luz de la Gracia de Dios—y comprendieron que todos y todas somos pecadores, estamos justificados/as por la fe y redimidos/as por la sangre del Señor. Por consiguiente, todas las personas somos iguales a los ojos de Dios. Nadie es más pecador o pecadora, ni mejor santo o santa desde que «todos han pecado y están lejos de la presencia gloriosa de Dios» (Rom 3:23). Dios murió por toda la humanidad. Es por eso que todo pecador, sea hombre o mujer, liberado del castigo por su pecado, renace y es una nueva persona.

> Pues por la fe en Cristo Jesús ustedes son hijos de Dios Ya que al unirse a Cristo en el bautismo, han quedado revestidos de Cristo. Ya no importa el ser judío o griego, esclavo o libre, hombre o mujer; porque unidos a Cristo Jesús, todos ustedes son uno solo (Gal 3:26-28).

Por eso dentro de nuestras familias, comunidades, culturas, naciones, razas y género, somos uno en Cristo Jesús como hijos e hijas de Dios. Entonces, si somos hijos e hijas de Dios, libres por la Gracia de Dios y justificados por la fe, somos la luz y la sal de Dios en el mundo.

Aunque somos hijos e hijas de Dios, estamos viviendo en este mundo caído y lidiamos diariamente con las consecuencias del pecado en nuestras vidas. La comunidad murut todavía está cambiando. Mientras que a las mujeres se les da más espacio para hablar y ser parte en las decisiones con relación a la familia, la comunidad y la iglesia, todavía deben cumplir con ciertas expectativas y vivir de acuerdo a la tradición en su «rol de mujer.» Por ejemplo, durante la visita de un grupo de una iglesia urbana, un grupo

---

[5] Ibíd., 11.

[6] Ibíd., 14.

de hombres murut se sintió impactado al ver cómo los jóvenes visitantes de ambos sexos ayudaban a lavar los platos. Señalando a uno de los jóvenes, un hombre preguntó, «¿No es un trabajo para una mujer o una niña? ¿Por qué está lavando los platos?» Unos de los miembros del grupo visitante, maestro de profesión, le contestó que todos eran responsables de ayudar con las tareas domésticas sin importar el género, especialmente cuando ambos, mujeres y hombres, tenían responsabilidades fuera del hogar.

Esta situación describe una realidad en muchas de las comunidades de la FLM. Dentro de la cultura y la sociedad murut, todavía hay desigualdad. Dentro de la comunidad cristiana murut, todavía hay discriminación institucional, cultural e interpersonal. ¿Cómo pueden las iglesias y comunidades cristianas eliminar la discriminación y la desigualdad?

Primero, es necesario que nos veamos unos a otros a la luz de la Gracia de Dios, «Pues por la bondad de Dios han recibido ustedes la salvación por medio de la fe. No es esto algo que ustedes mismos hayan conseguido, sino que es un don de Dios-no es el resultado de las propias acciones, de modo que nadie puede gloriarse de nada» (Ef 2:8) La Gracia de Dios me salva, una mujer. La Gracia de Dios me salva, un hombre. La Gracia de Dios salva, no las acciones, el género, la clase, la institución, la cultura. Cuando soy salvado/a por la Gracia de Dios y tú eres salvado/a por la Gracia de Dios, estamos en un mismo nivel que nos pone bajo la protección de la Gracia de Dios, sin distinción de cultura, raza o tribu. Cuando miramos a otra persona, vemos a Cristo. Al ser redimidos y redimidas de nuestros pecados por Cristo, ¿podemos hacer algo que lastime al Señor Jesucristo?

En segundo lugar, permítanme volver al ejemplo del grupo visitante citado anteriormente. Cuando el grupo de la iglesia urbana interactuó con la comunidad murut, se dieron cuenta de que había una desigualdad en su forma de trabajo. Durante el culto dominical, el líder litúrgico le pidió al líder musical que dirigiera el canto. Como esa persona no estaba en la iglesia, alguien tomó su lugar. Más tarde durante el servicio, las mujeres de la congregación ofrecieron una canción. Entre ellas había una mujer que llevaba un bebé. Resultó ser la persona a quien antes habían llamado para liderar la parte musical. Algunos visitantes reconocieron a esta mujer, que era una de las cocineras que les había preparado el desayuno esa mañana. Se dieron cuenta de que había estado tan sobrecargada con diferentes tareas (ayudar a los visitantes y cuidar a su bebé), que no había podido llegar a la iglesia a tiempo. Este ejemplo nos muestra que en la comunidad murut, al igual que en muchas otras comunidades de las iglesias miembro de la FLM, los trabajos no se distribuyen en forma equitativa.

Ser libres por la Gracia de Dios nos llama a corregir esta disparidad y considerar cómo podemos transitar juntos hacia la santidad y la cristiandad. Una forma de hacerlo es a través de la discusión y consideración de lo que propone la PJG: la Gracia liberadora de Dios es una bendición para todos—hombres y mujeres.

En tercer lugar, no debemos considerar que esta batalla contra la discriminación y para la inclusión está alejada de cada individuo dentro de la comunión. La justicia de género es justicia para todos, no solo para las mujeres. La Reforma es para todos, no para algunos. La difusión de la PJG alentará la discusión entre los hombres y mujeres de nuestras iglesias miembro de nuestra comunión, alentándolos/as a promover reformas en el área de género en vista al próximo 500 aniversario de la Reforma. La Gracia liberadora, significa mirarnos a nosotros mismos, nuestras familias, iglesias, comunidades y nación bajo una nueva luz—la luz de Jesucristo. La Gracia liberadora, nos abre la puerta para cambiar y renovar todas nuestras relaciones. La primera relación que renovamos es entre los seres humanos y Dios.

A través de nuestra justificación por la fe en Cristo Jesús, tenemos el privilegio de convertirnos en hijos de Dios. Dios no mantiene nuestras deudas como pecadores. Romanos 5:6-8 describe esa nueva relación:

> Pues cuando nosotros éramos incapaces de salvarnos, Cristo, a su debido tiempo, murió por los pecadores: No es fácil que alguien se deje matar en lugar de otra persona. Ni siquiera en lugar de una persona justa; aunque quizás alguien estaría dispuesto a morir por la persona que le haya hecho un gran bien. Pero Dios prueba que nos ama, en que, cuando todavía éramos pecadores, Cristo murió por nosotros.

Esto significa que la Gracia de Dios nos libera y nuestra fe justifica nuestra relación con Dios y que el Espíritu Santo vive en nosotros. Fuimos transformados, porque ahora Dios vive en nosotros. Las relaciones entre Dios y los seres humanos fueron renovadas y deben permear todas nuestras relaciones. El matrimonio debe expresar esta liberación por la Gracia de Dios. Debe haber una división igualitaria de responsabilidades y de trabajos: los esposos/as comparten el trabajo de construir un matrimonio, formar un hogar, enseñar y alimentar a los hijos/as y cuidar de los padres y ancianos de la familia sin sacrificar sus propias vidas como hijos/as de Dios. Es importante que las relaciones se renueven dentro de la institución familiar, no debe haber favoritismos. Nuestra fe se basa en la justicia y equidad y esto debe permear nuestras relaciones familiares. Es crucial que las relaciones familiares estén bajo la Gracia liberadora de Dios, ya que la familia, sin importar cómo sea entendida y definida en los diferentes contextos, es la unidad social fundamental en el mundo. Es por eso, que la justificación por la fe debe ser visible a nivel familiar a través de la implementación de la justicia de género. La justicia de género le da libertad a los miembros de una familia para buscar mejores maneras de cuidarse los unos a los otros, porque asume distintas tareas y roles que no siempre están de acuerdo a los «tradicionales». Esto también implica que a las hijas se les dan las mismas oportunidades educativas que a los hijos. En algunos lugares de la comunión de la FLM, esto aún no es evidente.

Las tradiciones culturales de muchas naciones, todavía son parte de la comunión de la FLM. Estas tradiciones y culturas, que lamentablemente todavía no han sido renovadas por la Gracia de Dios, tiñen a muchas iglesias miembro. Setenta y siete por ciento de las iglesias miembro, ordenan mujeres. Sin embargo, hay un veintitrés por ciento que todavía no lo hace.[7] Este es un ejemplo de exclusión dentro de nuestra comunidad. La PJG apela a las iglesias miembro a estudiar esta política juntas y a considerar la importancia de permitir que la Gracia liberadora de Dios penetre en todas las áreas de la iglesia para dar lugar a la renovación y reforma de «todos/as nosotros/as» y que nosotros/as, la comunión de la FLM pueda llevar a Cristo de una forma visible y ser la luz y sal de este mundo, revelando al Señor Jesucristo y testimoniando la Gracia liberadora de Dios.

En cada una de nuestras sociedades debemos continuar predicando sobre la renovación de nuestras relaciones, porque Dios nos ha prometido su Gracia y ha renovado Su relación con nosotros. Debemos ser inclusivos, así como Dios es inclusivo. Debemos ser justos, así como Dios es justo. Debemos ver a la sociedad como cristianos/as y no como kenianos/as, alemanes, chinos/as, australianos/as o brasileños/as. Debemos vernos como libres para ser seguidores de Cristo que revelan la Gracia de Dios en todas partes del mundo y en todas las relaciones. Como luteranos dentro de la comunión de la FLM y rumbo al 500 aniversario de la Reforma, debemos analizar y evaluar nuestra propia iglesia y sociedad, a la luz de la Gracia liberadora. Si todavía hay discriminación, desigualdad y exclusión, todavía nos falta.

> Algunas veces, hace falta un catalizador fuera de la comunidad para hacer cambios, y es el deseo de la FLM, que la PJG sea ese catalizador, que mejore las «jornadas comunitarias hacia la inclusión».[8] Cuando somos libres por la Gracia de Dios, se abren las puertas a los cambios y la reforma. Si no hay Gracia, no habrá ningún cambio porque seguiremos siendo como hemos sido siempre. Por lo tanto, el que está unido a Cristo es una nueva persona. Las cosas viejas pasaron; se convirtieron en algo nuevo. Todo esto es la obra de Dios, quien por medio de Cristo nos reconcilió consigo mismo, y nos dio en encargo de anunciar la reconciliación (2 Cor 5:17-18).

Así como la inclusión de jóvenes hombres y mujeres lavaplatos fue un evento que abrió los ojos a un nivel local, deseamos que la PJG abra nuestros ojos

[7] Ibíd., 17.
[8] Ibíd., 1.

en la comunión de la FLM. Imagino a la comunidad murut encontrándose todos, hombres, mujeres y jóvenes, para estudiar la "Política de la FLM para la Justicia de Género" después que haya sido traducida a su lengua, para evaluar cómo la desigualdad de género puede ser corregida dentro de su comunidad. Así como la Gracia liberadora de Dios permitió a los murut su liberación de los miedos y presagios, es mi deseo que la PJG sea la Gracia liberadora de Dios para reformar las leyes sociales e institucionales no inclusivas. Las leyes sociales discriminatorias limitan y reprimen la creatividad de una comunidad, así como la contribución que puedan hacer al cuerpo de Cristo en su totalidad y a la comunión de la FLM.

La Reforma y la continuación de la reforma de individuos, comunidades e instituciones

«La justicia de género se refiere entonces a mujeres y hombres a la vez, que juntos organizan la vida en base al compañerismo y la justicia.»[9] La Reforma no sucedió fuera sino dentro de la iglesia. Martín Lutero recurrió a la reforma para corregir lo que estaba mal dentro de la iglesia. Hoy apelamos a una reforma dentro de la comunión de la FLM para que prevalezca la justicia de género. Necesitamos terminar con la discriminación y que haya inclusión para todas las personas. Todo esto sucede bajo la Gracia liberadora de Dios, que nos asegura la renovación y la reforma.

Como vivimos en una tensión escatológica entre el ahora y el todavía no, entendemos que en el camino a la santidad todavía debemos lidiar con el pecado y sus efectos en el mundo. La liberación del pecado es el comienzo de nuestro esfuerzo por la justicia: somos libres; estamos perdonados y perdonadas; somos destinatarios y destinatarias de la Gracia de Dios. Somos libres de cambiar y de cambiar el mundo. Hay muchos ejemplos de cómo la cristiandad ha sido agente de cambio, al apoyar la revisión de algunas prácticas «tradicionales». Por ejemplo, cuando los misioneros cristianos fueron a China a finales del 1800, se confrontaron con la tremenda práctica de los pies vendados. Entre los cuatro y nueve años de edad, los pies de las niñas se vendaban y los dedos se doblaban por debajo del arco para forzarlos a quedar por debajo del taco. De esta manera, las niñas tenían pies muy pequeños y cuando crecían, solo podían caminar balanceándose con gran dificultad y pasos cortos. Los misioneros pidieron que esta práctica cesara. Más adelante las mujeres chinas cristianas sumaron sus voces para que esta práctica terminara y fue finalmente prohibida oficialmente a principios del 1900. Todavía existen estas prácticas de sometimiento. La

---

[9] Ibíd., 24.

Oficina de Mujeres en la Iglesia y Sociedad de la FLM ha estado apoyando proyectos que tienden a concientizar sobre la mutilación genital femenina en Kenia, Tanzania y Etiopía, para ponerle fin. Los esfuerzos para cambiar una comunidad son mucho más efectivos cuando provienen de la misma comunidad. Por ejemplo, William Wilberforce (1759-1833), luchó por la abolición de la esclavitud y la trata de esclavos en el Imperio Británico. Su fe cristiana era la fuerza impulsora detrás de su lucha contra la trata de esclavos. Los esclavistas en el Imperio Británico también se llamaban cristianos/as, y fueron los miembros del parlamento inglés quienes aprobaron la trata de esclavos. Wilberforce finalmente convenció al parlamento del carácter inhumano de la trata de esclavos y ganó la lucha contra ella.

Siempre es necesario que haya personas dentro de las comunidades que hablen contra las prácticas injustas. Dentro de nuestra FLM como comunión de iglesias, también necesitamos que haya personas que, desde su fe y su comprensión de ser libres por la Gracia de Dios, hablen contra la exclusión dentro de sus propios contextos.

Mi colega es una murut. Es una evangelista, capacitada para liderar una congregación y enseñar la Palabra de Dios. Es muy competente y su familia apoya su deseo de servir a Dios en un ministerio eclesial. No puede trabajar en la granja en su pueblo natal por problemas de salud. Entonces sintió el llamado de Dios a ir a la ciudad y a este ministerio. Si la Gracia liberadora de Dios no hubiera cambiado al pueblo murut, probablemente ella no hubiera podido servir a Dios como líder en la iglesia de Dios, ni haber sido aceptada y reconocida tanto por los hombres como por las mujeres miembro de la congregación. Sin embargo, su familia extendida todavía considera importante que sea una «buena esposa» y aunque están felices de que haya tenido un hijo que continúa la línea familiar, no están contentos de que su salud no le permita tener otro. Ella y su esposo encontraron la manera de compartir responsabilidades en el hogar y en el trabajo sin que eso signifique una sobrecarga para ninguno de los dos. En este caso, aunque ya hubo una reforma en los «roles tradicionales familiares» dentro de su familia inmediata, el resto de la familia todavía tiene mucho para andar.

Las iglesias miembro de la FLM, deben

- Reconocer la política
- Tomar parte en una autoevaluación participativa de los puntos fuertes de las iglesias para lograr la justicia de género y de los desafíos a los que se enfrentan en esa lucha.
- Analizar la participación de las mujeres y los hombres en la vida de la iglesia ... en los niveles de toma de decisiones y de su acceso a la educación y la formación teológicas ... y abordar las posibles desigualdades que existan en esos ámbitos.

- Alentar a las mujeres y los hombres... [a avanzar] más allá de las tareas tradicionales que en la vida de la iglesia y la sociedad se asignan...
- Animar a los/as dirigentes de las iglesias a que debatan y reflexionen acerca de las interpretaciones de los textos sagrados que arrojan una luz diferente sobre el significado del texto... y sobre nuevas interpretaciones en lo que se refiere a las funciones y responsabilidades de las mujeres y los hombres.[10]

Todos estos pasos son importantes para dar lugar a una reforma. Siempre habrá pecado en nuestras vidas. Siempre habrá una separación entre Dios y nosotros, pero ¿no es maravilloso haber conocido un mejor camino; que el pecado ya no tiene poder sobre nosotros por la Gracia de Dios y porque fuimos justificados por la fe? Hagamos entonces el esfuerzo de considerar cómo la Gracia liberadora de Dios nos puede permitir desarrollar una justicia de género e inclusión en cada una de las iglesias miembro de la FLM.

Preguntas

En su contexto, ¿de qué manera las mujeres y los hombres de su iglesia se ven sobrecargados? De algunos ejemplos.

En su contexto, ¿cómo se manifiesta la Gracia liberadora de Dios en su iglesia y sociedad y cómo ve su congregación que la justicia sea parte de la Gracia liberadora de Dios?

¿Cómo se puede vencer la injusticia y la discriminación en su contexto? Dé ejemplos prácticos de cómo esto se implementa en su contexto.

[10] Ibíd., 9.

La educación y la Reforma

Elżbieta Byrtek

La Reforma cambió el mundo, iniciando un capítulo nuevo en la historia de la cristiandad, impactando significativamente en varias áreas de la vida como la educación, la economía, la política y la cultura. Utilizó nuevos campos de conocimiento como la geografía y la astronomía, combinándolos con la filosofía, lenguas clásicas (latín y griego) y nuevos inventos como la impresora. Jugó un rol crucial en la educación, cambió la vida social e influyó mucho en la crianza de los niños/as.

Ser un creyente educado/a y maduro/a

Martín Lutero creía que las Escrituras debían ser accesibles y comprensibles para toda la gente. Esto significaba que cada persona debía estar capacitada para leer y escribir, una de las metas de la educación pública. Durante la Reforma, muchos monasterios que a la vez enseñaban, fueron cerrados porque los padres preferían que sus hijos/as trabajaran y ganaran dinero. A la luz de esta situación, Lutero insistió en la necesidad y la importancia de la educación, enfatizándolo en sus sermones y escritos (ej., «A los consejeros de todas las ciudades de Alemania, para que establezcan y mantengan las escuelas cristianas, 1524»[1] y «Sermones para mantener a los niños en la escuela, 1530»). [2] Lutero no sólo hizo hincapié en el valor de la lectura y la escritura, sino que subrayó el hecho de que en un mundo cambiante, el

[1] "La necesidad de crear y mantener escuelas cristianas. en Obras de Martín Lutero. Tomo VII. Ediciones El Escudo. Buenos Aires 1977, 45s.

[2] "Sermón para que se manden a los hijos a la escuela" en Obras de Martín Lutero. Tomo VII. Ediciones El Escudo. Buenos Aires 1977, 45s.

conocimiento y la experiencia de los padres no eran suficientes para ayudar a sus hijos/as a comprender el mundo que los rodeaba. Lutero agregó que la capacidad de hacer sus propias elecciones y la madurez, también eran importantes y que debían tener conocimientos para poder expresarse. La educación no fue más un problema sólo para la iglesia, sino que se convirtió en un desafío público. Martín Lutero también declaró abiertamente que el acceso a la educación no debía determinarse por el género. Ya en su «Tratado a la Nobleza Cristiana», claramente defendió que «cada pueblo tuviera una escuela de niñas, donde se les enseñara el Evangelio durante una hora diaria tanto en alemán como en latín.»[3] Subrayó que las escuelas no deberían ser un lugar solo de enseñanza, canto, oración, lectura y memorización (como en la Edad Media), sino que como «escuelas Cristianas», deberían concentrarse en la explicación (lat. *explicatio*).

Philipp Melanchthon, estrecho colaborador de Lutero y autor de muchos libros religiosos, comentarios bíblicos y escritos filosóficos, desempeñó un papel muy importante en la recopilación de *Confessio Augustana*, el texto confesional luterano fundamental, y también lo ayudó con la traducción de la Biblia. Además, fue un gran erudito y educador, fundó escuelas, organizó la vida escolar y reformó facultades y universidades, por ejemplo, las universidades de Wittenberg, Tübingen, Leipzig y Copenague. Inició muchos cambios, no solo en el campo de la educación y alentó a otros a desarrollar otras reformas. Trabajó intensamente fundando nuevas escuelas y preparó un borrador con la lista de actividades para el Colegio Humanístico de Nuremberg (una escuela secundaria que priorizaba el griego y el latín), que fue modelo para las cincuenta escuelas que la continuaron. Subrayó que todo/a niño/a debía ser educado/a a nivel elemental, sin importar su origen y enfatizó el hecho de que dado que todas las personas son iguales ante Dios, la educación debe ser accesible a todos/as. Esas declaraciones fueron revolucionarias para ese momento. Ya en los postrimerías de la Edad Media, los humanistas luchaban por una mejor educación, pero nunca por una educación para todos/as. La Reforma contribuyó lentamente a implementar una visión de una educación para toda la gente, y fue empoderando a cristianos y cristianas, ciudadanos y ciudadanas para alcanzar madurez y poder participar activamente en la vida social y en los cultos.

Para Melanchthon fue muy importante plantear reformas en el campo educativo, lo que sentó las bases para la educación pública. Muchos de sus trabajos se relacionaron con estos temas, en los que subrayó la importancia de conciliar la fe con la educación y la capacitación. Consideró que la educación es la base del desarrollo en todas las áreas de la vida. Melanchthon creía que la

[3] "A la nobleza cristiana de la Nación Alemana acerca del mejoramiento del Estado cristiano" en Obras de Martín Lutero. Tomo I. Editorial Paidós. Buenos Aires. 1967.

capacitación y la educación eran el resultado de la devoción y que la educación, que fortalece a las comunidades, era la llave para su madurez. Una vez dijo que no había fortificación que pudiera hacer que una ciudad fuera más fuerte. Eso solo podía lograrse a través de personas educadas, sabias y talentosas.

Melanchthon era un maestro muy popular y sus conferencias eran escuchadas por una audiencia de más de seiscientas personas. Estaba convencido que el aburrimiento era el enemigo de la ciencia y creía en el placer del aprendizaje.

Melanchthon fue uno de los que inició la creación de la educación universal. Creía que la tarea de toda parroquia luterana era organizar una escuela y contratar un/a maestro/a. Melanchthon fue llamado Praeceptor Germaniae (maestro de Alemania) y fue reconocido como uno de los más grandes reformadores educativos en la historia alemana. También debe ser mencionado Johannes Bugenhagen (1485-1558), muy próximo a él, ya que jugó un rol crucial en el desarrollo de un nuevo sistema educativo elemental, secundario y más avanzado. En varias partes de Europa, las comunidades protestantes utilizaron estos nuevos estándares para establecer sus propios sistemas educativos, ajustando estas nuevas propuestas a sus realidades contextuales.

Además y como resultado de las actividades protestantes en el campo de la educación, se generó una competencia entre jesuitas y protestantes en la organización de la educación y en el trabajo de traducción de la Biblia. Mientras Melanchthon, Bugenhagen y otros reformadores se ocuparon de las reformas educativas entre los cristianos protestantes, los jesuitas influenciaron en la formación de escuelas católico-romanas. Estos últimos también trataron de mejorar el nivel educativo entre los sacerdotes católico-romanos. Piotr Skarga (1536–1612), un jesuita polaco, predicador, hagiógrafo, polemista y figura líder de la contra-reforma en los territorios autónomos de Polonia y Lituania, describió la lamentable preparación de muchos sacerdotes en el tiempo de la Reforma. De acuerdo a sus descripciones, solamente los eruditos usaban las traducciones; los libros y las «enmohecidas Biblias» permanecían sin uso.

La importancia de las traducciones vernáculas de la Biblia y de los Catecismos

Los reformadores entendían que era importante que el lenguaje de la Biblia fuera accesible, para que todas las personas se sintieran motivadas a involucrarse con ella. Esta visión impactó en el desarrollo de la educación pública. Quienes querían entender la fe y sus principios, debían saber cómo hablar de una manera comprensible sobre ella y aprender a mencionar los símbolos y las experiencias de fe correctamente. Por eso Martín Lutero enfatizó que era crucial que las personas tuvieran acceso a la Biblia en sus propios idiomas. Lutero reconoció la importancia de la Biblia y lo que su traducción significaba para los creyentes. La Reforma dio a las personas la oportunidad de tener libre acceso a la Biblia, para poder difundir la Palabra de Dios en un lenguaje entendido por toda la gente. Aunque había disponibles algunas traducciones de la Biblia completa o partes de ella antes de la Reforma, no eran accesibles para la feligresía común ni para muchos sacerdotes.

Martín Lutero también utilizó el género medieval tardío del catecismo, una colección de explicaciones básicas de la educación cristiana. Los catecismos se volvieron muy populares entre los laicos porque daban una explicación sencilla pero comprensible de la fe cristiana; motivaban la reflexión teológica y la libertad, más que la uniformidad en la práctica de la iglesia. El «Catecismo Menor» de Lutero o los catecismos recopilados de acuerdo a este ejemplo, fueron traducidos a varios idiomas durante la Reforma (por ej. finlandés, polaco, estoniano, esloveno, etc.). Esos catecismos fueron los primeros libros impresos en muchos de esos idiomas y una piedra fundamental en el desarrollo de los respectivos lenguajes literarios.

También en Polonia, las traducciones de la Biblia y los Catecismos jugaron un rol importante en el desarrollo del lenguaje literario. La primera publicación de la Biblia completa en polaco data de 1563 y fue iniciada por la Reforma. Stanislaw Sarnicki (1530-1594), un historiador polaco, testifica que antes sólo había tres lugares en Polonia donde se podía encontrar la Biblia: el rey tenía una, la segunda pertenecía al arzobispo y la tercera era propiedad de la familia protestante Ostroróg. Antes de la publicación de la Biblia completa en polaco, algunos Salterios ya habían sido traducidos. Las nuevas traducciones de los Salmos publicadas durante y después de la Reforma, profundizaron el amor por ellos. En 1545, se publicó el Salterio de Mikolaj Rej, al que siguieron otras traducciones polacas.

La primera traducción polaca del Nuevo Testamento (1551/1552), fue preparada por Stanislaw Murzynowski (1527/8-1553), escritor polaco, traductor y luterano activista durante la Reforma. Murzynowski conoció a Lutero y Melanchthon durante sus estudios en Wittenberg. Su traducción fue publicada en varias ediciones en Królewiec/Königsberg, hoy llamada Kaliningrad, y fue utilizada por católico-romanos quienes todavía no tenían su propia traducción. Fue descrita como más significativa y preciada por la nación polaca, que las tierras conquistadas por el rey para el reino polaco. La traducción fue terminada durante el punto más alto de la Reforma en Polonia pese a muchas dificultades, entre las cuales estaba la falta de terminología, por lo que muchos términos y oraciones fueron traducidas literalmente. En ese momento, había muchas parroquias protestantes en Polonia y su número crecía constantemente, como también la necesidad de tener disponible la Biblia completa en polaco y no solo el Nuevo Testamento.

El Príncipe Mikolaj Krzysztof Radziwill, «el Negro» Radziwill (1549-1616), cubrió los costos de la publicación de la traducción de la Biblia completa (3000 ducados): La Biblia Brest (en polaco: Biblia Brzeska) fue la primera traducción protestante de la Biblia completa al polaco, publicada en 1563 en Brest y dedicada al Rey Segismundo II Augusto. La dedicación muestra la fuerza de la fe evangélica. Los traductores se vieron beneficiados por el trabajo de muchos eruditos al igual que de las traducciones de la Biblia hechas por otras comunidades. La Biblia Brest es el resultado del trabajo conjunto de académicos de diferentes disciplinas—científicos, lingüistas y teólogos.

La Biblia Brest es de hecho la primera traducción de la Biblia en polaco de sus idiomas originales que combina perfectamente el principio de fidelidad al original con la belleza del lenguaje, en comparación con otros modelos extranjeros (incluyendo la Biblia francesa Lefevre d'Etaples) y sin referirnos a la vieja traducción católica polaca de la Vulgata. Nos recuerda que Lutero decía que una persona que desea hacer una traducción, debe saber muchos sinónimos. Quien traduce debe escuchar atentamente a su madre en casa, a niños y niñas en la calle y a las personas comunes en el mercado y debe traducir de tal manera que toda la gente pueda entender el texto traducido. La Biblia Brest tiene una nota sobre la utilidad de las Escrituras y la traducción como tal, una breve nota sobre el contenido de la Biblia, el orden por el cual los libros bíblicos fueron traducidos y finalmente, las instrucciones para la lectura de la Biblia durante todo el año. Fue impresa en una letra gótica grande, con comentarios que incluyeron hermosos grabados en la carátula y en todo el Antiguo Testamento. Los traductores hablan de su trabajo en el prólogo y comparten información referente a la fidelidad de la traducción de los idiomas originales, el hebreo y el griego. Es la creación de los teólogos protestantes que vivieron en el período más hermoso de la Reforma en Polonia. El poder y majestuosidad de las Escrituras, son acordes a la fuerza que el movimiento de la Reforma tuvo en esos días.

Escuelas dominicales y la preparación para la confirmación

Las escuelas dominicales datan de finales del siglo diez y ocho. Uno de los principales objetivos de las escuelas dominicales era la alfabetización, ya que los/as niños/as trabajaban mucho durante la semana. La Biblia era un medio importante para la enseñanza y la fuente principal de la fe cristiana. En el siglo diez y nueve, las escuelas dominicales también se llamaban «Clases de Biblia». Más adelante se convirtieron en cultos para niños y niñas. Estas actividades estaban dirigidas por los pastores y laicos educados.

La historia de las clases de confirmación revela que también jugaban un rol importante en la educación primaria. Desde una perspectiva educativa, la confirmación era precedida por una preparación intensiva. Los y las estudiantes debían asistir a las clases de confirmación y cada niño, niña o joven luterano/a debía aprender el texto completo del «Catecismo Menor» de Lutero de memoria. Era un texto que los ayudaba a desarrollar sus habilidades lectoras.

En los países nórdicos, la preparación para la confirmación y la confirmación tenían un significado especial. En Dinamarca, por ejemplo, no era solo una cuestión eclesial sino que estaba ligada a los derechos y deberes civiles. En Noruega, la ley sobre la confirmación de 1736, describía su preparación no solo como capacitación, sino como una de las primeras formas de la educación pública. Contribuyó significativamente al desarrollo de la enseñanza. La enseñanza para la confirmación incluía los elementos estándar: educación para el bautismo, catequización, que significaba la demostración pública del conocimiento adquirido durante el período de educación para el bautismo, una confesión pública del Credo y la primera participación en la Santa Cena. Además, en los siglos diez y ocho y diez y nueve, algunos derechos civiles como el matrimonio o la creación de una cuenta bancaria, dependían de la confirmación. En Suecia, la catequización como tal fue iniciada por la iglesia luterana. Fue escrito como ley en 1668, que la iglesia es responsable del proceso de enseñanza y alfabetización. El tema más importante era «cristiandad», que preparaba a los alumnos para la confirmación. La iglesia trabajó junto con la escuela y a menudo uno de los pastores locales era el presidente de la escuela. La proximidad entre la escuela y la iglesia continuó por mucho tiempo, pero se fue debilitando. Dada las nuevas regulaciones educativas de 1919, los Catecismos de Lutero fueron reemplazados por otros textos y las escuelas se volvieron instituciones no-confesionales: En Finlandia, se creó un sistema eclesial estatal durante el período de la ortodoxia luterana, que desde 1686 fue parte de la legislación eclesial. La iglesia luterana finlandesa era responsable de todo el sistema educativo nacional y las clases de confirmación eran preparadas de tal manera que apoyaban la educación ciudadana. Para poder contraer matrimonio, era necesario haber recibido la Santa Cena y conocer el «Catecismo Menor» de Lutero, lo que requería alfabetización.

Junto con la importancia de las escuelas dominicales y las clases para la confirmación, debemos mencionar las nuevas iniciativas que combinaban educación, tareas diaconales y misioneras sobre todo en las áreas urbanas en el siglo diez y nueve. Un ejemplo destacado que sirvió como modelo para muchas iniciativas diaconales fue la fundación de la Misión Interna (en alemán: *Innere Mission*, también traducida como Misión Doméstica). Este fue un movimiento de evangelistas alemanes, iniciado por Johann Hinrich

Wichern (1808–1881) en Hamburgo en 1848 (Wichern había sido inspirado por la Misión Ciudadana de Londres y Glasgow). La Misión Interna trabajó para las personas carenciadas y abrió nuevas perspectivas a muchos/as jóvenes provenientes de condiciones sociales difíciles.

Educación cristiana de la juventud luterana

Los impulsos reformadores tuvieron una gran influencia en el desarrollo del pensamiento educativo y pedagógico. Contribuyeron a divulgar el interés por la educación más allá de las paredes de la iglesia. Los miembros de los Consejos municipales fueron llamados a fundar escuelas clásicas y modernas de gramática elemental. Proliferó la idea de la capacitación basada en la autonomía, libertad, madurez, racionalidad y responsabilidad. Una de las razones por las que las iglesias protestantes fueron tan exitosas en el campo educativo en los siglos diez y ocho y diez y nueve, fue el hecho de que mantuvieron el diálogo con las ideas de la Ilustración. No siempre fue un diálogo fácil, pero desató muchas discusiones productivas dentro de las iglesias.

Hoy en día, una de las principales áreas de trabajo en las iglesias, es la educación de los y las jóvenes. El movimiento de la Reforma jugó un rol vital, al desarrollar sus propios sistemas educativos, teniendo en consideración las necesidades y expectativas humanas. Se dice que uno de los aspectos más importantes de la identidad protestante es tratar de lograr los estándares más altos y las mejores calificaciones profesionales. En la diáspora, tuvo un gran impacto en el desarrollo de una imagen positiva de los valores protestantes.

En el contexto polaco, desde el principio de la historia del luteranismo, hay muchos ejemplos de escuelas fundadas inmediatamente después de establecer una congregación. Muchas veces el edificio escolar se construía antes que la iglesia. Para dar un ejemplo de los primeros días del luteranismo en Polonia; alrededor de 1550, Martin Glossa, profesor de la Universidad Jagiellonian de Cracovia, llegó a Pisz, Masuria y allí asumió su cargo como pastor luterano. Al fundar una escuela, se convirtió en uno de los precursores del sistema educativo polaco.

A pesar de las numerosas dificultades en el tiempo de la contra-reforma, los protestantes polacos mantuvieron su identidad religiosa y reconocieron la importancia de la educación en la construcción de esa identidad. Cuando a los luteranos se les prohibió construir iglesias con torres, decidieron construir torres de iglesias con escuelas en su interior, porque esos edificios les pertenecían. Continuaron enseñando la importancia de la educación y se mantuvieron visibles también en los siglos diez y ocho y diez y nueve.

Donde fuera que los protestantes se establecían, su vida comenzaba con la construcción de un edificio que sería escuela y casa de oración. En el centro de Polonia, los luteranos y reformados que venían mayoritariamente de Alemanía, Suiza o los Países Bajos, centralizaban su vida religiosa en la escuela. La escuela no era solo un lugar de aprendizaje sino el lugar donde el cantor litúrgico dirigía los cultos.

El luteranismo (al igual que otros movimientos protestantes), jugó un rol crucial en el desarrollo de la educación pública en Polonia en general, compromiso que todavía es visible: hoy, las escuelas públicas están ubicadas en antiguas escuelas protestantes, como la Escuela Secundaria Mikolaj Rej en Varsovia. Después de los cambios políticos en Polonia de 1989, las asociaciones educativas protestantes comenzaron a restablecer las escuelas y jardines de infantes protestantes. Hoy muchas escuelas son oficialmente llamadas «evangélicas» y estas instituciones tienen un lugar especial en las comunidades locales. Estas instituciones no son creadas para luteranos solamente y sus metas educativas, basadas en ideas que vienen del luteranismo como la tolerancia, apertura y valores protestantes, son para todos los creyentes.

La Reforma a través de la educación, es un concepto esencial luterano; la reforma de la educación es clave para satisfacer la vida social en general y de los individuos en particular. Sin embargo muchos cuestionamientos relacionados a la enseñanza siguen siendo válidos. Se espera que las escuelas evangélicas ofrezcan una alta calidad en su educación y que propongan soluciones innovadoras a la actual crisis educativa. Las personas luteranas de Polonia aprecian su historia, en especial su contribución a la educación. Rumbo al aniversario de la Reforma en el 2017, la Iglesia Evangélica de la Confesión de Augsburgo en Polonia, se embarcó en una discusión abierta sobre la educación de los y las jóvenes.

Los educadores y las educadoras religiosos se han referido en repetidas oportunidades a la tradición luterana y enfatizaron la importancia de la responsabilidad educativa de la iglesia dentro de la comunidad religiosa, en la sociedad y en la escuela. La educación religiosa no trata solo de adoctrinar todos los estudiantes sino de ser una iglesia y un ciudadano responsable en la sociedad. Forma a cada estudiante holísticamente y ayuda a mejorar la calidad de vida. La idea de la educación religiosa en Polonia se desarrolló en 1990 cuando fue reintroducida en las escuelas.

Educación y Evangelio

La renovación religiosa durante la Reforma hizo hincapié en que la justificación de cada ser humano depende solo de la fe (*sola fide*) y la fe es dada solo por la Gracia (*sola gratia*). «Así pues, la fe nace al oír el mensaje, y el mensaje viene de la palabra de Cristo» (Rom 10:17). Martín Lutero insistió en que el ser humano es justificado por la Gracia a través de la fe y que todo ser humano debería buscar un Dios de Gracia. Para ello es necesario la Biblia, la capacidad de leer y escribir y un buen proceso educativo.

Si los seres humanos tienen la oportunidad de descubrir algo de Dios y reflexionar sobre la religión y la fe, hacen preguntas, buscan respuestas y hablan sobre sus preocupaciones y sus dudas. Esto nos ayuda en el proceso de comprender el mensaje del Evangelio: La muerte redentora de Cristo, la liberación del pecado y el poder de la Gracia de Dios. La fe que no teme al cuestionamiento, busca respuestas y dialoga con quienes no comparten la misma opinión, es una fe viva y capaz de sobrevivir en un mundo multilateral y complejo. Un mundo donde las respuestas «correctas» son dadas por autoridades externas que no necesariamente hablan a la gente, sino donde las personas cristianas, libres por la Gracia de Dios, tienen la responsabilidad de comunicar a las demás personas esta Gracia y estar dispuestos a enfrentar diálogos difíciles. Nuestra tradición reformada nunca ha tenido miedo de mantenerse en diálogo con los paradigmas filosóficos y sociales prevalentes, lo que muchas veces fue beneficioso mutuamente aunque haya sido controversial.

La educación empoderó a cristianos y cristianas, ciudadanos y ciudadanas, para alcanzar madurez y ser responsables para entender en profundidad y poder diferenciar entre las preguntas primarias y secundarias, así como para tener creatividad, una mente abierta y sensibilidad frente a la necesidad de otras personas.

Preguntas

¿Cuál fue la contribución más importante de su iglesia a la educación? ¿Cómo se relaciona con las ideas que surgen de la Reforma?

Los dogmas de la iglesia, ¿limitan el proceso educativo?

En su opinión, ¿qué clase de responsabilidades educativas y desafíos surgen de la comprensión de que los seres humanos son libres por la Gracia de Dios?

Libres por el amor de Dios para cambiar el mundo: Una perspectiva de la juventud

Monica M. Villarreal

Los y las jóvenes son líderes: Los y las jóvenes son iglesia

Por más de tres años he servido como pastora de la Iglesia Evangélica Luterana en América (IELA). Muchas veces, mi juventud estremece a muchos cuando abro la puerta de la iglesia y saludo a quienes llegan como su Pastora. He hecho visitación en hospitales, donde las personas me reciben diciendo, «¿Eres suficientemente mayor para ser Pastora?» Y el choque es mayor por el hecho de ser una mujer sirviendo en un lugar donde el clero tiene pocas. Pero como pastora joven debo admitir, que uno de mis deleites en la fe es desafiar los estereotipos de cómo debe ser o lucir un pastor o una pastora.

En una iglesia añosa, seré una líder «joven» por otros veinte años. Muchas veces es difícil y cansador sentir la necesidad constante de justificar mi puesto como pastora. Cuando hablo con otros pastores y pastoras jóvenes, veo que muchas y muchos se sienten igual. Lo mismo pasa con muchos/as jóvenes que no sienten el llamado para ser líderes pero desean tener un lugar y una voz en las congregaciones para servir y marcar una diferencia en sus comunidades y en el mundo. Los/as jóvenes no siempre tienen el apoyo, la motivación o la invitación para liderar en la iglesia. Otras veces se les da la oportunidad de liderar a los/as jóvenes, solo si hacen exactamente lo que ha sido hecho y dicho en los últimos años. La iglesia entrará en una mortal crisis de liderazgo si la juventud es vista solo como una categoría. Somos iglesia todos/as juntos/as–jóvenes y viejos.

Muchas veces me han preguntado por qué me convertí en Pastora. En Norteamérica, las denominaciones protestantes sobre todo, están sufriendo un descenso en su membrecía y la iglesia no tiene el mismo poder o lugar en la sociedad como tenía hace unos años. Parece ser una profesión que se desvanece y es insegura para elegir.

Yo no crecí en la iglesia como muchos otros que ingresaron como líderes profesionales de la iglesia. Fui bautizada a los seis años junto con mi madre que fue bautizada como adulta. No provengo de una familia religiosa ni fui asiduamente a la escuela dominical o a los cultos cuando era una niña. Como adolescente, la fe y la iglesia tenían sentido cuando lo que se decía en el culto o en las clases de Biblia podía vivirse en el mundo. Ayudar a construir una casa a una familia indigente, me ayudó a entender la fe. Los encuentros juveniles y los campamentos bíblicos, me ofrecieron la oportunidad de ser parte de una comunidad cristiana que sentí más auténtica y real. Tener un espacio donde formular preguntas sobre la vida y la fe, me enseñó que la fe no es fácil. La fe incluye dudas. Y aprendí que estaba bien preguntar. Los discípulos le hacían muchas preguntas a Jesús.

Me convertí en Pastora porque la iglesia fue un refugio seguro para mí durante los momentos más difíciles de mi vida. El culto me hizo sentir paz y valor. El grupo de jóvenes me ofreció oportunidades para aprender, crecer en la fe y eventualmente liderar las clases bíblicas para otros/as jóvenes. La iglesia me aceptó como soy, una hija de Dios. A través de la iglesia conocí el amor de Dios y mi llamado a proclamar el amor de Dios en Cristo Jesús que trasciende toda la desolación del mundo.

Libres por el amor de Dios

> El cristiano es libre señor de todas las cosas y está supeditado a todos.[1]

En «La libertad cristiana», Martín Lutero remarca el poder de la fe cuando creemos en la promesa de Dios de una nueva vida. Cuando creemos que la Gracia liberadora de Dios es un regalo y una expresión de Su amor, nos liberamos de la preocupación sobre el lugar que ocupamos ante El o de ser «suficientemente buenos/as» para ser amados/as por Dios. Cuando Cristo murió en la cruz por la injusticia, la violencia y los pecados del mundo, dijo a sus seguidores, «Porque cuando yo sea levantado de la tierra, atraeré a todos a mí mismo» (Jn 12:32).

En contra de los valores culturales populares de los norteamericanos en los EEUU, la libertad de la que habla Lutero no es hacer o decir lo que uno quiere o comprar y vender cualquier cosa. Lutero no habla sobre la libertad

[1] «La libertad cristiana, 1520,» en Obras de Martín Lutero. Tomo I. Editorial Paidós. Buenos Aires. 1967, 139s.

religiosa o la libertad de expresión o de muchas otras «libertades» que son mantras en nuestra cultura actual. En cambio, Lutero asocia la fe con la libertad. La fe y la libertad están relacionadas. Sin fe no podemos conocer la libertad que tenemos en Cristo. Y porque tenemos esa libertad en Cristo y nuestra fe en la Gracia salvadora de Dios que fue derramada sobre todo el mundo, judíos y gentiles, es que debemos compartir este amor con los demás. Al ser libres por el amor de Dios, estamos sujetos unos a otros en la comunidad cristiana cercana y alejada. Estamos «libres de» y «libres para» a la vez.

Libres de–Libres para

La Red Global de Jóvenes Reformadores y Reformadoras[2] invita a los y las jóvenes a pensar profundamente en lo que significa ser luterano/a y lo que significa ser cristiano/a. A través del video chat, los y las jóvenes son invitados/as a unirse a los Jóvenes Reformadores y Reformadoras, compartiendo su historia personal de ser «Libres de» y «Libres para». Por ejemplo:

> **Libres de: La perfección**: los niños, las niñas y los y las jóvenes en Singapur deben alcanzar estándares muy altos para lograr la excelencia. Como joven, tuve que luchar contra varios problemas de miedo y desvalorización. Cuando el Señor me habló a través del Salmo 139, donde el salmista expresó cómo Dios creó su ser y lo formó en el vientre de su madre, sentí que mi camino se abría. Al saber que Dios me valoraba y que tenía un plan para mí desde mi concepción, supe que no tenía razón para temer. Como escribe el salmista, alabo a Dios porque «estoy maravillado, porque es maravilloso lo que has hecho»!
>
> **Liberado para: El servicio**: al conocer la Gracia de Jesucristo, comparto el mensaje de esperanza y redención con los demás para que todos/as podamos atesorar los

[2] La Red global de jóvenes reformadores, es un programa de la Federación Luterana Mundial, creada por los/as jóvenes, para los/as jóvenes. A través de las redes sociales, buscamos crear un trabajo global para construir relaciones y dialogar entre las iglesias hermanas sobre lo que significa ser luterano/a y cristiano/a en un contexto religiosamente pluralista. Queremos dar voz a los/as jóvenes como líderes en sus iglesias y en el mundo. No estamos formando una nueva iglesia luterana, por el contrario, queremos fortalecer los ministerios juveniles existentes en toda la comunión y acompañar a las iglesias creando nuevos ministerios juveniles a través de la Oficina de la Juventud de la FLM. Al cumplirse el 500 Aniversario de la Reforma, el tema de la Red Global de Jóvenes Reformadores es: «Libres por el amor de Dios para cambiar el mundo.» Al crear una red de jóvenes reformadores en todo el mundo, queremos mostrar lo que significa: ecclesia semper reformanda-una iglesia en reforma permanente.

preciosos dones y talentos que Dios nos dio. Sirvo activamente en mi ministerio con la juventud de la iglesia, igual que en otros ministerios. Un versículo que recuerdo todo el tiempo es la exhortación del Apóstol Pablo en 1 Corintios 10:31, «En todo caso, lo mismo si comen, que si beben, que si hacen cualquier otra cosa, háganlo todo para la gloria de Dios.».

Lee «Darius» Zhen Ying (Iglesia Luterana de Singapur, Asia)

Libres de: Asientos inamovibles: cuando entré por primera vez a la iglesia a la que ahora asisto todos los domingos, me sorprendió la manera en que el espacio de culto estaba dispuesto. El altar está en el centro y todos los bancos forman un círculo alrededor. Lo que experimenté ese día y aún experimento cada domingo, es una liturgia compartida y comunal en la que toda la congregación puede vivir el Evangelio. Cada quien tiene roles activos durante el culto: leer la oración del día, tocar instrumentos musicales o leer el Evangelio. Adorar en círculo crea una conciencia de la presencia de cada miembro y coloca a todas las personas en un mismo nivel. Somos iguales, no hay jerarquía en un círculo.

Libres para: Crear un espacio nuevo: como luteranos y luternas creemos que mientras las tradiciones no son necesarias para la salvación, a veces son buenas para el orden, la tranquilidad y la práctica en común. Pero cuando no sirven a ese propósito, cuando las personas se sienten incómodas, cuando la iglesia ya no es acogedora y el mensaje de Dios no le llega a toda la gente, creemos que es el momento de una reorganización.

Carolina Huth (Iglesia Evangélica Luterana Unida, Argentina y Uruguay, para Latinoamérica y el Caribe)

Libres de: Paredes de la iglesia: «...Pues si uno ama a su hermano, a quien ve, tampoco puede amar a Dios, a quien no ve.» (1 Jn 4:20).

¿Quién es tu prójimo? ¿Tu hermano y tu hermana? La iglesia muy a menudo se convierte en un lugar con paredes. Hay quienes están «dentro» y quienes están «fuera». Nuestra identidad y pertenencia es fácil de identificar según la iglesia a la que concurrimos. La iglesia primitiva luchaba por la pertenencia. Algunos decían, «Yo soy de Apolo» o «Yo soy de Pablo» (1 Cor 1:12). Todos somos de Cristo. He sido liberada de las paredes de la iglesia para ver el rostro de Cristo en lo inesperado. He sido liberada de las paredes de la iglesia para descubrir que Dios está trabajando en la comunidad que me rodea. He sido liberada de las paredes de la iglesia para unirme a la obra de Dios.

Libres para: Reconstruir la comunidad: aunque vivo en los EE. UU., las calles no están hechas de oro y todavía me falta descubrir la tierra de la leche y la miel. Donde vivo y sirvo como Pastor, Dios nos llama para luchar por la justicia, restablecer la esperanza y reconstruir la comunidad. La vida cotidiana está determinada por la pobreza, el desempleo, la falta de transporte, los hogares vacíos y la violencia. He sido liberada por el amor de Cristo para reconstruir la comunidad, empoderada por el Espíritu Santo y la visión de Isaías 58:6-12.

Rev. Mónica Villarreal (Iglesia Evangélica Luterana en América, Norteamérica)

Muchas otras historias están disponibles en, **http://youngreformers.lutheranworld.org/updates**

Libres para cambiar el mundo

El amor de Dios es poder para la transformación. En las aguas del santo bautismo, cada persona es transformada por el amor de Dios, proclamada hija o hijo de Dios y unida con los demás alrededor de Su Palabra para el bien del mundo. Cuando tenemos fe y creemos en la promesa de una nueva vida en Dios, el Espíritu Santo nos empodera a crear nuevas formas de ser iglesia (el cuerpo de Cristo). Nuestra respuesta al amor de Dios nos impide que nos conformemos con el status quo, que muchas veces da lugar a la injusticia y la opresión. La proclamación del Evangelio debe apelar a los creyentes a comprometerse con el trabajo redentor de Cristo, que ya obra en el mundo.

Martín Lutero nunca tuvo la intención de crear una nueva iglesia o cambiar el mundo. Esperaba que el liderazgo de la iglesia atendiera el mensaje de fe y libertad y que se sintiera comprometida a tener misericordia de la gente pobre y oprimida. Lutero buscó realinear la iglesia con las enseñanzas de las Escrituras y luchar contra los abusos de poder y liderazgo. La Reforma protestante se volvió un movimiento religioso y social que abarcó varias perspectivas y contextos en toda Europa durante la vida de Lutero y en los años siguientes.

Siempre es bueno examinar nuestra propia fe, la fe comunitaria y la de toda la iglesia. Nuestra primera actitud frente a Dios es confesar que hemos faltado a la Gloria de Dios y necesitamos perdón. La división permanente entre las personas, comunidades, grupos religiosos y aún entre cristianos, es razón suficiente para que reflexionemos.

Se les preguntó a los y las jóvenes del Colegio de Concordia en Moorhead, Minnesota, qué desearían cambiar en el mundo en los próximos cinco años. Muchos mostraron preocupación por la salud pública, dado el actual debate nacional. Muchos expresaron su deseo de una mayor igualdad de género y menos discriminación entre las personas. A los y las estudiantes les gustaría tener más opciones de energía sustentable y renovable en el futuro y también expresaron el profundo deseo de que las relaciones entre personas y países fueran más pacíficas.. Se identificó que compartir y proclamar el amor de Cristo era vital para cambiar el mundo y la iglesia.

Basados en los Evangelios y en la tradición de la Reforma, vivimos de acuerdo con el principio de *ecclesia semper reformanda;* una iglesia en reforma permanente. La Reforma no es obra nuestra sino una obra renovadora de Dios.

> Pues Dios amó tanto al mundo, que dio a su Hijo único, para que todo aquel que cree en él no muera, sino que tenga vida eterna. Porque Dios no envió a su Hijo al mundo para condenar al mundo, sino para salvarlo por medio de él (Jn 3:16-17).

El amor de Dios transforma.

> Vayan, pues, a las gentes de todas las naciones, y háganlas mis discípulos; bautícenlas en el nombre del Padre, del Hijo y del Espíritu Santo, y enséñenles a obedecer todo lo que les he mandado a ustedes. Por mi parte, yo estaré con ustedes todos los días, hasta el fin del mundo Mt 28:19-20).

Somos libres para cambiar el mundo en el amor de Dios en Cristo.

Preguntas

¿De qué has sido liberado/a y para qué?

¿Qué cambio quieres ver en el mundo? ¿Cómo puedes hacer ese cambio como creyente?

¿Qué significa para ti ser luterano/a?

Libres por la Gracia de Dios: Gracia y Paz – Una perspectiva anglicana

Timothy J. Harris

Las experiencias de Martín Lutero que dieron lugar a su protesta pública en Wittenberg, fueron profundamente personales y globales al mismo tiempo. No fue nada menos que el redescubrimiento y la recuperación del Evangelio mismo, basado en la Gracia de Dios, de la que se apropió por la fe en Cristo. El mensaje bíblico proclamado por la autoridad de la iglesia por Johann Tetzel, fue una proclamación selectiva y distorsionada del Evangelio.

Desde los tiempos de Cristo, el mensaje bíblico ha sido confiado a cada generación, con un ministerio evangélico que busca no solo informar sobre un sistema de creencias, sino reformar y transformar a las personas de todas las culturas y naciones al aceptar la invitación de seguir a Cristo. Cada quien tiene una «teología» de algún tipo, algunas percepciones de «dios», aunque sea una noción de «dios» rechazada por los ateos. La tarea evangelizadora de cada generación, es armar y transmitir esas percepciones de Dios a través de Cristo. Esto puede ser evangélico en el sentido de presentar a Dios revelado en Cristo, convirtiendo a las personas en creyentes. Pero no es menos evangélico continuar reformando la comprensión de Dios en los creyentes, entrando más profundamente en la inmensidad de Dios, apenas vislumbrada a través de las tradiciones bíblicas centradas en Cristo.

Una humilde tesis

No tengo más que una sola tesis en este capítulo, que ofrezco en el espíritu de la continua reforma y transformación: **Nuestro Evangelio es demasiado pequeño.** Sea el Evangelio que aceptamos y por el cual queremos vivir o el que proclamamos y comunicamos a otros, nuestro Evangelio es demasiado pequeño.

No es un enunciado dogmático, sino una realidad más amplia de (inevitables) limitaciones en el alcance y profundidad de la imaginación de nuestro Evangelio. Hay una dinámica inherente que influye y forma a cada generación por la que domesticamos la Palabra de acuerdo a nuestras propias necesidades y preferencias, reduciéndola a términos significativamente adecuados a nuestra cultura (ya sea para ajustar, desafiar, trastocar o transformar). La Palabra no puede ser «poseída» por ninguna cultura, y cada cultura tiene posibilidades únicas de expresar las verdades bíblicas de formas muchas veces ignoradas o no reconocidas en otras culturas y en otros tiempos.

Decir «nuestro Evangelio es demasiado pequeño» no es una crítica en sí misma, sino la declaración de una verdad. Nuestro entendimiento del Evangelio será invariablemente muy pequeño, determinado en parte por nuestras limitaciones imaginativas y de comprensión, pero también por nuestras limitaciones culturales y puntos ciegos. Los ojos a través de los cuales percibimos la Palabra están calibrados y orientados por nuestras propias experiencias, valores y «normas» de vida. Lo que es «normal» para nosotros y nuestras expectativas de vida, es muy diferente para las experiencias y expectativas de la otra gente.

Si esta tesis de alguna manera es verdad, nuestra respuesta debería ser un mayor anhelo, una necesidad más grande, más rica y más profunda de comprender el Evangelio. No estoy buscando transmitir un sentido de culpa, y mucho menos proclamar una mayor o más verdadera comprensión de la Palabra por encima y en contra de los otros. Es correcto decir que si cuando leemos las enseñanzas y ejemplos de Jesús, éstas nos confrontan, confunden y desafían, ese significaría que hemos dejado de oír y comprometernos como discípulos. Con el Evangelio es igual. No podemos—ni debemos—reducirlo a formulaciones y explicaciones prolijamente empaquetadas y dejarlo así. Como muchos han dicho, el Evangelio de Cristo es un Evangelio salvaje, peligroso y que excede nuestra capacidad de comprensión y de expresión.

El Apóstol Pablo luchó por encontrar las palabras adecuadas para expresar esta Palabra. Al orar con la iglesia efesia (y una red más amplia) para que conocieran las riquezas de la gloria del Padre, fortalecida a través del poder del Espíritu de Dios y vivida en sus corazones, Pablo oró diciendo que «el amor sea la raíz y el fundamento de sus vidas», puedan «comprender con todo el pueblo santo cuán ancho, largo, alto y profundo es el amor de Cristo.... Que es mucho más grande que todo cuanto podemos conocer, para que lleguen a colmarse de la plenitud total de Dios.» (Ef. 3:17-19).

En este punto (Ef 3:20), Pablo luchó con la insuficiencia del lenguaje, que derivó en una cantidad de términos que invitan al oyente a pensar en grande y reconocer una «abundancia» en el Evangelio que excede nuestra comprensión e imaginación. La frase «capaz de cumplir abundantemente», podría haber sido dicha como «capaz de hacer infinitamente, grandemente, abundantemente—y sobre todo, más.» Es una serie de términos que apelan a la noción más alta de comparación imaginable y la excede.

¿De qué manera disminuimos el Evangelio? Primero, necesitamos distinguir entre el «cómo» y el «qué» del Evangelio. Como Lutero tan fuertemente afirmó y protestó, no podemos—ni debemos—agregar nada al «cómo» del Evangelio. El Evangelio como el «poder de Dios para que todos los que creen alcancen la salvación» (Rom 1:16), se basa solamente y totalmente en la Gracia de Dios a través de la obra salvífica de Cristo.

Una cosa es afirmar que no se puede agregar nada al «cómo» del Evangelio, pero otra cosa es describir qué es la salvación. Nuestra proclamación de la Palabra debe incluir ambas cosas: el «cómo» y el «qué». Nuestra preocupación por resaltar la dimensión «solo por la Gracia», tiende a enfocarse en el lado «cómo» de las cosas, mientras que hablar de «qué» es la Gracia y lo que implica, capta menos la atención. Es precisamente en este punto que invariablemente disminuimos el «qué» del Evangelio.

¿De qué maneras podemos expresar que nuestro Evangelio es demasiado pequeño? Cualquier respuesta a esto necesariamente es variada y reconoce que al Evangelio se le dan distintas expresiones en los diferentes contextos y a través de variadas tradiciones eclesiales y teológicas. Mis pensamientos reflejan mi propio contexto—esencialmente las expresiones occidentales del Evangelio, sobre todo aquellas asociadas a las tradiciones reformadas y protestantes. Hechas estas aclaraciones, sugiero que nuestro Evangelio es:

- **Selectivo:** Nuestra lectura de la Biblia, referida a lo que reconocemos como la «Palabra» es sin duda selectiva. Las tradiciones reformadas tienden a privilegiar las expresiones paulinas del Evangelio y muy a menudo, principalmente las orientadas alrededor de los romanos y los gálatas. Aun así, hay mucho más en el Evangelio de Pablo dirigido a los romanos y los gálatas y hay más en la articulación del Nuevo Testamento que lo identificado con Pablo. ¿Cómo se adapta la proclamación de Cristo y las tradiciones bíblicas expresadas en los Evangelios Sinópticos a nuestro entendimiento de la Palabra? ¿Cómo manifestamos las expresiones juaninas del Evangelio o la teología evangélica de Lucas y la del escritor de Hebreos y las epístolas «católicas»? Hay una profunda unidad de confesión en el Señorío de Cristo, pero esta tradición bíblica está formada por muchas corrientes y es muy peligroso privilegiar una sobre otra. Una aproximación más fiel es valerse de la rica complejidad reflejada en la Escritura.

- **Reduccionista**: Nuestro deseo de clarificar y simplificar el mensaje, da como resultado resúmenes y esquemas bíblicos. Mientras éstos pueden ser efectivos para presentar las verdades bíblicas, nunca deben reemplazar la riqueza y la vastedad del Evangelio reflejado en la Biblia, igual que una caricatura no puede reemplazar una gran obra de arte. Aun así, el peligro del reduccionismo es más profundo que los resúmenes y esquemas bíblicos. Es demasiado fácil reducir el Evangelio para que refleje nuestras preferencias personales al discernir la verdad y darle sentido a la vida. Para algunas personas, será reducir el Evangelio a una serie de declaraciones o afirmaciones. Todo puede ser una verdad bien fundada, pero el Evangelio en las Escrituras es también expresado evocativamente apelando a la imaginación. Para otras personas, será centrarse en lo empírico y en el lenguaje del corazón y la devoción. Una vez más, esto puede ser muy verdadero y fiel si no se aparta de las verdades evangélicas de las Escrituras. De una u otra manera, hay un peligro real de reduccionismo.

- **Individualista:** Cuando decimos «nuestro Padre», automáticamente tenemos hermanos y hermanas en la familia de Cristo. Hay una gran confusión entre nuestro concepto occidental de «personal» e «individual». La salvación tiene un carácter profundamente personal. Dios nos conoce por nuestro nombre, conocimiento que comenzó antes de ser creados y continúa en la eternidad donde nuestro lugar en el Reino de Dios sigue estando en términos personales. Sin embargo, nuestra relación personal con Dios no debe ser confundida con una relación individual con Dios. Nunca somos individuos en el sentido de estar solos y lejos de todas las otras relaciones. Esto no es posible en nuestra relación con Dios, donde debemos reconocer a nuestros hermanos y hermanas, a nuestro prójimo y a la gente marginada de la sociedad. Nunca somos individuos en ese sentido. Aún así, la proclamación del Evangelio muchas veces está expresada en términos muy individualistas y corremos el gran riesgo de reflejar nuestra cultura occidental muy individualista, en la que (como nos dicen frecuentemente los medios), la vida se trata de «todo sobre mí». Expresado en esos términos, nuestro mensaje puede reflejar que el Evangelio es igualmente «todo sobre mí» y mi necesidad de que yo esté bien con Dios. Si esto es todo el mensaje evangélico, entonces no cumple con una profunda dimensión del gran mandamiento, donde nuestra relación con el prójimo es tan importante como nuestra relación con Dios. La redención implica el perdón y la reconciliación personal y nuestros pecados quitados por la sangre de Jesús. Nuestro Evangelio debe ser menos personal, y debe ser mucho más que atender solo nuestras propias necesidades.

- **Dualista***:* La separación entre lo espiritual y el reino físico o material, es un pensamiento griego que no es el reflejado en la Biblia. La realidad de la carne y la sangre de vida como Dios las creó, no es una dimensión menor de la vida en este mundo que el reino espiritual. Una vez más, el evangelio puede ser presentado en términos que implican que todo lo que realmente importa es la salvación «espiritual» y el ingreso de nuestra «alma» al reino celestial, mientras que lo material es insignificante. La salvación se presenta como una realidad espiritual por encima de las realidades materiales o físicas. Sin embargo, la Biblia nunca separa lo espiritual de lo material y por el contrario, teme el «desnudo» en el sentido de la falta de un cuerpo (2 Cor 5:3). Cuando Pablo habla de lo «espiritual» sobre lo «físico» (1 Cor 15:44), no está hablando en términos materiales sino de lo que nos anima o nos conduce. Cómo somos formados y animados por el Espíritu y no impulsados por la «carne» (entendida como nuestra rebelde naturaleza humana). La proclamación del Evangelio y la obra salvífica de Dios está en y a través de la creación en su totalidad y lo deshonramos cuando separamos el mundo físico del material como si éste no fuera importante en el mensaje bíblico. Este mundo es importante y los propósitos creativos de Dios no han sido dejados de lado. Nuestro Evangelio se vuelve demasiado pequeño cuando separamos la salvación de la creación y la continua misión de Dios de hacer que la creación sea todo lo que fue creado. Habrá más de esto más adelante.

- **Separado de la gran narrativa bíblica:** La salvación nos viene de las Escrituras como parte de una narrativa mayor. El Evangelio es la historia de Dios en un sentido muy profundo, desde la creación de este mundo, el drama de una humanidad desobediente y una caída de la Gracia que impacta en todo el mundo, las líneas históricas de la redención, la reunión del pueblo de Dios, llamado y elegido por Dios para ser una bendición para todas las naciones, todo lo que nos prepara y culmina en la historia de Cristo - el Evangelio no puede separarse de esta gran narrativa sin volverse menos que la Palabra revelada en las Escrituras. Nunca comprenderemos realmente el alcance de esta narrativa que comienza con la creación de este mundo y alcanza su máxima expresión cuando el Reino de Dios viene en todo su esplendor.

- **Necesitamos una reforma permanente:** El Evangelio es más grande que cualquier cultura. Ningún grupo étnico, nación o cultura puede reclamar una supremacía en su expresión particular del Evangelio. En términos culturales, la Biblia necesita ser continuamente «traducida» a todas las expresiones en su articulación y proclamación y a las realidades que son parte de la vida humana. Ya sea que el Evangelio desafíe, confronte, admita o transforme, el resultado es el mismo en todos los casos—una versión mejor, más rica y más sana de la cultura y la sociedad y no la imposición de una cultura sobre la otra. No hay una «cultura evangélica» predeterminada, excepto la que se traduce a través de la diversidad social y cultural mundial a través de los siglos. Y así como la cultura es dinámica y continuamente reinterpretada en nuevas expresiones, el Evangelio necesita estar en reforma permanente cuando se difunde, crece y se extiende haciendo discípulos a todas las naciones (Mt 28:19).

El entendimiento de que nuestro Evangelio es demasiado pequeño no solo debe instarnos a profundizar y expandir nuestros horizontes. Debe ayudarnos a ver la riqueza de nuestras tradiciones evangélicas que pueden ser muy fácilmente ignoradas en nuestra terminología tradicional.

Sin embargo, a esta altura debemos hacernos una pregunta fundamental. ¿Qué significaba la palabra «evangelio» para la persona común en el mundo de la iglesia primitiva? La palabra «evangelio» significa simplemente «buenas nuevas» y el mensaje de las «buenas nuevas» depende de quién lo da. En el mundo greco-romano del Nuevo Testamento, el anuncio público de las «buenas nuevas» giraba alrededor del emperador, incluyendo promesas de beneficios (gracia) y paz dadas por él, que fortalecían sus reclamos de señorío, dedicación y fidelidad.

Gracia y paz

En la Biblia, hay dos términos que frecuentemente se expresan juntos como íconos del Evangelio: Gracia y paz. La Gracia, habla sobre la naturaleza de Dios y todo lo que deriva de esta cualidad y atributo Dios es un Dios de Gracia, el gran Dador. Nada puede ser explicado o valorado sin referirse a la Gracia de Dios. Esto es expresado al final de Romanos 11 (versículos 33-36) cuando Pablo nos trae su definición del evangelio como «el poder de Dios para la salvación» en Romanos 1 al 11 en todos sus términos. Este pasaje amerita ser repetido en su totalidad:

> ¡Qué profundas son las riquezas de Dios, y su sabiduría y entendimiento! Nadie puede explicar sus decisiones, ni llegar a comprender sus caminos. Pues «¿quién conoce la mente del Señor? ¿Quién podrá darle consejos? ¿Quién le ha dado algo antes, para que él tenga que devolvérselo?» Porque todas las cosas vienen de Dios, y existen por él y para él. ¡Gloria para siempre a Dios! Amén

Dios el Dador

Dios es el gran Dador. No hay una persona en el mundo ni en la historia a quien Dios le deba algo. ¿Quién puede darle algo a Dios, aconsejar a Dios o decir que conoce a Dios? La Gracia de Dios es tan amplia como la frase «todas las cosas» y en el contexto del argumento de Pablo reflejado en Romanos 1:18 a través de su referencia a los dones y el llamado de Dios a Israel (Rom 11:29), ahora ampliado a toda la gente que se identifica «en Cristo.» El triple «de Él, a través de Él y para Él» refleja las tres gracias de la creación, redención y salvación final.

La Gracia de Dios es revelada en la misión de Dios, Dios en acción. Desde las primeras palabras de la Biblia, Dios está obrando. Dios crea, se mueve, habla, forma, ordena y comparte Su lugar. Dios provee, fructifica y crece, e invita y espera que la humanidad comparta esa obra hecha por Su Gracia.

Paz y dones de Dios

Nuestro reconocimiento de la Gracia de Dios tiene una expresión profundamente litúrgica en una oración de acción de gracias anglicana (esta versión está basada en *Libro de oración para Australia*):

> Todopoderoso Dios y misericordioso Padre,
> humildemente y profundamente te agradecemos
> por todas tus amorosas bondades
> para con nosotros y todas las personas.
> Te alabamos por crearnos y sostenernos
> y por todas las bendiciones de esta vida;
> pero sobre todo por tu inmenso amor
> al redimir este mundo a través de Nuestro Señor Jesucristo,
> dándonos tu Gracia y la esperanza de Tu gloria.
> Danos el sentido de toda tu bondad,
> para que verdaderamente podamos agradecerte y alabarte
> no solo con nuestros labios sino en nuestras vidas,
> sirviéndote de forma santa y honrada;
> a través de Jesucristo Nuestro Señor,
> con quien contigo y el Espíritu Santo,
> será honra y gloria, ahora y siempre.
> Amén.[1]

[1] *Libro de Oración para Australia* (Mulgrave Vic: Broughton Publishing, 1995), 16.

Dentro de la narrativa bíblica más amplia, las imágenes evocadoras del Jardín del Edén como un lugar para la salvación y la prosperidad, como el santuario traído a la residencia de Dios y el descanso del sabbat como meta (*telos*) de la Creación, son vistas una y otra vez. Como una canasta semántica, el rico término hebreo shalom reúne esos conceptos y agrega otra expresión bíblica como «la paz de Dios,» una paz que es a la vez profundamente personal, extendida a toda la Creación (Romanos 8) y, en definitiva, cósmica.

El concepto del término shalom está resumido en una cita de Cornelius Platinga:

> Lo que los profetas hebreos llaman shalom es un entretejido de Dios, los seres humanos y toda la Creación en la justicia, la plenitud y el placer. Lo llamamos paz pero significa mucho más que simplemente tranquilidad o el cese del fuego entre enemigos. En la Biblia, shalom significa *prosperidad, integridad y deleite universales*— una rica condición donde las necesidades naturales se ven satisfechas y los dones naturales son utilizados productivamente, un estado que inspira un feliz asombro cuando el Creador y Salvador abre sus puertas y recibe a las criaturas en las que se deleita. En otras palabras, shalom, es la forma en que las cosas deben ser.[2]

La «tierra prometida», la meta del viaje liberador de la esclavitud (el «éxodo») a través de la naturaleza salvaje, la materialización de la tierra prometida a Abraham, Sarah y sus descendientes, está expresada en términos de ser un «santuario» (Ex 15:17). La conocida bendición escrita en Números 6:24-26, brinda una bendición de Dios en paralelo con la calidad del shalom recibido de Dios. En Deuteronomio, esa tierra es descrita en forma similar en términos tipo edénicos (Dt 7:7.9), y los profetas usan shalom al describir la esperanza redentora:

En los tiempos del Nuevo Testamento, el principal saludo judío era shalom (bienvenida y despedida). Pablo específicamente hace una variación en su saludo diciendo: «Gracia y paz», convirtiéndolo en su manera de introducirse al Evangelio. Aquí la «paz» (*eirenē*) es una expresión de la idea central del shalom.

El lenguaje de salvación/ser salvo (*soteria/sōzō*) también tiene una significativa superposición con shalom (conceptual y teológicamente), y en los Evangelios Sinópticos incluye la sanación social, mental, sicológica y espiritual—en un sentido holístico sobre todo (para evitar el dualismo cuerpo/alma). Un tercio de los Evangelios Sinópticos detalla el significado de *soteria* como sanación (entendida en un sentido semántico amplio)—es lo que shalom significa como anticipo de la plenitud del Reino.

---

[2] Cornelius Plantinga, *No es la forma que se supone que es*: *A Breviary of Sin* (Grand Rapids: Eerdmans, 1995), 10.

La obra de la cruz y la resurrección también se relacionan con la obra de Dios en Cristo instituyendo la «paz». «Puesto que Dios ya nos ha hecho justos gracias a la fe, tenemos paz con Dios por medio de nuestro Señor Jesucristo. Pues por Cristo hemos podido acercarnos a Dios por medio de la fe [...]» (Rom 5:1-2a). De igual manera, entendiendo los «primeros frutos» de la resurrección como lo expresa el Nuevo Testamento, como una realidad abarcativa y total–toda la creación es redimida para convertirse en todo lo que era e intentaba ser. El motivo de la «nueva creación» aquí está ligada a la visión profética de shalom alcanzada a través del Reino de Dios.

En el evangelio de Juan, la idea de «vida» también se ve ligada a la nueva calidad de vida alcanzada a través de Jesús (Jn 10:10: «Yo he venido para que tengan vida, y para que la tengan en abundancia»), también expresado a través del lenguaje de la «paz» - por ejemplo, Juan 20:19-26 - «La paz sea contigo»; como en Lucas 10:5 «Paz a esta casa.». Pablo también utiliza un lenguaje similar «traer noticias de paz» (Ef 2:17) tanto a los judíos como a los gentiles y al hacerlo «En Cristo, todo el edificio va levantándose en todas y cada una de sus partes, hasta llegar a ser, en el Señor, un templo santo.» (Ef 2:21). En resumen, «predicar la paz» es la materialización de shalom a través de Cristo y el Espíritu que ahora se manifiesta en la comunión de la iglesia.

Se pueden hacer conexiones similares entre la referencia al «descanso» de Dios (Mt 11:28) y el movimiento del pueblo de Dios hacia el «reposo» (como el cumplimiento de la tierra prometida); ver Hebreos 4.

Volviendo a Pablo, la calidad de shalom-paz es un atributo distintivo de vivir el pensamiento de Dios. El concepto de «pensamiento» es mucho más amplio que nuestra limitación de ligarlo a capacidades racionales. En el mundo de San Pablo este «pensamiento» expresa un sentido más profundo de intelecto, deseos, emociones, ambiciones y voluntad que se combinan para producir una «actitud de pensamiento.»

En este sentido, Pablo resalta en Filipenses 4 lo que significa ser conducido por las «instrucciones» de Jesús. Pensar como Cristo lo hace, nos conduce por un camino de verdadera felicidad y ausencia de ansiedad. Shalom, el corazón, el pensamiento y el evangelio se unen:

> Así Dios les dará su paz, que es más grande de lo que el hombre puede entender; y esta paz cuidará sus corazones y sus pensamientos por medio de Cristo Jesús. Por último, hermanos, piensen en todo lo verdadero, en todo lo que es digno de respeto, agradable, en todo lo que tiene buena fama. Piensen en toda clase de virtudes, en todo lo que merece alabanza. Sigan practicando lo que les enseñé y las instrucciones que les di, lo que me oyeron decir y lo que me vieron hacer: háganlo así y el Dios de paz estará con ustedes. (Fil 4:7-9)

Gracia, paz y liberación

Cuando se entiende la amplitud del evangelio en esos términos, se pueden identificar varias dimensiones de liberación y la obra de la Gracia que hablan tan profundamente al contexto actual, como lo hizo al mundo de la iglesia primitiva.

Libres de las presiones de la autosuficiencia

Tanto en la antigüedad como en el mundo actual, se planteaban formas de cómo vivir una «buena vida». Para algunas personas en el pasado, la respuesta era vivir plenamente el presente: esto es lo mejor que nos puede pasar, así que se puede «comer, beber y ser feliz», porque el futuro es incierto. Esta era esencialmente una visión nihilista de la vida, desprovista de propósito o de base para expectativas futuras. Era la vida sin ninguna razón profunda para la esperanza. Para otras personas, la opción más segura era replegarse en sí mismas. ¿Dónde iríamos para encontrar cosas que nadie más puede determinar o controlar? La respuesta era mirar hacia adentro y tener la capacidad de responder a los asuntos externos (o personas) que solo el individuo por sí mismo puede lograr. Esos antiguos enfoques de la «buena vida» tienen equivalencias populares en nuestro mundo actual.

Es cierto que recluirse en un espacio desde donde solo nosotros podemos responder, nos mantiene a distancia de cualquier cosa o persona que nos amenace. Es cierto que podemos lograr una cierta libertad al no sobrevalorar las cosas externas o transitorias. Sin embargo, el costo de tal protección a todo lo que nos pueda molestar, nos coloca en un lugar muy solitario. Tiene poco lugar para la piedad o compasión (compartir las alegrías o las penas de la otra gente) y nos recuerda la clásica canción de Paul Simon «Soy una roca»:

> He construido muros,
> Una fortaleza profunda y poderosa,
> Que nadie puede penetrar.
> No tengo necesidad de la amistad; la amistad causa dolor.
> Es la risa y el amor lo que desprecio
> Soy una roca,
> Soy una isla.[3]

En otro sentido, el deseo de autosuficiencia es la ambición de no depender de nadie ni deberle a nadie. Es un enfoque de la vida que minimiza la necesidad

---

[3] En **www.azlyrics.com/lyrics/simongarfunkel/iamarock.html**

de la fe o la confianza en las demás personas, ya que controlamos todo lo posible. Somos «dueños y dueñas» de nuestros destinos. Una versión inversa a esta aproximación a la vida se ve reflejada en la retórica de «puedes hacer lo que quieras», si tienes determinación. Aunque esto puede servir para alentar a la gente a seguir y no dejarse llevar por los miedos o una exagerada subestimación, este enfoque nos lleva lejos y surgen preguntas como «¿y si no puedo controlarlo todo?» o «y si fallo o disminuyen mis capacidades?» El resultado final frecuentemente aumenta el stress y los niveles de ansiedad. Ser amo de nuestras propias vidas nos lleva a depender mucho más de nuestras propias capacidades para lograr nuestras esperanzas, sueños y ambiciones. Y eso puede convertirse en un lugar de profunda ansiedad.

El evangelio de liberación, expresado por Jesús (por ejemplo, Mt 6:24-25) o Pablo (por ejemplo, Rom 6:19-20), no ubica la verdadera liberación en la autosuficiencia sino en el ser leal al «amo» más confiable y lleno de Gracia, el Señor Jesucristo. Volverse «esclavo» de Dios, es el lenguaje de fidelidad a quien es digno de nuestro compromiso y a través de quien tenemos vida ahora y en la eternidad:

> Pero ahora, libres de la esclavitud del pecado, han entrado al servicio de Dios. Esto sí les es provechoso, pues el resultado es la vida santa y, finalmente, la vida eterna. El pago que da el pecado es la muerte, pero el don de Dios es vida eterna en unión con Cristo Jesús, nuestro Señor. (Rom 6:22-23).

En las palabras de otra clásica oración anglicana, «Colecta por la paz», dirigida a «Dios, el autor de la paz» continúa con la memorable afirmación «cuyo servicio es perfecta libertad.» El Dios de Gracia y paz nos da en el evangelio la base fundamental para la verdadera liberación, personal y para toda la creación al mismo tiempo, inaugurando un reino donde el cielo y la tierra están en proceso de convertirse en una sola realidad.

POSDATA

Para concluir, propongo tres breves reflexiones.

Primero, cualquier reconsideración de la amplitud y la extensión del Evangelio, debe ser hecha según la amplitud y la extensión de la narrativa bíblica dominante. La explicación bíblica del Dios revelado desde Génesis 1 hasta Apocalipsis 22, es una historia que desarrolla los objetivos de Dios desde la creación, a través de la redención en y a través de Cristo, hacia el objetivo misionero final de Dios en la nueva Creación, todo lo que la Creación tenía intenciones de ser y convertirse.

Segundo, poner al Evangelio en esos términos afirma que es importante nuestro servicio en el «aquí y ahora». Estamos inmersos en la misión de

Dios por la Gracia de Dios. Nuestros esfuerzos para «trabajar siempre más y más en la obra del Señor» no serán en vano (1 Cor 15:58). En la narrativa bíblica hay una continuidad que va del reino actual a la plenitud del Reino. Dicho esto, vivimos anticipando el «todavía no», la seguridad, esperanza y promesa de que lo mejor está por venir.

Finalmente, la profundización del entendimiento del Evangelio será un redescubrimiento de nuestro asombro y regocijo en los propósitos de Dios. Por la Gracia de Dios, somos parte de la obra de la creación y la redención. Somos parte de algo mucho más grande que nosotros mismos. Como en cada generación, el desafío de nuestro tiempo es redescubrir nuestra confianza en la Palabra, ver a Dios obrando igual en nuestro tiempo y en nuestras experiencias. La misión de Dios se vio cuando envió a Su Hijo, el que prometió estar siempre con nosotros, hasta el fin de los tiempos. El envío de Dios se vio cuando envió al Espíritu, el «punto de inflexión» que santifica y transforma al pueblo de Dios. El espíritu de adopción se extiende tanto a los hijos de Dios (Rom 8:16) como a toda la creación y también espera la redención de los actuales esfuerzos, que juntos serán «para alcanzar la gloriosa libertad de los hijos de Dios» (Rom 8:21).

El descubrimiento de Martín Lutero de la Gracia de Dios, no solo abordó su propia necesidad de calmar sus angustias espirituales, sino que inició un movimiento de reforma, cuya esencia debe ser continuamente adaptada y nos debe llevar a profundizar en el mensaje evangélico de Gracia y Paz. ¡Gloria sea a Dios!

Preguntas

Si alguien fuera de la iglesia se le acerca y le pregunta, «¿Qué es un/a cristiano/a?» (En vez de «¿Cómo se convirtió en cristiano/a?»), cómo le contestaría?

Este capítulo sostiene que el Evangelio es personal y nunca individual (en el sentido que es una cuestión entre nosotros y Dios). ¿Usted está de acuerdo? ¿Cuáles son las implicancias de relación del Evangelio?

El mensaje cristiano muchas veces es percibido por las personas fuera de la iglesia, como muy negativo (en relación a lo que no hay que hacer): ¿cómo podría la iglesia convertirse en un testigo más positivo del Evangelio, al ser entendido como «Gracia y paz/shalom» tanto en la palabra como en la acción?

Estudio bíblico: Isaías 55:1-2

Zephania Kameeta

> Todo los que tengan sed, vengan a beber agua; los que no tengan dinero, vengan, consigan trigo de balde y coman; Consigan vino y leche sin pagar nada. ¿Por qué dar dinero a cambio de lo que no es pan? ¿Por qué dar su salario por algo que no deja satisfecho? Óiganme bien y comerán buenos alimentos, comerán cosas deliciosas (Is 55:1-2).

Introducción

Para cada una de las personas de Namibia, de cualquier edad, esta invitación divina en la profecía de Isaías, es una Buena Nueva para sus oídos y llena sus corazones de gran felicidad. La invitación es increíble y apasionante.

> [V]engan a beber agua; los que no tengan dinero, vengan, consigan trigo de balde y coman; Consigan vino y leche sin pagar nada.

¡Esto es increíble! No solo las personas privilegiadas están invitadas, sino todas loa que tienen sed. Nadie queda atrás. La invitación también habla de las «aguas» y no solo del agua. Eso significa que hay suficiente agua, que no se agotará y que todos y cada uno tendrán más que suficiente - no solo por unos pocos días, sino de por vida.

Similitudes climáticas entre Namibia e Israel/Palestina

El clima mediterráneo de Israel/Palestina se caracteriza por veranos largos, calurosos y secos. Las precipitaciones están distribuidas irregularmente, y decrecen bruscamente hacia el sur. En el extremo sur, el promedio anual de las precipitaciones es menor a 100 mm. Las precipitaciones varían entre las estaciones y los años, particularmente en el desierto de Negev.

Del mismo modo, el clima en Namibia es caluroso y seco con precipitaciones erráticas. Dentro de África el clima es segundo solo en el Sahara y su aridez. El promedio anual de precipitaciones varía de 50 mm a lo largo de la costa a 350 mm en el centro y 700 mm en el noreste. Igual que en Israel/Palestina, las precipitaciones varían en cada estación y en cada año.

De acuerdo al Programa de Monitoreo Conjunto para el Abastecimiento de Agua y Saneamiento, Namibia gasta el tres por ciento de su Producto Bruto Interno (PBI) en el funcionamiento de su servicio público de agua. Este porcentaje es el más alto por lejos de todos los países del Sub-Sahara. Namibia gasta per cápita alrededor de 80 dólares anuales en abastecimiento de agua y saneamiento, mientras que otros países de la región gastan entre 1 y 10 dólares. En Namibia, el acceso directo al agua cuesta aproximadamente 4.000 dólares promedio per cápita.

A pesar de la escasez de agua, los pueblos de Israel/Palestina y Namibia, ven a sus países como «una tierra grande y buena donde la leche y la miel corren como el agua» (Ex 3:8) y yo no estoy excluido.

Por eso, cuando escuchamos la metáfora de Isaías sobre el agua en la invitación de Dios, nosotros en Namibia entendemos exactamente lo que esto significa.

No se vende—sola gratia (versículo 1)

La Reforma nos lleva a las raíces de la Biblia. Mientras el mundo le está gritando a la gente pobre, «váyanse—especialmente a las masas sin dinero u otros recursos, tú que eres desconocido o no tienes conexiones con quienes dirigen las estructuras de poder—la Palabra de Dios llama a quienes tienen sed de justicia y paz. Aquí la Gracia de Dios pelea contra el duro y despiadado capital que espanta a millones de personas hacia los basureros de este mundo, mientras unos pocos llenan sus bolsillos con la riqueza que obtienen de los recursos de todos. ¡Vengan y no se vayan! Este llamado rechaza el repudio de este mundo. El «váyanse» pronunciado por aquellos que tienen el poder del capital contra los pobres, lleva a la muerte; el llamado que Dios nos hace a venir, nos lleva a la vida plena.

Mientras el mundo nos divide en clases, Dios nos llama a cada uno y a cada una de nosotros. Así es como conocemos a Dios. Cuando Dios envió a Moisés al Faraón, Dios no dijo, Deja ir a algunos. Dios simplemente dijo, Deja ir a mi pueblo. Dios amó al mundo y no solo a algunos en el mundo, y dio a su Hijo unigénito. La Gracia de Dios no elige a algunos o divide en clases, sino que incluye a toda la gente que tiene sed.

Nuestra conmemoración de los 500 años de la Reforma, debe referirse de manera práctica y significativa a la sed de millones de personas en nuestros diferentes países. A quienes tienen sed de justicia y paz en sus países. Estamos pensando en los miles y millones que tuvieron que abandonar sus hogares y sus países por la intolerancia religiosa; quienes diariamente enfrentan la ultra-barbarie de nuestro tiempo y son asesinados sin piedad; los millones que están sedientos de erradicar la brecha que crece entre gente rica y gente pobres; mujeres y hombres que están sedientos de justicia de género y de igualdad; los y las jóvenes que están sedientos de empleo; y aquellas personas que trabajan y que sus salarios se ven devorados por los altos costos de alquileres de apartamentos—todas sedientos de un lugar propio.

Todas estas cosas que causan sufrimiento en nuestro mundo actual, apuntan al vacío espiritual. Por lo tanto, no hay excusa para las iglesias que nacieron de la Reforma, de no liderar la lucha contra estos males agobiantes de nuestra generación y aquellos por venir, de forma decisiva y urgente. Hemos hablado durante mucho tiempo, ahora necesitamos actuar.

Estamos invitados e invitadas a venir y comprar sin dinero y sin costo. Si no hay dinero ni costo involucrado, ¿por qué estamos comprando? ¿Por qué no «solo vengan y tómenlo?» Lo que se nos ofreció no es barato, es caro, no al valor del mundo sino al valor de Dios. Por eso no podemos ser comprados/as con dinero u otra riqueza de este mundo. Nadie en este mundo es capaz de pagar o comprar lo que Dios ofrece excepto Dios—y Dios ya lo hizo dándonos a Su Hijo para que muriera por nosotros para ser salvados y vivir en su muerte y resurrección. Compramos lo que Dios nos ofrece, no con nuestras posesiones mundanas sino con lo que Dios ya pagó. Y esta transacción divina es lo que llamamos: La Gracia de Dios.

> Pues por la bondad de Dios han recibido ustedes la salvación por medio de la fe. No es esto algo que ustedes mismos hayan conseguido, sino que es un don de Dios. No es el resultado de las propias acciones, de modo que nadie puede gloriarse de nada (Ef 2:8-9).

La razón de los dolores que acechan a la humanidad (verso 2)

«¿Por qué gastas tu dinero por algo que no es pan, y tu trabajo por algo que no te satisface?» Esta pregunta apunta a los dolores que sufrimos hoy: El rescate financiero por parte de la Unión Europea a sus países miembro como forma de enfrentar la crisis en la zona; la creciente y alarmante brecha entre gente rica y gente pobre; la pobreza miserable; la mortalidad maternal; la desnutrición como causa subyacente de la muerte de bebés y niños y niñas; la corrupción y el robo de los recursos nacionales de los países que carecen de conocimientos (*know-how*) para dar valor a lo que les es quitado en grandes cantidades de sus tierras; terrorismo; personas refugiadas; sufrimientos desconocidos y la muerte de miles de personas que no están directamente involucradas en las guerras actuales, solo para nombrar algunos.

Si solo escucháramos esta alarma y utilizáramos lo que es valioso para el verdadero alimento y un trabajo gratificante, nuestro mundo sería diferente y un mejor lugar para vivir. La bases que estamos construyendo para cambiar el mundo están completamente equivocadas y han provocado lo mencionado anteriormente, que puede empeorar, llevándonos a una destrucción total. Las bases están erradas por el insaciable amor a la riqueza (Mammon). Todas las cosas y todas las personas que se atraviesan en ese camino de amor bestial, son destruidas. El dinero se gasta para lo que no es alimento sino para aplastar, destruir y envenenar a la humanidad; la creación se está destruyendo para el beneficio de personas ambiciosas y millones de trabajadores y trabajadoras pobres son explotados por algo que no los satisface, como tampoco satisface a la humanidad entera.

En su carta a los Romanos, el Apóstol Pablo apunta a un buen fundamento para los creyentes, pero también para toda la humanidad, especialmente para el mundo actual:

> Ámense sinceramente unos a otros. Aborrezcan lo malo y apéguense a lo bueno. Ámense como hermanos los unos a los otros, dándose preferencia y respetándose mutuamente. Esfuércense, no sean perezosos y sirvan al Señor con corazón ferviente. Vivan alegres por la esperanza que tienen; soporten con valor los sufrimientos; no dejen nunca de orar. Hagan suyas las necesidades del pueblo santo; Reciban a quienes los visitan. [...] Vivan en armonía unos con otros. No sean orgullosos, sino pónganse al nivel de los humildes. No presuman de sabios. [...] Hasta donde dependa de ustedes, hagan cuanto puedan por vivir en paz con todos. (Romanos 12:9-13, 16, 18)

La forma en la que nos relacionamos con nuestras posesiones terrenales y con la gente que nos rodea no debe estar separada de estos valores divinos, expresados tan elocuentemente por el Apóstol. El amor sincero, el odio al mal y el amor por lo bueno; el amor por las demás personas y por la humanidad; el respeto por los demás, por la humanidad y por la creación; la alegría y la esperanza del bienestar de toda la gente; el compartir y la hospitalidad; la armonía entre todos y todas nosotros, entre las naciones y la creación;

la humildad y la aceptación de quienes están en malas condiciones y la irradiación de paz dondequiera que estemos, deben ser la inspiración y la base del manejo de nuestro dinero y de las posesiones terrenales. Esto también debería pasar dentro y entre las iglesias, los gobiernos y las naciones. Esta clase de rescate financiero, dará frutos más deseables para toda la humanidad y la creación entera.

Los gobiernos y las naciones están deliberadamente ciegos a este poderoso mensaje de los profetas y los apóstoles. Por eso las iglesias que conmemoran los 500 años de la Reforma están desafiadas a llevar estos valores proféticos y apostólicos a una acción reformadora. Ciertamente esto debe ser la esencia de la conmemoración del 500 Aniversario de la Reforma. Esto va a dar relevancia a los subtemas del Aniversario: La salvación no se vende; Los seres humanos no se venden; La Creación no se vende.

Lo que esta invitación significa para nosotros aquí en Namibia

«Los que no tengan dinero, vengan, consigan trigo de balde y coman»; esto es de gran relevancia para nosotros en la actualidad y ciertamente es bueno. Después de veinticinco años de independencia, ha habido buenos intentos para llevar a cabo el Objetivo de Desarrollo del Milenio (ODM), pero aún quedan muchos desafíos que necesitan una urgente y seria consideración y acción.

Es de público conocimiento que en este siglo veintiuno más de 3 millones de niños/as alrededor del mundo aún mueren cada año de hambre y Namibia no es la excepción. No es por diversión que niños y niñas revuelven los basurales de nuestras ciudades y pueblos en todo el país—están tratando de encontrar algo que les llene el estómago. La educación elemental en Namibia ahora es gratis, pero ir a la escuela con el estómago vacío es un ejercicio doloroso y por eso, como resultado del hambre, muchos niños y niñas abandonan la escuela y se ven expuestos/as a toda clase de peligros y vicios. Cuando los/as vemos, notamos inmediatamente que tienen hambre, pero cuando hablamos con ellos/as y los/as conocemos, nos damos cuenta que no han comido por una semana o más.

Como escribió en setiembre del 2014, Ramadhani Abdallah Noor, un doctor de Tanzania e investigador asociado de la Escuela de Harvard de Salud Pública y Miembro de las Voces Nuevas del Instituto de Aspen:

> Como médico africano, sé que los estragos de la desnutrición grave y el hambre no son siempre visibles. No siempre se manifiestan como en las costillas que sobresalen de los niños/as fantasmales conectados a tubos de alimentación, como

> los que solía ver en las salas del hospital de Tanzania. La desnutrición crónica, o el «hambre oculta», se manifiesta de otras maneras - pero puede ser tan devastadora y mortal. Y mientras que las muertes de muchas otras enfermedades, como la desnutrición aguda, han disminuido, el hambre oculta sigue siendo generalizada.[1]

No solo niños, niñas y jóvenes sufren hambre, también los/as estudiantes. Los/as estudiantes que no se quedan en un hostal, sino que vienen de afuera, sobreviven todo el día en la universidad con una exigua comida o nada; y esto afecta sus estudios. Como dice Noor,

> En África, el hambre sigue siendo la principal causa de muerte en niños y niñas, siendo la mitad de esas muertes de menores de cinco años y matando más que el SIDA, la tuberculosis y la malaria juntos.

Además

> Enfrentar esta crisis requiere dinero, **un monto estimado de $ 10 mil millones por año**, y nuevas y mejores estrategias para alcanzar soluciones que salven las vidas de las madres y los niños y las niñas as que más las necesitan.
>
> Pero el costo parece más abrumador cuando se tiene en cuenta el costo del hambre. UNICEF estima que el costo de la desnutrición de la niñez africana es de **$25 mil millones por año**. Y esta no es toda la historia. Los costos de la desnutrición están estimados en **$ 3,5 billones por año** para la economía mundial, debido a la pérdida de productividad y los costos elevados de los servicios de la salud.[2]

Creo firmemente que una de las nuevas y mejores estrategias para implementar soluciones que puedan salvar la vida de las personas que estén devastadas por la pobreza y el hambre, es la Garantía de Renta Básica (GRB) que fue probada en Otjivero y que reducirá drásticamente la pobreza y el desempleo, aumentará las actividades económicas y mejorará el nivel educativo y las condiciones de salud de la mayoría de las personas en Namibia. Como un aspecto de la redistribución, la GRB necesita acompañarse de otras medidas para obtener cambios estructurales transformativos.

Es un concepto falso que dar dinero a los pobres es como poner agua en un recipiente sin fondo. La GRB estimulará y provocará una actividad económica, crecimiento y prosperidad no solo para la gente pobre sino para todo el país. Elevará y dará vida a las áreas rurales y a cambio de esto, gradualmente aliviará la carga de abastecer de agua y electricidad a

---

[1] En **www.project-syndicate.org/commentary/ramadhani-a--noor-laments-the-scourge-of-malnutrition-ravaging-the-continent-s-children**

[2] Ibíd.

las áreas urbanas, porque como resultado de las actividades económicas en el área rural, las personas se sentirán atraídas a volver.

Esto sucedió en menor escala, cuando la gente volvió de Windhoek y otros lugares a Otjivero por las actividades económicas y la vida que se estaba desarrollando allí. Por lo tanto, la GRB no solo mejorará y beneficiará a quienes están en la pobreza, sino también al país y nos colocará en el camino hacia un país desarrollado donde la brecha entre gente rica y gente pobre se verá disminuida y donde habrá redistribución que apunta a la prosperidad para toda la población.

Esto no es un sueño irreal o una utopía, sino una realidad alcanzable por la que muchos han sufrido y se han sacrificado. Lo que ahora necesitamos es la voluntad política de líderes generosos que lleven en el corazón las necesidades de la gente pobre y de todo el país. También necesitamos mujeres y hombres valientes y comprometidos que, caminando sobre los pasos de los profetas y los apóstoles, enfrenten a los dioses del capital y la codicia y los desafíen con las buenas noticias de la liberación, la justicia y la paz para la gente pobre.

> Esto debería haber pasado antes de ayer y no hoy. Para Namibia esto debería haber pasado hace veinticinco años. Quienes sufren pobreza y hambre están cansados de palabras, quieren ver acciones de redención! El texto de este estudio bíblico no dice: Vengan a registrarse para que podamos estudiar por qué tienen sed; sino simplemente, vengan y beban. Esto es lo que hace falta en este momento de necesidad. Las personas necesitadas quieren ayuda antes de perecer. Ahora es su hora y su momento. Los presupuestos y el dinero no importan en este momento; vengan, coman y beban para que puedan vivir.[3]

Quiero concluir este artículo con mi traducción contextual de Isaías 55:1-2:

> ¡Eres libre!
> El Señor dice,
> Vengan, quienes piensan
> que todavía son esclavos o esclavas –
> ¡la libertad está por llegar!
> Vengan, quienes crean
> que no son nada,
> ¡vengan y sean alguien!
> ¡Vengan! Compren justicia e integridad–
> ¡no les costará nada!
> ¿Por qué seguir viviendo como nadie

[3] Zephania Kameeta, en este trabajo, 101.

cuando te estoy haciendo alguien otra vez?
¿Por qué seguir viviendo como un esclavo o una esclava
cuando la libertad es una realidad?
Escúchame y haz lo que te digo,
y podrás disfrutar de la vida en plenitud.

Lista de colaboradores y colaboradoras

Brakemeier, Gottfried, Rev. Dr, Presidente de la Federación Luterana Mundial, 1990–1997, Brasil

Burghardt, Anne, Rev., Secretaria para Relaciones Ecuménicas, Federación Luterana Mundial, Ginebra, Suiza

Byrtek, Elżbieta, mag.teol., Asistente para Educación Religiosa, en la Academia de Teología Cristiana en Varsovia, Polonia

Grosshans, Hans-Peter, Prof. Dr, Profesor de Teología Sistémica y Ecuménica, Facultad Protestante de Teología, Universidad de Munster, Alemania

Harris, Timothy J., Dr, Obispo Asistente, Diócesis Anglicana de Adelaide, Vice-Director, Instituto Teológico de San Barnabas, Adelaide, miembro del Comité Coordinador Internacional Anglicano-Luterano, Australia

Junge, Martin, Rev. Dr, Secretario General, Federación Luterana Mundial, Ginebra, Suiza

Kameeta, Zephania, Rev. Dr, Obispo Emérito, Iglesia Evangélica Luterana en Namibia, Ministro para la Erradicación de la Pobreza y Previsión Social, República de Namibia

Ngui Au Sze, Rev., Iglesia Cristiana de Basilea de Malasia, FLM MEIS-SEALUC, Coordinadora de las Mujeres Teólogas, Malasia

Nordstokke, Kjell, Rev. Dr, Prof. Emérito, Instituto Universitario Diakonhjemmet, Oslo, Noruega

Villarreal, Mónica, Rev., Iglesia Evangélica Luterana en América, miembro de la Comisión Directiva de la Red de Jóvenes Reformadores, EE. UU.